(French Literature Series Volume XXV 1998)

RELIGION and FRENCH LITERATURE

Edited by
Buford Norman

Amsterdam - Atlanta, GA 1998

♾ Le papier sur lequel le présent ouvrage est imprimé remplit les prescriptions de "ISO 9706:1994, Information et documentation - Papier pour documents - Prescriptions pour la permanence".

♾ The paper on which this book is printed meets the requirements of "ISO 9706:1994, Information and documentation - Paper for documents - Requirements for permanence".

ISBN: 90-420-0286-7
©Editions Rodopi B.V., Amsterdam - Atlanta, GA 1998
Printed in the Netherlands

FRENCH LITERATURE SERIES

Since 1973 the French Literature Series has been published in conjunction with the annual French Literature Conference, sponsored by the Department of French and Classics of the University of South Carolina, Columbia, South Carolina, USA. In addition to the scholarly papers selected for publication by the Editorial Board, it also accepts notes on the conference topic.

The conference, which is scheduled for the end of March or beginning of April each year, focuses on a pre-announced topic. The deadline for submitting conference papers is November 1; for scholarly notes, the following May 1. Submissions should be prepared according to the MLA Handbook and should not exceed fifteen pages (25 lines per page, double-spacing, with ample margins). Reading time at the Conference is limited to twenty minutes. Scholarly notes should not exceed eight pages. Authors should submit two copies of their contribution accompanied by return postage if they wish their paper to be returned.

The essays appearing in the French Literature Series are drawn primarily from the Conference papers. Authors are informed of the inclusion of their papers in the volume when their papers are accepted for the Conference. Exceptionally, *FLS* does publish outstanding contributions from authors not participating in the Conference. To be considered for inclusion in the volume, such essays should not exceed twenty typed pages. A style sheet is available upon request.

All communications concerning the Conference should be addressed to the Conference Director, and those concerning the French Literature Series to the Editor, Department of French & Classics, University of South Carolina, Columbia, South Carolina, 29208, USA.

The French Literature Series is published by Editions Rodopi. Communications concerning standing orders or purchase of individual volumes or back volumes should be addressed to:

Editions Rodopi B.V.
Keizersgracht 302-304
1016 EX Amsterdam-Holland
Tel. (0)20-622 75 07—uitgeverij/publishing Div.
Tel. (0)20-620 22 32—zetterij/drukkerij
Fax. (0)20-638 09 48
Internet: http://www.rodopi.nl

USA/Canada
2015 South Park Place
Atlanta, GA 30339
Tel. (770) 933-0027
(USA only) 1-800-225-3998
Fax (770) 933-9644

Future Conference Topics and Volumes

March 26-28, 1998: "Origins and Identities" (*FLS* Vol. XXVI, 1999)
Internet: http://www.cla.sc.edu/fren/flc.htm

FRENCH LITERATURE SERIES

Editor
Buford Norman

Editorial Board
University of South Carolina

James T. Day
William Edmiston
Jeanne Garane
Marja Warehime

Freeman G. Henry
Nancy E. Lane
Jeffery C. Persels

Advisory Board

Michael T. Cartwright
McGill University

Ross Chambers
University of Michigan

Roland Desné
Université de Reims

Richard B. Grant
University of Texas

Ralph Heyndels
University of Miami

Norris J. Lacy
Washington University

Gerald Prince
University of Pennsylvania

Pierre Ronzeaud
Université de Provence

Frank Schuerewegen
Katholiek Universiteit (Nijmegen)

Albert Sonnenfeld
University of Southern California

William T. Starr
Northwestern University

Marie-Odile Sweetser
University of Illinois at Chicago

Ronald W. Tobin
University of California, Santa Barbara

Dirk Van der Cruysse
Universiteit Antwerpen

In Memoriam

A. Maynor Hardee (1923-1997)

Amy B. Millstone (1949-1997)

Contents

Introduction ix

French Renaissance Writers and the Wars of Religion:
Ronsard, Montaigne and d'Aubigné
François Rigolot 1

« *Belles Fictions & Descriptions Exquises ...* »: Translative
Strategies for Christianizing Greek Thought in the Renaissance
Kenneth Lloyd-Jones 25

Censorship, Toleration, and Protestant Poetics:
the case of Agrippa d'Aubigné's *Histoire universelle*
Martha Nichols-Pecceu 41

Les mots et les choses "aux Hurons":
l'archéologie d'une rencontre
Rebecca M. Wilkin 55

La vérité et ses mises en scène dans
"La Profession de foi du Vicaire Savoyard"
Yasmina Mobarek 77

"Le nègre est le bâtard de Dieu": Religion dans
Pluie et vent sur Télumée Miracle de Simone Schwarz-Bart
Kathleen Gyssels 87

Spiritual Geography and the Axis of Ascension in *Atala*
James F. Hamilton 105

Le motif de la chartreuse dans la
littérature française de 1802 à 1848
Serge Serodes 121

Livrets d'opéra et religion: spectacle et didactique
Mario Hamlet-Metz 135

Prégnance religieuse et création littéraire
dans la littérature belge de langue française
   Marcel Voisin   149

False Prophets, False Poets: Reflections of the
Prophetic Tradition
in Lautréamont's *Chants de Maldoror* and Ducasse's
Poésies
   Philip G. Hadlock   169

The Christian Mystique of Jean Cocteau's *Orphée*
   H. Dwight Page   181

I'd go to Hell and back for you: an Intertextual Study
of the *descensus* Theme and the *prière du plus grand péril*
   Anna K. Sandstrom   195

Pour devenir "Bon Homme" dans le
Barlam et Jozaphas occitan
   Marie-Madeleine van Ruymbeke-Stey   209

Introduction

The essays published here consist of revised versions of papers presented at the twenty-fifth annual French Literature Conference, held in Columbia in March 1997. Religion has been one of the most important and pervasive influences on French literature since its beginnings, and these essays analyze texts from every century of French literature as well as more recent works from Belgium and the Caribbean. In addition, three of the essays present an overview of some of this variety by treating a theme over an extended period of time. Serge Serodes studies the motif of the *chartreuse* during the first half of the nineteenth century, while Mario Hamlet-Metz describes the treatment of religion in Scribe's opera libretti during the middle years of the century. Taking an even broader perspective, Marcel Voisin traces the often antagonistic relationship between Francophone writers and conservative Catholicism throughout the almost two centuries of Belgian history.

An adversarial relationship also characterizes much of metropolitan French literature when religion is involved, especially in the sixteenth century. François Rigolot, in the written version of his keynote address, focuses on the reactions to political and religious turmoil of three major writers of the period, Ronsard, d'Aubigné and Montaigne, while Martha Nichols-Pecceu concentrates on d'Aubigné's *Histoire universelle* and his experience of writing under censorship. Still within the context of the Wars of Religion, Kenneth Lloyd-Jones compares translative strategies that can be ascribed to the religious turmoil of the second half of the century, in particular those of Henri Estienne and Louis Le Roy.

Linguistic strategies of a different kind are the subject of two essays that deal with religious conversion. Rousseau's "Profession de foi du Vicaire Savoyard" —as Yasmina Mobarek shows— legitimates "le discours du maître," while other writers call this discourse into question. Rebecca Wilkin studies the methods of seventeenth-century French missionaries in Canada, equally unsuccessful in bringing French values and the French language to the Hurons and in overcoming "le plaisir, bête noire des doctes."

In a different part of the New World, Kathleen Gyssels finds a strong presence of religion in the works of André and Simone Schwarz-Bart, works that denounce the imposition of Catholicism on local beliefs as part of the alienation brought on by colonialization. James Hamilton returns to conflicts between Christian and native American values on a less adversarial note, showing how the "spiritual geography" of *Atala* makes possible a delicate balance between conflicting value systems.

As several essays point out, the specific religious context in question in a text is not always obvious. In the medieval period, for example, texts which are little known today could have had a strong influence on literary works. Anna Sandström studies the recurring use of the Harrowing of Hell as a component in the *prière du plus grand péril* of the twelfth-century *chansons de geste*, while Marie-Madeleine van Ruymbeke-Stey examines new evidence that the Occitan *Barlam et Jozaphas* presents a Cathar "bon homme."

It is perhaps more unusual to find a strong Christian presence in texts of the past 150 years, especially those of non-conventional writers such as Lautréamont and Cocteau, but Philip G. Hadlock and H. Dwight Page challenge these assumptions. Hadlock studies the importance of the prophetic, a well as the poetic, tradition in Lautréamont, while Page compares the stage and screen versions of *Orphée* to show the presence of Cocteau's lifelong affiliation with the Christian faith, a strong part of his own spiritual geography.

Introduction

***

I have, as usual, many people to thank for their help in the preparation of this volume. Jeff Persels, who served as Conference Director, provided the enthusiasm and organizational skills necessary to bring together this varied and talented group of scholars. The members of the editorial board were involved in the time-consuming tasks of screening and proofreading, and our international advisory board provided valuable counsel. Hazel Ketchum and John Adams offered us an outstanding concert of French lute and piano music in celebration of the first twenty-five years of the French Literature Conference. Finally, both the Conference and *FLS* are indebted to the Departments of French and Classics, History, and Religious Studies and to the College of Liberal Arts of the University of South Carolina for their especially generous support.

***

It is with profound sadness that we dedicate this silver anniversary volume of *FLS* to the memory of two esteemed colleagues who passed away in January of 1997. Maynor Hardee worked closely with *FLS* from its earliest years and served as editor or co-editor from 1975 to 1990. Amy Millstone served on the Editorial Board for several years and organized the stimulating 1996 conference on French Literature in/and the City, the proceedings of which appeared in volume XXIV. As we embark on the second quarter-century of the French Literature Conference and *FLS*, it is hard to imagine doing it without Maynor and Amy.

Buford Norman

François Rigolot
Princeton University

French Renaissance Writers and the Wars of Religion: Ronsard, Montaigne and d'Aubigné

> Tantum religio potuit suadere malorum!
> [So many crimes has religion been able to inspire!]
> Lucretius (1.101)

On July 10, 1559, the king of France, Henry II, died of the wounds he had received during a tournament which was part of the magnificent festivities held to celebrate the double marriage of his daughter and sister as well as the treaty of peace between the Habsburg and Valois dynasties.[1] This was widely thought to be a disquietingly ominous sign, for, behind the kingdom's apparent peace and prosperity, lurked the ghost of civil unrest. Indeed, the open hostilities between Catholics and Protestants were soon to begin after the king's accidental death, and they did not end until the Edict of Nantes in 1598. The "Wars of Religion," as they are dreadfully remembered, were to rage under Henry's three sons and successors: Francis II, Charles IX and Henry III (Davila, Heller, Knecht, Miquel, Pernot). For almost forty years the kingdom of France was torn apart by political and military conflicts, culminating with the infamous St. Bartholomew's Day Massacre, started on August 24, 1572 —one of the darkest pages of French History.[2] My purpose here is neither to retell the tragic story of that period, no matter how engrossing it may be, nor to engage in yet another tentative reassessment of the responsibilities at stake. We have no real justification to take sides in the controversies of the Reformation, nor to play up the "Parti Calviniste" against the Catholic League or vice versa. Historians have amply demonstrated how difficult it can be to pass judgment on controversial figures such as Henry's widow, Catherine of Medici, or the supposedly ideal Protestant martyr, Admiral Gaspard de Coligny (Cloulas, Kingdom 2: 28-50). There is still much to be accounted for in the motivations that lay behind the ambitious schemes of the factions sponsored by the powerful Guise family, or led by the Huguenot Henry of Navarre, eventually to become King Henry IV of France after his famous conversion to Catholicism. Nor do I wish to list and comment on the numerous written accounts of these tragic events. Many sixteenth-century printed reactions have been carefully analyzed —especially the collection assembled by Simon Goulart, a clergyman in the Calvinist city-state of Geneva, and published anonymously in 1576-77 under the innocuous title *Mémoires de l'estat de France sous Charles* IX.[3] In his classic *Myths about the St. Bartholomew's Day Massacres*, Robert M. Kingdom scrupulously explored the role of the printing press in shaping the public consciousness and fueling the international propaganda that brought Christopher Marlowe to write his famous play, *The Massacre at Paris* (Kingdom 7-27, 70-87).

Rather, I would like to focus on three major writers of the period. Two were militantly engaged in opposite camps: Pierre de Ronsard, the Catholic, and Agrippa d'Aubigné, the Protestant. The third, Michel de Montaigne, while remaining loyal to the king of France, refused to be caught in the ideological quagmire and joined the camp of the so-called "politiques" —those who thought that a peaceful settlement could be achieved through negotiations and were brought to the brink of despair when their relentless efforts eventually failed.

* * *

Confronted with the political and religious turmoils of their time (often euphemistically labeled "les troubles de leur temps"), Ronsard, Montaigne and d'Aubigné felt obligated in varying degrees to declare themselves openly, either reaffirming their loyalty to the King or questioning the legitimacy of a degenerate hereditary monarchy. They all concurred, however, in condemning the violence and social disorders that were brought about by differences of beliefs within a religious tradition whose creed emphasized "loving thy neighbour like thyself." In a sense they all subscribed to Lucretius's famous tenet, quoted approvingly by Montaigne in his "Apologie de Raymond Sebond": "Tantum religio potuit suadere malorum" [So many crimes has religion been able to inspire!] (2.12, Villey 521c, Frame 388c; Lucretius 1.101).[4]

To be sure, most late sixteenth-century writers regretted what they saw as a profound crisis in contemporary society. Signs of internal disintegration were only too obvious to an educated élite, imbued with humanism, who felt compelled to warn their readers of the growing threat to the very fabric of French society (Brown). For them, the political order was inextricably linked to ancestral values and to monarchy; it was unthinkable that it be otherwise, unless one wished to see French society in anarchy and its cultural heritage destroyed. Though Ronsard, Montaigne and d'Aubigné recognized and denounced the evils around them, they expressed their political unease in very different ways. And their views were shaped, at least in part, by the literary form in which they expressed those views. For this reason it would be impossible to reconstitute each writer's unique perspective without considering the characteristics of the genre in which it was articulated. As Jean Plattard said long ago of Rabelais, one must determine how literary forms modify authors' thinking, or, as Marshall McLuhan phrased it, to what extent the medium has become the message (Plattard, xii; McLuhan).

In other words, one can no longer speak of Montaigne's tolerance or Ronsard's and d'Aubigné's "engagement" without judging these attitudes in relation to the intentionality of their author's formal choices. Montaigne's *Essais*, Ronsard's *Discours* and d'Aubigné's vast epic poem all talk about the crucial religious issues of their time, but they exhibit rhetorical modes that profoundly affect the way these issues are addressed. At a time when humanists were seen as professional rhetoricians, that is orators, men of eloquence participating in the public life of their country, the search for appropriate ethical and stylistic models was thought to be essential. For our writers it was mostly a matter of selecting the responses that were most in harmony with their "individual character and principles on the one hand, the nature of circumstances on the other" (Gray 506).

The canonical triad of Quintilian rhetoric, *movere, docere, delectare* [move, teach, please], means quite different things to different people. The loose form of Montaigne's essays invites the reader to reflect deliberatively on possible alternatives. By contrast the playfully aggressive tone of Ronsard's "discours" forces us to distance ourselves from the events and adopt an ironic stance. And the ekphrastic effect of d'Aubigné's tragic "tableaux" works in the opposite direction, moving his audience to recognize the vivid evidence of an over-arching divine plan. Unlike fellow philosophers or theologians, our writers are "rhetoricians" in the fullest sense of the word: they refuse to stand aloof and speculate about abstract concepts, unrelated to present circumstances; they intend to escape from intellectual self-centeredness and volunteer to devote their abilities to the *vita activa* for the common good of their country (Vickers ch. 5).

On March 1, 1562 the massacre of Huguenot worshipers at Vassy cast serious doubts on a peaceful solution to the crisis. The first "war of religion" began as Protestant nobles, led by Condé, seized several major French cities, including Orléans, Angers, Tours and Lyon. In Ronsard's polemical "discours" of the 1560s his primary objective was a literary one. He felt compelled to borrow from classical antiquity the modes of expression that best suited the circumstances. In trying his hand at biting satire he turned to his favorite model, Horace, for he knew that such an exemplary figure would bring him success and renown. Here sincerity was not really at stake. Ronsard's greatest concern was to mimic the Roman poet's expressive indignation, and couch it in verse so perfect that it would remain forever in French memory.

How could the Queen Mother not be swayed by the powerful *exordium* of the *Discours des Misères de ce temps*?

> Las! Madame, en ce temps que le cruel orage
> Menace les François d'un si piteux naufrage,
> Que la gresle et la pluye, et la fureur des cieux
> Ont irrité la mer de vents seditieux,
> Et que l'astre jumeau ne daigne plus reluyre,
> Prenez le gouvernail de ce pauvre navire,
> Et maugré la tempeste et le cruel efort
> De la mer et des vens, conduisez-le à bon port.
> ...
> Ha, que diront là bas soubs les tombes poudreuses
> De tant de vaillans Roys les ames genereuses?
> ...
> Que diront tant de Ducs et tant d'hommes guerriers
> Qui sont mort[s] d'une playe au combat les premiers,
> Et pour France ont souffert tant de labeurs extremes,
> La voyant aujourd'huy destruire par nous mesmes?
> (43-50, 55-56, 61-64)[5]

The "troubles" thus provide the opportunity to make heard the great Voice of Reprobation, and to put into service the timeless resources of great oratory: to admonish, warn, blame, threaten, or supplicate. Étienne Pasquier was not off the mark when, in praising "la memoire du grand Ronsard," he saw in the militant poetry of the *Discours* above all "un moyen de diversifier son style." He wrote:

> Certes il [Ronsard] eut interest de faire ce coup d'essay, parce que les vers que l'on escrivit contre luy esguisèrent et sa colere et son esprit de cette façon ... qu'il n'y a *rien de si beau* en tous ses œuvres que les responses qu'il leur fit, soit à repousser leurs injures, soit à haut louer l'honneur de Dieu et de son Eglise. (Bellenger 15)

Similarly, in the grand funeral oration he delivered in 1585 on the occasion of Ronsard's burial, Jacques Davy du Perron insisted on the learned elegance ("toute l'elegance et toute la douceur des lettres") produced by Ronsard in his "poésie engagée" (89). The future Cardinal was less interested in the militant nature of the *Discours* (perhaps because he was himself a former Huguenot) than their extraordinary rhetorical resources —that "science profane" which Ronsard was able to deploy "pour la defence et pour la propugnation de l'Eglise" and the future of France herself (89).

In fact, even Agrippa d'Aubigné, the great Huguenot poet and therefore a fierce opponent of Ronsard's Roman Catholic position, had nothing but hyperbolic praise for his adversary's literary talents (Dubois 147). In his *Lettres touchant quelques poincts de diverses sciences* one finds d'Aubigné imploring his readers to recognize Ronsard's unique role as a leader in promoting vernacular poetry to unparalleled standards:

> Je vous convie et ceux qui me croiront à lire et relire ce Poëte sur tous. C'est luy qui a coupé le filet que la France avoit soubs la langue, peut estre d'un stile moins delicat que celuy d'aujour d'hui, mais avec des *avantages* ausquels je voy ceder tout ce qui escrit de ce temps. (860)

Thus, regardless of his religious "engagement," Ronsard was thought to be divinely inspired, even by his enemies. In the prevalent Neoplatonic perspective of the time, he was inhabited by the gods' "sacred fury," which imparted its spark to his memorable oratory. D'Aubigné himself had praised that godly impetus without which poems were but rhymed pieces of prose: "la fureur poëtique sans laquelle nous ne lisons que des proses bien rimées" (860). And he deplored his contemporaries' gratuitous embellishments which lacked the upwards-striving power of divinely inspired poetry. Such a position was common currency among the Pléiade poets who had fashioned their poetic theory after the writings of Marsilio Ficino's French translator, Pontus de Tyard (Castor ch.3).

Yet, in a typically "mannerist" mood, Ronsard's poetry also stages an *æsthetic distance* which prevents or delays the reader's active, participatory commitment. Unlike d'Aubigné, who leads his audience to conversion by the sheer strength of his words, Ronsard is satisfied with presenting a picture and leaving the final judgment to his reader's preferences. Let us compare a passage from d'Aubigné's "Princes" —in the second book of *Les Tragiques*— with another from Ronsard's "Éloge à Des Masures." One can see two very distinct ways of relating to readers (Langer 81-82). D'Aubigné writes:

> Vous qui avez donné ce subject à ma plume,
> Vous-mesmes qui avez porté sur mon enclume
> Ce foudre rougissant aceré de fureur,
> Lisez-le: vous aurez horreur de vostre horreur. (54.9-12)

By contrast, Ronsard, committed though he may be to the Catholic cause, borrows the image of the banquet, treating his readers as guests whose opinions he will gladly entertain. Nothing could be farther from his mind than to pressure his opponents to convert. In his *Elegie* to Louis des Masures, a Protestant poet, he writes:

> Je ne contraincts personne à mon vers poeticque,
> Le lise qui voudra, l'achette qui voudra. (*Discours* 45.30-31)

Strangely enough, it sounds almost as if the grim realities of the civil wars could find a place in Ronsard's poetry only insofar as they serve the æsthetic intentions of the poet. One may recall Pasquier's statement in his *Recherches de la France*: "il n'y a *rien de si beau* en tous ses œuvres" (Bellenger 15).

Yet, how can we explain the militant tone one finds in works such as Ronsard's "Chant triomphal" (*OC* 2: 512-5) about the victory of Jarnac on March 13, 1569 or "L'Hydre desfaict" (*OC* 2: 1073-8) after the decisive "journée de Moncontour" (November 3, 1569)?[6] Does it reflect the political convictions of the man or is it a result of the all-powerful "fureur" of the poet? There has been much quibbling about why Ronsard engaged in the polemics of his times: was it out of religious conviction? opportunism and self-interest? or did he feel this was his duty as "poëte royal"? Marcel Raymond was probably right when he concluded:

> Necessity, linking together many reasons, made him speak out.... The tragic serenity of the poet's voice came uniquely from above and in no way resembled that of the partisans blinded by passion and fear (Raymond 1: 362).

This "serenity of the poet's voice" came from Ronsard's sense of his unique role as a national, mythic figure. Even in the most politically committed passages of the *Discours*, the Pléiade leader never seems to forget that his first duty is to poetry. Critics have emphasized Ronsard's awareness of the *distance* he must keep between his Apollonian Muse and the religious partisanship that might threaten it (Ménager 253). Such a *distance* is certainly evident in the early *Responce ... aux injures et calomnies de je ne sçay quels predicans et ministres de Geneve* (*Discours* 154-211). Ronsard constantly reminds us of the exemplary status associated with his name and fame. One is struck by the self-assured tone with which he proclaims: "Je suis maistre joueur de la Muse Françoise" [I am the master singer —and player— of the French Muse] (*Discours* 157.40).

Another famous tirade, toward the end of the same *Responce*, serves to reaffirm the fecundity of this self-proclaimed father of French poetry, a new Homer to whom all contemporary and future poets are immeasurably indebted:

> ... Car de ma plenitude
> Vous estes tous remplis: je suis seul vostre estude,
> Vous estes tous yssus de la grandeur de moy,
> Vous estes mes sujets, et je suis votre loy.
> Vous estes mes ruisseaux, je suis vostre fonteine
> Et plus vous m'espuisés, plus ma fertile veine
> Repoussant le sablon, jette une source d'eaux
> D'un surjon eternel pour vous autres ruisseaux. (204-5.1035-42)

When compared to Ronsard's earlier *Ode à Michel de l'Hospital*, these lines show a drastic change in meaning (Quint 24-30; Higman). Whereas in the *Ode* the source of inspired poetry ("le vif sourgeon per-ennel"; *OC* 1: 630, 1.130) is located in the oceanic depths of Jupiter's palace, in the *Responce* Ronsard presents himself as the "surjon eternel" (*Discours* 205.1042) who will nurture future French poetry. Between the 1550s and the 1560s the divine "plenitude" of the original source has been displaced. It now coincides with the generative power of the one and only source of modern poetry: Pierre de Ronsard.

Having created the image of himself as a mythic figure for

French culture, Ronsard feels obligated to participate in the major debate of his time: he has no other choice but enter the arena of religious polemics. For the great admirer of Ciceronian rhetoric it is a unique opportunity to practice the epideictic mode of public speech. He must show the way, distributing praise and blame according to the rules of canonical eloquence. After all, was it not he —as he claims in his *Responce*— who single-handedly had raised the French language to the level of classical greatness?

>Adonques pour hausser ma langue maternelle,
>Indonté du labeur, je travaillé pour elle.
>Je fis des mots nouveaux, je r'appellay les vieux
>Si bien que son renom je poussay jusqu'aux cieux:
>Je fis d'autre façon que n'avoient les antiques,
>Vocables composés, et phrases poëtiques,
>Et mis la poësie en tel ordre qu'après,
>Le Français s'egalla aux Romains et aux Grecs. (203-4.1019-26)

After Joachim du Bellay's death in 1560, Ronsard was finally free to appropriate his role as "Deffenseur" and "Illustrateur" of the French language. He felt compelled to speak in the name of France and to link her destiny with his own. Religion had become the *sine qua non* condition of his poetics.

* * *

Agrippa d'Aubigné's dearest wish was to be Ronsard's son. The generational link had been providentially established when, in his youth, the woman he had loved, Diane, happened to be the niece of Cassandra Salviati, the lady Ronsard had celebrated in his own *Amours*.[7] D'Aubigné further believed that he had inherited Ronsard's poetic mission. Yet, as the religious turmoils became increasingly threatening, his "divine frenzy" was to take a different course. In the monumental epic poem, *Les Tragiques*, the pagan Muse is abandoned for the Holy Spirit, and Apollo's *furor poeticus* yields to the eschatological faith in divine Revelation. Under the guise of Prometheus, whose presence pervades the prefatory apparatus of the book, God's newly-appointed prophet claims he has stolen the celestial fire in order to hand it down to his fellow mortals:

AUX LECTEURS
Voici le larron Promethee, qui au lieu de grace, demande gré de son crime.... Ce feu que j'ay volé mouroit sans air; c'estoit un flambeau sous le muy, mon charitable peché l'a mis en *evidence*. (3)

The allusion to Matthew 5.15 is clear: "Neither do men light a candle, and put it under a bushel, but on a candle-stick; and it giveth light unto all that are in the house."[8]

At the same time, the word "evidence" points to the rhetorical notion of *evidentia*, a Latin term which served to translate the Greek notion of *enargeia* (visuality, vividness).[9] In classical poetic theory the artistic power to represent reality was linked with sight, the "noble sense," which was associated with light and creativity. In Cicero's *Orator*, the writer's ability to describe inanimate things as if they were animate is expressed in visual, iconic terms. Similarly, in Quintilian's discussion of the use of *pathos* in conjunction with *ethos*, eloquence is shown to derive its force from the orator's ability to create a "verbal vision," by which the mind imagines things with such vividness that they seem to be present in front of the beholder's eyes: "quæ non tam dicere videtur quam ostendere" (Quintilian 6.2).[10]

During the Renaissance, the interest for artistic "energy" was reinforced by the widespread Horatian doctrine of *ut pictura poesis* and the exemplary discourse of classical authors, such as Pliny and Plutarch, on pictorial representation. Leon Battista Alberti's crucial concept of *istoria* derived from the idea that a truly effective narrative should be able to trigger the beholder's emotions. In his treatise, *Della pittura* (c. 1435) he wrote: "The *istoria* which merits both praise and admiration will ... capture the eye of whatever learned or unlearned person is looking at it, and will move his soul" (75).

In *Les Tragiques* d'Aubigné becomes this ideal Renaissance painter whose sole objective is to represent graphic scenes that will arouse the desired emotions in the spectators. In his Advice "Aux Lecteurs" the orator's first duty, *movere*, is clearly recalled: "Nous sommes ennuyés de livres qui enseignent, donnez-nous en pour *esmouvoir* (3). Affective realism is the key to a rhetorically successful art work.

The title of d'Aubigné's midpoint *canto*, "Les Feux," takes its inspiration from the burning pyres of Huguenot martyrs, persecuted for their faith in the true God. But the tortured innocents breathe the fire of evangelical testimony. We are reminded of the events witnessed by Christ's apostles on the day of Pentecost, as recorded in Acts 2.3-4:

> And there appeared unto them cloven *tongues like as of fire*, and it sat upon each of them. And they were all filled with the Holy Ghost, and began to speak with other tongues, as the Spirit gave them utterance. (emphasis mine)

In "les Feux" the symbolic connotations of Pentecostal fire are re-energized in a powerful prophetic way:

> Nos regards parleront, nos langues sont bien peu
> Pour l'esprit qui s'explique en des langues de feu. (129.507-8)

By reenacting Prometheus's sacred theft, the poet proclaims both his rhetorical power (he brings a tragic *istoria* before the eyes of his readers) and his total dependence upon a higher, cosmic order. For God is the *real* "author" of *Les Tragiques*. Directly inspired by divine fire, the book bears witness to the New Covenant between God and His chosen people: it has become an illuminating latter-day sequence to the sacred corpus of the Holy Writ.[11]

* * *

Clearly, Ronsard's and d'Aubigné's conceptions of themselves as writers could not be farther from our third example, Montaigne, a man always hastening to denigrate his own work and to underscore its shortcomings. The derogatory terms Montaigne uses to describe his *Essais* are well-known: "fagotage" (2.37, 758a, F574a), "fricassée" (3.13, 1079b, F826b), "marqueterie mal jointe" (3.9, 964c, F736c), etc. In the chapter "Du Dementir," he expresses his desire for a personal and unpretentious work:

> Je ne dresse pas icy une statue à planter au carrefour d'une ville, ou

> dans une Eglise, ou place publique.... C'est pour le coin d'une librairie, et pour en amuser un voisin, un parent, un amy, qui aura plaisir à me racointer et repratiquer en cett'image. (2.18, 664a, F503a)

By contrast with Ronsard's more self-centered and d'Aubigné's more God-centered positions, Montaigne enjoys the remote space of literary margins (Rigolot 221-52). The essayist refrains from confronting head-on the problems that concern him; he prefers to approach them sideways, obliquely ("de biais, obliquement"), sneaking up on them. He uses the metaphor of the hiker wading across a stream, "sondant le gué de bien loing" (1.50, 301a, F219a). Such is his attitude toward the religious turmoils of his time (Nakam 171-73; Meijer 491-99).

Montaigne's observations on the wars of religion are scattered throughout the *Essais*, but some are more explicit than others. One may wonder, for instance, why the essayist kept silent about the St. Bartholomew's Day Massacre. Such an obvious oversight begs for an explanation. How could a man who constantly denounced violence and cruelty erase all references to the most abominable event of his time? One must rule out indifference or carelessness. Psychological studies about Holocaust survivors may help us understand Montaigne's attitude: silence was probably the only possible reaction to evil acts of such magnitude.[12]

Yet, in the hot debates over political issues Montaigne did not hesitate to take sides. He clearly declared himself in favor of the monarchy and succession to the throne (Supple). At the same time he also criticized several extreme "Ligueurs" and praised the virtues he perceived in some Huguenot leaders:

> Aux presens brouillis de cet estat, mon interest ne m'a fait mesconnoistre ny les qualitez louables de nos adversaires, ny celles qui sont reprochables en ceux que j'ay suivy. (3.10, 1012b, F774b)

As a lawyer, magistrate and elected official —he served twice as Mayor of Bordeaux— Montaigne respected the law and was paid to ask others to do the same. He felt he had a duty to uphold the fundamental principles of political order and social conduct. By definition, civil servants are conservative: they exist to maintain the smooth functioning of the city. Montaigne the Mayor of Bordeaux, however, cannot completely eclipse Michel, the private man, painter of the "passage" and believer in the relativity of things. In the *Essais* he consistently draws a line between his official political position (he upholds the legitimacy of the monarchy) and his strictly personal preferences:

> Le Maire et Montaigne ont tousjours esté deux, d'une separation bien claire. (3.10, 1012b, F774b)
>
> Je me prens *fermemant* au plus sain des partis, mais je n'affecte pas qu'on me remarque *specialement* ennemy des autres, et outre la raison generalle. (3.10, 1013c, F774c; emphasis mine)

Montaigne refuses the generalizing statements wherein the public figure speaks for the private conscience. He wants to remain in tune with daily experience in a period of confusion, when one must often accept uncertainty and contradiction or suffer even greater moral disintegration. He admits his reluctance to making political commitments that may restrict his freedom of mind: "Je ne sçay pas m'engager si profondement et si entier" (3.10, 1012b, F774b).

Hence the necessity of a "plural conscience," which requires a complementary world view in constant response to that which denies it. And one finds, in the area of political ruminations, the interplay of antagonistic forces that oppose the "jurisconsulte" to the "honneste homme," the admirer of Henri de Guise to the friend of Henri de Navarre, the engaged politician to the advocate of tolerance:

> J'accuse merveilleusement cette vitieuse forme d'opiner: "Il est de la Ligue, car il admire la grace de Monsieur de Guise." "L'activeté du Roy de Navarre l'estonne: il est Huguenot." "Il treuve cecy à dire aux mœurs du Roy: il est seditieux en son cœur." (3.10, 1013c, F774-75c)

To be sure, such a sane appeal to rationality would be totally alien to polemical rhetoricians whose twists and turns are meant to sway their audience to their side. Obviously Ronsard's *Discours* or d'Aubigné's *Tragiques* do not lend themselves to subtle distinctions because the satiric and epic modes require "clear separations" that will remove all doubt or hesitation. Ronsard's masterfully biased portrait of the Huguenots as a bunch of barbarians is striking:

> Et quoy! Bruler maisons, piller et brigander,
> Tuer, assassiner, par force commander,
> N'obeir plus aux Roys, amasser des armées,
> Appelez vous cela Eglises reformées? (*Discours* 79.45-48)

A similar colorful —yet totally irrelevant— image is used to address Théodore de Bèze, Calvin's highly respected successor in Geneva:

> Ne presche plus en France une Evangile armée,
> Un Christ empistollé tout noircy de fumée,
> Portant un morion en teste, et dans la main
> Un large coustelas rouge du sang humain. (84.119-22)

D'Aubigné's own *reductio* of the Catholics is no less suspicious, but it is presented in powerful apocalyptic terms, within an awe-inspiring eschatological perspective. The Hebrews' exile prefigures the persecutions of the primitive Church which, in turn, prefigure the fate of the Huguenot martyrs. Historical analogies compose an irresistibly self-validating mastertext:

> Ainsi les visions qui seront ainsi peintes
> Seront exemples vrais de nos histoires sainctes,
> Le roole des tyrans de l'Ancien Testament,
> Leur cruauté sans fin, leur infini tourment:
> Nous verrons deschirer d'une couleur plus vive
> Ceux qui ont deschiré l'Eglise primitive:
> Nous donnerons à Dieu la gloire de nos ans
> Où il n'a pas encor espargné les tyrans.
> ("Vengeances," 190.89-96)[13]

By contrast, the open-ended form of the essay invites recurrent questions, objections, or reservations. Reflexive operations are grafted onto the main logical thread of the discourse. Montaigne follows his exemplary model, Socrates, who would always ask questions and stir up discussion: "tousjours demandant et esmouvant la dispute, jamais l'arrestant, jamais satisfaisant" (2.12, 509c, F377c)].

For the author of the *Essais*, the "troubles" emanating from the religious unrest are the symptoms of a profound crisis that shakes the very foundation of society. This crisis can be called *semiotic* to the extent that it affects the system of representation on which the dominant ideology relies. Humanist thought, which had been crucial to the development of a Renaissance self-identity, finds itself jeopardized by the very process of history. Ronsard confidently heralds national unity; with equal gusto he proclaims that all conflicts will be resolved by the rituals of his "bel art poëtique" (*Discours* 199.928). Yet he is never able to silence the voice of the Protestant opposition, whose very existence cannot be nullified by a hypothetical return to neo-classical ideals.

To be sure, Montaigne shares with Ronsard a disdain for the useless agitation of the common herd. He is quick to declare that the Protestant innovations often result from vanity, pride, and presumption. The real danger he sees is in the proliferation of various sects, each believing itself closer to truth.[14] At the beginning of his last chapter, "De l'experience," he writes:

> J'ay veu en Alemagne que Luther a laissé autant de divisions et d'altercations sur le doubte de ses opinions, et plus, qu'il n'en esmeut sur les escriptures sainctes. (3.13, 1069b, F818b)

Yet Montaigne's goal is not to call the stray sheep back to the fold. He is concerned with a problem of hermeneutics. Human beings have an insatiable desire to impose meaning on things. He denounces the illusion that we may ever attain truth through the practice of interpretative commentary. In fact, "les gloses augmentent les doubtes et l'ignorance" (3.13, 1067b, F817b). One recalls the famous passage, so relevant to his time as well as to ours:

> Il y a plus affaire à interpreter les interpretations qu'à interpreter les choses, et plus de livres sur les livres que sur autre subject: nous ne

faisons que nous entregloser. (3.13, 1069b, F818b)

But Montaigne does not count himself among those who can condemn such an inclination to seek truth —even if, as with Æsop's dogs (1068b, F817b), they risk suffocation. And he realizes that Luther's "sickness" encumbers his own mind. His *Essais* are an interminable quest for meaning:

> C'est signe de racourciment d'esprit quand il se contente, ou de lasseté. Nul esprit genereux ne s'arreste en soy: il pretend tousjours et va outre ses forces; il a des eslans au delà de ses effects; s'il ne s'avance et ne se presse et ne s'accule et ne se choque, il n'est vif qu'à demy. (3.13, 1068c, F817-18)

The *semiotic crisis*, of which the religious turmoils are a symptom, affects the relation between words and things. Signs have become opaque; they can mislead at any moment; deception rules. No other passage of the *Essais* expresses this better than the beginning of "De la gloire":

> Il y a le nom et la chose; le nom, c'est une voix qui remerque et signifie la chose; le nom, ce n'est pas une partie de la chose ny de la substance, c'est une piece estrangere joincte à la chose, et hors d'elle. (2.16, 618a, F468a)

Therefore, one must be careful not to call "virtue" that which is perhaps only desire for glory. One too often judges the "heart" for its "countenance," and language itself encourages us to be fooled by "apparences externes" (2.16, 626a, F474a). Montaigne adheres fully to a nominalist attitude that denounces the false alliances between words and the reality they are supposed to represent (Compagnon).

***

In conclusion, Ronsard's, Montaigne's and d'Aubigné's attitudes toward the wars of religion are illuminated by diverse competing concepts of subjectivity in sixteenth-century epistemology. Although they belong to opposite camps, Ronsard and d'Aubigné share the juridical idea that proper oratory can only be performed by a *public subject*. For the private self has no business publicizing his thoughts about politics or religion (Reiss). With Montaigne we see the beginning of a conception of a proto-Cartesian subject capable of thinking from the standpoint of his own subjectivity. But this private subject is still the locus of inconsistency ("De l'inconstance," 2.1, 331a, F239a), which Montaigne often addresses and which he identifies as the space where writing is found (Hampton). In public affairs the true nature of signs is of little importance, and one can be satisfied with what is verisimilar, seemingly true (*vraysemblable*). It is the realm of the "counterfeit," a necessary evil that is accepted and practiced by all of us as a *given* in human society:

> Puis que les hommes, par leur insuffisance, ne se peuvent assez payer d'une bonne monnoye, qu'on y employe encore la fauce. (2.16, 629a, F477a)

In his *Discours*, Ronsard raises the art of counterfeiting to exemplary heights. His work is not concerned with truth but with the greater glory of France. Similarly, the verses of d'Aubigné's impassioned *Tragiques* pass themselves off as new historical evidence. Yet the poet does not hesitate to eliminate or truncate events, dress them as he wishes or move them around, so that they may better reflect the awe-inspiring vision he feels entrusted to record for future generations. In his hands counterfeiting is now renamed "transfiguration" (Fanlo 164 ff.). In a France torn apart by the divisive forces of religion, poetry is placed in the service of militancy, either (in Ronsard's case) to legitimize or (in d'Aubigné's) to undermine the political model of supremacy. The distinction between the historian and the poet, so dear to rhetoricians from Aristotle to Scaliger, became the object of long discussions in the *Franciade* prefaces of 1572 and 1587. Unlike the historian who searches truth "sans desguisure ny fard" (*OC* 1: 1182), the poet "a pour maxime tresnecessaire en son art de ne suivre jamais pas à pas la verité, mais la vray-semblance, et le possible" (*OC* 1: 1165). Ronsard defines this verisimilitude both logically ("ce qui peut estre") and ideologically ("ce qui est desja receu en la commune opinion"; *OC* 1: 1182; Ménager 283).

Nothing could be more foreign to Montaigne than this notion of a "feigning" poet who beautifully tampers with facts in order to convince his readers. Throughout his works the essayist criticizes those who paint reality in false colors, veiling their good intentions with deceptive ornament. Regardless of his love for poetry, Montaigne is a follower of Socrates and sets high standards for himself. In matters of ethical import, he wants to be the "ennemy juré de toute falsification" (1.40, 252c, F186c). In this perverse and inflated world of public affairs, the private subject will turn to his inner self to find the true richness of moral conscience. For Montaigne's movement toward interiority is also a movement toward the truth of signs (Fumaroli, Starobinski).

The logic that favors separating the public from the private self also leads Montaigne to disapprove of the Reformers' intellectual audacity, which he finds wrong-headed and dangerous. The essayist's father had condemned Luther's "innovations" ["les nouvelletez de Luther"] (2.12, 439a, F320a) on the ground that they could easily degenerate into uncontrollable forms of political insubordination. For the common folk, not capable of judging things in themselves, would be carried away, shaking off as tyrannical all forms of authority:

> Car le vulgaire, n'ayant pas la faculté de juger des choses par elles mesmes, se [laisse] emporter à la fortune et aux apparences, apres qu'on luy a mis en main la hardiesse de mespriser et contreroller les opinions qu'il avoit eues en extreme reverence. (2.12, 439a, F320a)

In other words, playing with "new ideas" and challenging the traditional canon can only be admissible in the private sphere of a person of education and judgment. In fact, Montaigne's "Aplogie de Raymond Sebond" shows to what extent one can exercise such uninhibited intellectual freedom.

Like all civil strife, the Wars of Religion brought misery to innocent people. Yet, from a literary perspective, they also gave rise to new reflexive material on crucial human problems. The three writers whose attitudes I have summarized addressed epistemological issues that go beyond the immediate context of the religious turmoils. By contrast with Ronsard's and d'Aubigné's desperate beliefs in the coherence and relevance of the poet's public subject, Montaigne recognized the inconsistency of his private self, while at the same time warning of the risks of revealing the secrets of interiority to the common people. In sum, at the end of the sixteenth century, the religious conflicts which tore France apart exposed the tension between two world views: one that still wanted to believe in the all-encompassing authority of religion and another, disillusioned by the deceptive political goals of religious factions, that hoped to find *within* subjectivity some basis for sensible action. If this was progress, then the impact of religion on literature may not have been quite as negative as Lucretius claimed it to be. Ironically, the worst side of religious zeal may have also been able to inspire some bold, constructive rethinking about our own "humaine condition" (3.2, 805b, F611b). "Tantum religio potuit suadere... *bonorum*"?

Notes

1. Henry's daughter, Elisabeth, married Philip II, king of Spain; and his sister, Marguerite, was wedded to Emmanuel-Philibert, duke of Savoy. The peace of Cateau-Cambrésis (April 1559) marked the end of the wars between the Habsburg and Valois dynasties. Henry II resigned his claims to Habsburg territories and recognized Philip II's rights in Italy and the Netherlands (Rady 23).

2. One should talk about *massacres* in the plural, as the hysterical rage, begun in Paris on August 24, 1572, spread to several other cities in France. The killing and looting continued for two months. Although no one knows the exact number of victims, estimates range from 20,000 to 100,000. Many valuable books have been devoted to the Massacre. For an extensive bibliography on the subject see Denis Crouzet's recent 650-page *summa*.

3. Goulart's collection is probably the most complete single source of our knowledge of the reactions to the St. Bartholomew's Day massacres (Jones).

4. References to Montaigne's *Essais* include book and chapter as well as page number from Villey's edition and from Frame's translation (preceded by F). The letters a, b, c, indicate the three major textual strata corresponding to the 1580, 1588 and 1595 editions.

5. References are to the Smith edition for the *Discours* and related texts (for which page numbers as well as line numbers are given). References to other

works by Ronsard are to the *Œuvres complètes* (*OC*) edited by Céard, Ménager, and Simonin.

6. In 1578 the "Champ triomphal pour jouer sur la lyre" was retitled "Hynne du Roy Henry III, Roy de France, pour la victoire de Montcontour." Frieda S. Brown (245) attributes the "savage tone" of both these works to Ronsard's violent reaction against the rebellious Huguenots. But he was not alone in advocating the use of force to squelch the Protestant uprisings after the battles of Jarnac and Moncontour.

7. D'Aubigné mentions this connection in his one of his letters. "Lettres sur diverses sciences" (860). On the "Œdipian" problem between the two poets see Lestringant, "Agrippa" 1-13.

8. Biblical quotations in English are from the King James Version.

9. In his *Rhetoric* Aristotle remarked that "often Homer, by making use of metaphor, speaks of inanimate things *as if they were animate*," and he added that "it is to *creating actuality [energeian poiein]* that his popularity is due" (3.11.3; emphasis mine). The word *energeia*, for Aristotle, refers to the paradox of producing a powerful lifelike effect through words. In Roman times, a strange etymological confusion took place, as the two Greek paronyms, *energeia* and *enargeia*, were semantically conflated. *Energeia* was usually translated into Latin as *actio* (activity, actuality, power), and *enargeia* as *illustratio* or *evidentia*.

10. See also 4.2.63; 4.2.123; 4.2.29-31; 8.3.70, and 9.2.40.

11. "Si la proposition n'était hérétique, on pourrait dire que *Les Tragiques* sont un livre de plus ajouté à l'Écriture sainte, à l'intersection de l'Ancien et du Nouveau Testament, pour dire la Nouvelle Alliance conclue entre Dieu et les élus du dernier âge" (Lestringant, "L'autorité" 23).

12. Géralde Nakam's comment is to the point: "Le silence observé par Montaigne sur la Saint-Barthélemy est trop manifeste pour ne pas avoir de signification. On ne peut l'imputer à de l'insouciance, ni à une approbation, ni même à une volonté de prescription ou d'amnistie: Montaigne ne cesse au contraire de dénoncer la cruauté.... Par horreur personnelle autant que par fidélité pour Michel de L'Hospital, Montaigne efface de son livre la date et le nom de la Saint-Barthélemy." (103)

13. As Fanlo remarks, "le schéma ternaire (Ancien Testament, Église primitive, Église de 'ce siecle') qui organise l'histoire de l'Église suppose par lui-même la clôture, et fait bien de la période contemporaine 'ces derniers ans.' L'avènement apocalyptique et le texte sont concomitants" (191).

14. Erasmus had already warned: "ex una secta complures in dies nascuntur" [day by day one sect gives birth to several others] (qtd. in Ménager 212, note 148).

Works Cited

Alberti, Leon Battista. *On Painting*. Trans. John R. Spencer. New Haven: Yale University Press, 1966.

Aristotle. *The "Art" of Rhetoric*. Ed. J. H. Freese. Cambridge: Harvard University Press, 1975.

Aubigné, Agrippa d'. *Œuvres*. Ed. Henri Weber, Jacques Bailbé and Marguerite Soulié. Bibliothèque de la Pléiade. Paris: Gallimard, 1969.

Brown, Frieda S. "Interrelations between the Political Ideas of Ronsard and Montaigne." *Romanic Review* 56 (1965): 241-47.

Castor, Grahame. *Pléiade Poetics. A Study in Sixteenth-Century Thought and Terminology*. Cambridge: Cambridge University Press, 1964.

Cloulas, Yvan. *Catherine de Médicis*. Paris: Fayard, 1979.

Compagnon, Antoine. *Nous, Michel de Montaigne*. Paris: Éditions du Seuil, 1980.

Crouzet, Denis. *La Nuit de la Saint-Barthélemy. Un rêve perdu de la Renaissance*. Paris: Fayard, 1994.

Davila, Enrico Caterino. *Storia delle guerre civili di Francia*. Rome: Istituto poligrafico e zecca dello stato, 1990. 3 vols.

Dubois, Claude-Gilbert. "Imitation différentielle et poétique maniériste." *Revue de Littérature Comparée* 2 (1977): 142-51.

Du Perron, Jacques Davy. *Oraison funèbre sur la mort de M. de Ronsard*. Ed. Michel Simonin. Geneva: Droz, 1985.

Fanlo, Jean-Raymond. *Tracés, Ruptures: La Composition instable des "Tragiques."* Paris: Champion, 1990.

Fumaroli, Marc. "Montaigne et l'éloquence du for intérieur." *Les Formes brèves de la prose et le discours discontinu (XVIe-XVIIe siècles)*. Ed. Jean Lafond. Paris: Vrin, 1984. 27-50.

Gray, Hanna H. "Renaissance Humanism: The Pursuit of Eloquence." *The Journal of History of Ideas* 10.1 (1949): 497-514.

Hampton, Timothy. *Writing from History. The Rhetoric of Exemplarity in Renaissance Literature*. Ithaca, NY: Cornell University Press, 1990.

Heller, Henry. *Iron and Blood. Civil Wars in Sixteenth-Century France*. Montreal: McGill-Queen's University Press, 1991.

Higman, Francis M. "Ronsard's Political and Polemical Poetry." *Ronsard the Poet*. Ed. T. Cave. London: Methuen, 1973. 241-85.

The Holy Bible, Authorized King James Version. New York: New American Library, 1974.

Jones, Leonard Chester. *Simon Goulart, 1543-1628*. Geneva-Paris: Champion, 1917.

Kingdom, Robert M. *Myths about the St. Bartholomew's Day Massacres 1572-1576*. Cambridge, Mass.: Harvard University Press, 1988.

Knecht, R. J. *The French Wars of Religion, 1559-1598*. London: Longman, 1989.

Langer, Ullrich *Rhétorique et Intersubjectivité. Les "Tragiques" d'Agrippa d'Aubigné*. "Biblio 17" 6. Paris-Seattle-Tübingen: Papers on French Seventeenth Century Literature, 1983.

Lestringant, Frank "Agrippa d'Aubigné, fils de Ronsard: autour de l'Ode XIII du *Printemps*." *Studi Francesi* 109 (1993): 1-13.

——. "De l'autorité des *Tragiques*: d'Aubigné auteur, d'Aubigné commentateur." *Revue des Sciences Humaines* 238 (1995): 13-23.

Lucretius [Lucrèce]. *De Rerum Natura [De la nature]*. Ed. Alfred Ernout. Paris: Les Belles Lettres, 1935.

McLuhan, Herbert Marshall, Quentin Fiore and Jerome Agel. *The Medium is the Message*. New York: Bantam Books, 1967.

Meijer, Marianne S., "Une Ambiguïté dans un essai de Montaigne." *Mélanges à la mémoire de V.-L. Saulnier*. Geneva: Droz, 1984. 491-99.

Ménager, Daniel. *Ronsard, le Roi, le poète et les hommes*. Geneva: Droz, 1979.

Miquel, Pierre. *Les Guerres de religion*. Paris: Fayard, 1980.

Montaigne, Michel de. *The Complete Essays of Montaigne*. Ed. Donald M. Frame. Stanford: Stanford University Press, 1965.

——. *Essais*. Ed. Pierre Villey. Paris: Presses Universitaires de France, 1978.

Nakam, Géralde. *Montaigne et son temps. Les Événements et les "Essais". L'histoire, la vie, le livre*. Paris: Nizet, 1982.

Pernot, Michel. *Les Guerres de religion en France, 1559-1598*. Paris: SEDES, 1987.

Plattard, Jean. *L'Œuvre de Rabelais*. Paris: Champion, 1910.

Quint, David. *Origin and Originality in Renaissance Literature: Versions of the Source*. New Haven: Yale University Press, 1983.

Quintilian, *Institutio oratoria*. Ed. H.E. Butler. London: W. Heinemann, 1920.

Rady, Martyn. *France: Renaissance, Religion and Recovery*. London: Hodder & Stoughton, 1991.

Raymond, Marcel. *L'Influence de Ronsard sur la poésie française*. Paris: Champion, 1927. 2 vols.

Reiss, Timothy. "Montaigne et le sujet du politique." *Œuvres et Critiques* 8 (1983): 127-52.

Rigolot, François. *Le Texte de la Renaissance. Des Rhétoriqueurs à Montaigne.* Geneva: Droz, 1984.

Ronsard, Pierre de. *Discours des misères de ce temps.* Ed. Yvonne Bellenger. Paris: Garnier-Flammarion, n.d.

———. *Discours des misères de ce temps.* Ed. Malcolm Smith. Geneva: Droz, 1979.

———. *Œuvres complètes.* Ed. Jean Céard, Daniel Ménager, and Michel Simonin. Paris: Gallimard, 1993. 2 vols.

Starobinski, Jean. *Montaigne en mouvement.* Paris: Gallimard, 1983.

Supple, James J. "Montaigne and the French Catholic League." *Montaigne Studies* 4.1-2 (1992): 111-26.

Vickers, Brian. *In Defense of Rhetoric.* Oxford: Clarendon Press, 1980.

Kenneth Lloyd-Jones
Trinity College, Connecticut

« *Belles Fictions & Descriptions Exquises* ... »: Translative Strategies for Christianizing Greek Thought in the Renaissance

The mystery of how the ancient world had come to know such concepts as the good, the true and the beautiful, in spite of the fact that it had never known the revealed truth vouchsafed by Christianity to the modern world, a topic of continuous wonderment throughout the middle ages, was to receive increased attention during the Renaissance. The great voyages of exploration revealed entire continents peopled by human beings who were undoubtedly barbaric in their ignorance of Christian truth, and in desperate need of salvation (even by the sword, when necessary), yet who did on occasion —just like the pagans of antiquity— evince an understanding of the good. At the same time, the spread of Humanism encouraged a new understanding of classical thought, bringing some thinkers to espouse the position of many of the early Church fathers, to the effect that God's truth, being unwavering, universal and eternal, was indeed known to the ancients, as it was to the denizens of the New World, but imperfectly and in a manner bereft of grace. In this new syncretism, aiming to demonstrate the degree to which much of the thought of classical antiquity was in fact congruent with Christianity, translation and interpretation were inevitably to play a major part.

In Renaissance France, Humanist approaches to the translation of classical texts might be said to embody two broad tendencies, which can be characterized as "philological" and "rhetorical." This distinction may probably be traced to one of Cicero's relatively early treatises, not overly studied today, but a text which had extensive influence on Renaissance notions of translation, namely his *De optimo genere oratorum* [*On the best kind of orators*]. In this short work, whose subject is the preeminence of Greek oratory and the subsequent need to provide the Roman public with good translations by way of models, Cicero refers to his own decision to translate a pair of speeches by Æschines and Demosthenes, not, as he says, as an *interpres* but as an *orator* (this translation is no longer extant, if indeed it was ever executed): "nec converti ut interpres, sed ut orator, sententiis isdem et earum formis tamquam figuris verbis ad nostram consuetudinem aptis" (14) [and I have not rendered them as a "translator," but as an "interpreter," with their ideas, and their forms, as well as their figures of speech, adapted to the usages of our own language].[1] It is important to note here that I am taking *interpres* as "translator," and *orator* as "interpreter" —a distinction that is essential to all theoretical discussion of translation, distinguishing as it does between one who conceives of his primary obligation as the minimally distorting "carrying over" of an original, and one for whom the primary task is to exploit all the stylistic and rhetorical resources of the target language in the act of re-creation and rewriting that constitutes translation. The distinction may be compared to the difference between a translator considered as a blank pane of glass through which our view of the original passes in as unaltered a form as possible (the ideal of "philological" translation, with maximum reverence for the *logos* of the original),[2] and the translator seen as a prism, which refracts the light that passes through it, before recomposing it in a new form. No translator can ever be wholly neutral, of course, but even less can this latter type be disinterested or detached: he/she embodies the essence of "rhetorical" translation, in which the role of *inventio* and *elocutio* in the act of translation, seen as a kind of duplicative composition (an exercise in *imitatio*), is considered to be as important as it is in the act of original writing. Considering himself to be an "*orator*/interpreter" (akin to the prism that refracts in order to recreate), rather than an "*interpres*/translator" (akin to the minimally obtrusive pane of glass), Cicero sees his primary obligation not so much to the fixed, authoritative status of the Greek source text —what Norton speaks of as "faith and allegiance to word" (82)— but to the potentiality of the target version; all the rhetorical resources of the Latin language, as well as all of Cicero's own oratorical skills, are to be brought into play, in order to make the Latin version as persuasive as possible.

In conceptualizing his task in this manner, of course, Cicero unambiguously nailed his colors to the mast of "translation *ad sensum*" rather than "translation *ad verbum*," and defined the role of translator as one engaged less in linguistic transfer than in hermeneutic exposition —that is, one authorized to reflect in the target language his own, personal or subjective understanding of what the source text might be taken to mean, rather than one who aims for so-called "objectivity" through some undeviating replication of the original at the level of mere lexical equivalence. It is both this recognition of the unavoidably hermeneutic dimensions of translation, and this validation of the resources of rhetoric as an interpretive strategy and of translation as a form of *imitatio*, that lead us to the heart of the distinction between philological and rhetorical translation.

Nowhere in the Renaissance is this conviction of the compound nature of translation as both an inherently interpretive activity (what I have called elsewhere "the hermeneutic imperative"; see my "Erasmus and Dolet") and also a form of *imitatio* in which the rhetorical role of the translator's *inventio* and *elocutio* must be carefully considered, more extensive in its ramifications than in the field of Christian exegesis. The enormity of deciding what God means when He speaks —a task that has frequently involved matters of life and death, as many came to realize during the Reformation and the Wars of Religion— is of course the shaping force behind a thinker such as Erasmus, and his constant efforts to present the Word of God as persuasively as possible (with constant appeal to the categories and structures of classical rhetoric), yet in a manner undistorted by his own imperfections as a human exegete (see Hoffman, and Lloyd-Jones, "Manfred Hoffman"). Indeed, it is interesting to note, as Norton demonstrates so fully, the extent to which even relatively minor theoreticians had, by mid-century, come to see this relationship between rhetoric and the hermeneutic dimensions of translation as a very far-reaching problem: Lawrence Humphrey (3; Norton, 59), for example, offers this fascinating remark on the dilemmas of hermeneutic, whether of sacred or of profane texts:

> Haec Interpretatio dicta est, Graecis *hermeneia*: estque hoc nomen Interpretis ambiguum, et in varios sensus trahi potest: nos hoc quidem loco & tempore eum vocamus, qui Dialectum seu idioma minus multis notum, linguae notioris & familiaris interpretatione illustrat, & aliquid ex peregrina lingua convertit in aliam celebratam magis & pervagatam.
>
> [This "interpretation" is called *hermeneia* by the Greeks: and this name of "interpreter" is ambiguous, and can be taken in various senses. We in fact, here and now, call "interpreter" the one who explains through the mediation of a more everyday and commonly practiced language some dialect or idiomatic form less well known to most people, and who transforms something from a foreign language into something more commonly used and widespread.]

We shall see that the underlying assumptions of such a position — among others, the understanding that translation is in fact a form of hermeneutic, and the consequent realization that much depends on the rhetorical resources of the target language if it is to succeed persuasively— match perfectly the purposes and methods of what was identified above as rhetorical as opposed to philological translation.

With regard to Humanist Greek studies in particular, the two most notable members of the school of "philological" scholars in Renaissance France are Guillaume Budé (d. 1540: see La Garanderie) and his intellectual heir, Henri Estienne (d. 1598: see Clément and *Cahiers Saulnier 5*). Both of them represent a commitment to learning predicated on precise knowledge and accurate and unbiased information — a commitment that has as its prerequisite the provision of dependable source texts that are, in their undeviating fidelity, as respectful of primal authorial intention as possible. It is precisely this respect for authorial intention that animates in its turn the translative strategies of Henri Estienne — like his father and brother, an immensely productive editor and printer with over 160 imprints to his name (not to mention some 90 that were either projected or have since been lost). To this day, we owe to Estienne the economy of so many texts of the Greek poets, historians and orators, as the annotation "Stephanus" in our modern editions continues to attest. Acutely aware of the fact that, as he remarks at one point, "Sed aliud est imitari, aliud interpretari" (*Moschi* 26ʳ) [But it is one thing to imitate, and another thing to interpret], he spent his life as both editor and translator in the production of editions of classical texts that were as faithful as possible an "imitation" of the originals, and that owed as little as possible to the interpretive judgment of the modern scholar, whether editor or translator (see Lloyd-Jones, "Tension").

He did in fact translate a goodly amount of Greek texts, but almost always into Latin. It is not the case, however, that Estienne considered the French language to be syntactically and morphologically inadequate to convey the high messages and models of classical antiquity; that battle had been engaged, and in the following decade or so, largely won by the Pléiade generation of 1549 and their program of national cultural renovation and refurbishment of the vernacular. Estienne was himself a vigorous proponent of the French language, and expended considerable energy during his life-time in attempting to demonstrate the superiority of French over Italian — a superiority based on some frequently rather fancy philological footwork showing French's comparability to Greek rather than Latin, Latin being irreparably tainted by the fact of its having spawned Italian (see Lloyd-Jones, "La grécité"). If, in his enormous output, there is comparatively little translation of either Latin or Greek into French, but a significant amount of Greek into Latin, the chief cause is surely to be found in the fact that the horrors of the Wars of Religion were raging throughout much of

Estienne's adult lifetime. Although of strongly Catholic background —his brother Charles remained a fervent Catholic and spent his life as a printer in Paris— Henri Estienne had, by the late 1550s, embraced Protestantism and moved to Geneva, where he carried on his printing and publishing trade, albeit in a rather uneasy relationship with the Calvinist authorities. But the fact remains that a very large number of his Genevan imprints also appeared in Paris, fully equipped with extensive and fulsome Royal privileges. Indeed, later in his life, Estienne made many trips back and forth between Geneva and Paris, acting as a kind of religious negotiator for Henri III in his largely doomed efforts to stem the fratricide of the Wars of Religion.

In my view, there are two distinct reasons for Estienne's election to translate Greek texts into Latin rather than French, and they may both be ascribed to the religious turmoil of his times. (Interestingly, we shall see that these same reasons were also to affect, although in an utterly different manner, "rhetorical" translators like Louis Le Roy.) First, there is the fact that Latin, while widely accessible to the learned public, was of necessity much less within the purview of the growing middle-class, vernacular readership of the time. Under the storm-clouds of the Wars of Religion, the official role of translation was least of all to foment the dissemination of material of dubious orthodoxy: from Estienne's point of view, translation of Greek into Latin may well have seemed safer, both for the reading public and for the translator himself, at a time when too hearty an espousal of classical values could lead to the execution block or the flames.

There is also the fact that Latin shares not only a large degree of linguistic congruence with Greek, but also an extensive overlap of pre-Christian, pagan points of reference. Rendering Greek into Latin may well thus have appeared to be a somewhat safer kind of "buffer-zone" for the protection, if not actual promotion, of Greek thought, by retaining a pagan form of expression for pagan thinking: it was certainly in this light that a "rhetorical" translator like Erasmus came to consider the cultivation of Ciceronian style, for example, as an insidious manner of opening the door to paganization. But even translating from classical Latin to French was not without its risks in this regard. In various of his discussions of translation of texts from pagan antiquity, Estienne frequently provides a number of alternative versions: in his *Traicté de la conformité du langage françois avec le Grec* (64-65), for example, he offers four separate translations of an excerpt from the *Iliad*, each one moving a step further from the formal reproduction of the style of the original, suitable for a learned readership, toward a version that is frankly popular in tone. His four versions can be ordered along a continuum ranging from close adherence to the source text to creative exploitation of the target text, and as such they perfectly illustrate Estienne's sense of the superiority of philological translation over the drift toward interpretive deformation inherent in rhetorical translation. This is not simply a demonstration of translative *inventio*, but in fact a strategy aimed at reining in the translator's controlling ability to confer definitive closure on the meaning of the original: it is a technique that prevents the translator from asserting unequivocally what the original signifies. At a time when Christian truth found itself both under attack from without and severely fragmented within, the provision of multiple versions can be seen as demonstrating the impossibility, or at least the undesirability, of settling for a single, all-encompassing version of the pagan original. It is as if the original were somehow too protean, too polymorphous or polyvalent or polysemic to allow of a single rendering. Matters of life and death were at stake during Estienne's time over the very nature of what constituted the Truth, God's truth, and too much of the thought of pagan antiquity was obviously incompatible with Christian doctrine. It is then not difficult to understand the attraction of a translative strategy that seems to imply that the "truth" of a given classical model, unlike Christian truth, is so far from being one and entire that it does not allow of monolithic replication in another tongue. Revealed Christian truth is held to be unambiguous and unswervingly indivisible by virtue of dogma and orthodoxy, whereas pagan "truth," fragmented and unstable, can perhaps only be represented by a range of imperfect renderings, imperfect by dint of their very variability: it would surely have been suicidally dangerous at the time to allow otherwise, to suggest that pagan truth was as indivisible and uniform in its formulation as Christian truth.

It is this last point that provides us with our link to the other type of translation, which I have characterized as "rhetorical," and whose main proponents, as far as Greek went, were Jacques Amyot (d. 1593: it is to him that we still owe the standard French translation of Plutarch —witness the current Bibliothèque de la Pléiade editions) and Louis Le Roy (d. 1577), who was most active as a Greek translator, and particularly of Plato, in the 1550s.[3] Animated by the same cultural and patriotic forces that had inspired the Pléiade in 1549, in the same hope of creating both a middle-class culture and a French vernacular finally capable of dislodging Italy from its position of cultural dominance, Le Roy's translations of Plato in particular are undertaken as part of a consciously, and officially encouraged, project of national enhancement, and meant for the widest readership possible. This can be clearly seen from the Royal Privilege granted to his 1551 edition of the *Trois livres d'Isocrates*. The privilege is granted for ten years, because the king wishes the arts and sciences to flourish,

> ... & l'eloquence avecques la philosophie estre traictée en nostre langue, dont nous ne desirons moins la perfection, que la prosperité & augmentation de nostre royaume.... (105^v-6^r)

While it is true that this privilege makes a careful distinction between eloquence and philosophy, the point is clear: Le Roy is officially charged with making the excellence of Greek thought readily available to the growing French reading public, as much for the sake of its inherent value as for "la prosperité & augmentation de nostre royaume." Under such a dispensation, historical or rhetorical writers like Demosthenes or Isocrates present no major problems of religious orthodoxy: but with Plato, things become much more complex. When handling the philosophical and religious complexities of texts like the *Republic*, the *Timæus*, the *Phædo* and the *Symposium*, all of which Le Roy translated and published, the problems of rhetorical translation, of rendering the Greek "not as a *interpres*/translator but as an *orator*/interpreter," become readily apparent.

It is, of course, the case that Le Roy's translative ideal is anchored in the syncretic aspirations of the Florentine Humanism of Valla and Ficino, whose intention was to demonstrate not the unworthiness of "pagan error," but, to the contrary, the extent to which pagan thought was compatible with, and could be assimilated into, Christian truth. But neo-Platonic syncretism aimed not only at the fusion of pagan and Christian teachings; it also sought the repair of the age-old rift between philosophy and theology, and in this endeavor, Le Roy envisaged his role of translator as being of supreme importance. If theology is what brings us to a right understanding of God's truth, and philosophy aims to make us wise and good, then the syncretizing translator, of necessity, must be as persuasive as possible, and we can come to the truth only through his rhetorical success in our own language, rather than his philological skill in refurbishing the luster of an otherwise inaccessible original. Le Roy's dedicatory epistles, prefaces, prospectuses and commentaries abound in expressions of enthusiasm over the degree to which so much of Plato's thought is in harmony with Christian doctrine;[4] Le Roy's efforts to make Plato accessible to the French reading public are thus constantly in evidence, whether he is dealing with minor matters, or with the great philosophical and moral questions. His translations are fully consistent with his desire not only to domesticate the unfamiliar, but to implement his syncretic belief that all truths are known to Christianity. As beneficiaries of Christ's incarnation, and thereby of the grace of divine revelation, it is given to us —unlike our pagan forebears, no matter how good or wise they may have been— to (re)formulate ancient, pagan, verities in a language now illuminated by the sacred *logos* of Holy Scripture: in a word, to incorporate them into Christian orthodoxy.

But not all ideas are compatible with Christian teaching, and in such cases there can be no question of explaining, or of suggesting that pagan heterodoxy might constitute some different kind of truth in its own right. Discussion of metempsychosis, in Le Roy's translation of the *Phædo* (1553), for example, immediately brings out the Christian apologist in him, as he now unhesitatingly feels the need to disavow the material he has been conveying. Commenting on Socrates's notion that the soul returns in a form consonant with the moral life led by its previous possessor, and that rapacious scoundrels might thus return as wolves and hawks, and, further, in light of Plato's otherwise ubiquitous sense of the immortality of the soul, Le Roy writes of his amazement that Plato

> ... maintenant afferme qu'elle [l'âme] descende es asnes, loups, fromis, aveilles, guespes & autres bestes brutes. Comment est-il possible qu'un homme de si grand jugement, & de eminent sçavoir que luy, soit tombé en tele resverie ...? (*Phædon* 113)

To construe the Platonic theory of metempsychosis as "resverie" is neither to affirm it as truth nor to assert it as flat-out error, but rather to locate it on a level that allows us to avoid doctrinal confrontation with it: the argument does not fall back on categories of truth or falsehood. Rhetorical, interpretive translation seeks not only explication, but provides discovery of the truth through the sifting of what to embrace and what to reject.[5] Le Roy thus develops his commentary into an extended debate with the text itself, distancing himself from it in such a way as to make of translation itself the trigger of a philosophical discussion of the original arguments.

It is in his 1558 translation of the *Symposium* that we find both Le Roy's most expansive perspectives on the translation of Greek, and the transmission thereby of a culture whose synthesis of truth, beauty and the manner of their saying has been so essential a strand in the cultural tapestry of the West. Justifying his enterprise in the opening *Argument*, he writes:

> Le livre a esté escrit par le plus sçavant homme, & le plus elegant qui fut onques, en termes fort exquis & sentences tresgraves ... pleines des plus hauts mysteres de philosophie, envelopez neantmoins de fictions poëtiques, translations, & allegories, suyvant la coustume des sages anciens & du mesme autheur: lesquelles nous avons mis peine

d'éclaircir.... (*Sympose* *ii^v)

The wisdom and beauty of Plato's text are uncontested, and deserve our appreciation, but only when "translated," i.e., when the poetic figures and metaphors are decoded —and it is no accident that Le Roy expresses this latter figure of speech by the word *translation* itself. It is worth noting in this regard that, while *translatio* is the common Latin word for metaphor, the word *métaphore* had been in quite common use from about the thirteenth century in France. Le Roy's choice of the word *translation* here (in the sense of "metaphor") thus brings into focus the similarity between, on the one hand, the interpretive function posited in the relationship between a referent and its metaphorical formulation, and, on the other hand, the shifting of thought from source to target language. Explication of both allegory and metaphor constitutes the same process as elucidation through translation. Because it is theologically inconceivable that Plato had a wholly accurate grasp of divine truth, since he was a pagan who lived before the revelation, what he saw was a series of "fictions poëtiques, translations et allegories" through which he translated what he glimpsed: it is these that the modern translator must now decode for the modern reader, and put into terms that are no longer allegorical or metaphorical, but wholly consistent with Christian teaching. Those things that Plato discerned through a glass, darkly, we shall know them face to face.

The essence of Le Roy's strategy is thus to make of Plato a kind of supreme rhetorical translator himself, taking material for whose original form he bears no responsibility (for he is not its author), and then explicating and elucidating it, transforming it through his own rhetorical skills —very much geared to the rhetorical resources of the target language— to bring out its fundamental wisdom:

> il n'est possible de veoir rien plus oratoire ou orné en langage que ce livre, ny d'autre part plus poëtique à cause de belles fictions & descriptions exquises qui y sont entremeslées, ni finalement plus philosophique. (*iv^r)

It is of course essential to Le Roy's purposes that the creative movement undertaken by Plato —and by implication, by himself— is explicitly seen as one born in the practice of rhetorical language, and maturing through the processes of poetic imagination before it culminates in the non-dogmatic realm of philosophy. Openly to impute the (theological) truth to Plato could only have been doctrinally challenging: to grant him a (philosophical) wisdom which, like all allegorical formulation, merely required that we interpret it, was the highest validation of the translator's function.

The translator may thus range safely over the entire field of replicable possibilities, from the detail that makes the original come to life, to the exploration of the profoundest moral issues. Le Roy brings, for example, all his Humanist culture to glossing the Greek word for a cicada (50^r), or to analyzing the various ways to slice hard-boiled eggs with a hair (39^v), or to diagnosing the attack of sneezing which afflicts the hung-over Aristophanes (25^v). When it comes to dealing with the discussion of physical homosexual love undertaken by Alcibiades and Socrates, however, Le Roy elects to explain the presence of such a passage by Plato's desire to cater to the particular culture of the Athenians of his time. Le Roy will therefore do exactly the same as Plato, and, as mindful of the values of his own contemporary readership as Plato had been of his, he will proceed to omit the passage in its entirety, since

> ... j'ay esté conseillé par mes amis d'omettre le reste que Platon a adjousté seulement pour plaisir, servant au temps & à la licensieuse vie de son pays: sans proposer aux François parolles non convenables à leurs meurs, ny convenantes à la religion Chrestienne. (180^r)

Thus, in a single move, scandalous material is neutralized through being left untranslated, less as an act of censorship on the grounds of orthodoxy, but rather as the enactment of a rhetorical strategy that sets the values of the target culture ahead of those of the original readership.

The enthusiasm with which Le Roy sets about his mission of transforming Plato and his pagan contemporaries into versions of himself —men whose task it was to decode and translate the truth as it was given to them to know it— is apparent from his first volume of translation from the Greek, the *Trois livres d'Isocrate* of 1551, in which he recognized the potential danger of his undertaking (the promotion of pre-Christian thinking), and yet readily embraced it:

> Puisque donc qu'il nous convient aventurer sur ceste tant perilleuse mer, & à y hazarder le peu de bien que nous avons jusques icy assemblé, au gré du vent, danger des rochers, bancs & autres infiniz perils: & qu'au jourdhuy nous avons vent & maree aucunement à propos, levons nos ancres, pour faire voile. (*Isocrate* 4^v)

The very metaphor employed to characterize his engagement with rhetorical translation, dynamic, forceful and redolent of the Humanist desire to spread knowledge the better to enrich our journey through life, is revealing. It is furthermore in dramatic contrast with the perspective of a philological translator like Henri Estienne, for whom one of the most telling equivalent metaphors lies in the act of pouring an old wine into a new bottle, with the idea that the translative ideal is one in which only the form of the original is altered, its meaning remaining unchanged.[6] For a philologist like Estienne, the passage of time has come to impede our access to the meaning of the originals, for he is committed to a notion of linguistic evolution as a type of entropy. For Le Roy, however, the passing of time can be made to work in our favor, through the fostering of translations that will bring the past closer, modernizing it and thus rendering it more intelligible to us. Indeed, in his efforts to christianize Plato, Le Roy aims even higher, and his repudiation of a philological ideal akin to that of Estienne —putting Greek into Latin because the vernacular is ultimately untrustworthy— could not be starker: for Le Roy, translation constitutes no less than the means of bringing Renaissance France to rival the glories of Greece and Rome, and ultimately of absorbing ancient thought into Christianity itself.

Le Roy's further interest in his ancient models, as he himself repeatedly stresses in his commentaries, is not limited to their ideology, but extends to their philosophy, and to the eloquence with which they express it. As a consequence, his own understanding of the translator's function is ultimately far more generous than it is doctrinaire. Jean-Claude Margolin has written:

> Le Roy commentateur de Platon témoigne d'un platonisme impur, vague, boursouflé, chargé de multiples doctrines qui n'ont pas été parfaitement assimilées. (61-62)

But for Le Roy it was never a question of either philosophical or philological adherence to the original: he did not conceive of himself as the type of *fidus interpres* defined above. He envisaged himself as the privileged interpreter of the greatest philosopher of classical antiquity —one who was himself the supreme "translator" of those Divine mysteries that an immortal and eternal Creator, in His infinite wisdom, had chosen to vouchsafe him, no matter how imperfectly. As such, Le Roy embodies the highest ideals of Humanist translation, whereby *inventio* and *elocutio* are deployed in the service of community, lucidity and harmonious intercourse. The translator gives voice to the otherwise mute and brings together the otherwise disjoined. In the end, as anyone who has frequented Greek thought will already know, the only abiding value is to have tried to live well, in harmony and wisdom:

> Qu'est il rien plus admirable que de veoir ... les hommes separez par tant de mers & de montagnes, tant distanz & differents les uns des autres entrevisiter? ... Et [j']espere qu'apres tant d'orages & de tourmentes, quelque vent propice nous conduira au port de repos & de tranquillité, pour vacquer principalement en la science des choses humaines & divines & des causes qui les contiennent: qu'on appelle sapience. (*Sympose* 183^{r-v})

Notes

1. Unless otherwise noted, all translations are my own.

2. It is in this sense that we should take the classical concept of the *fidus interpres*, in my view. It does not involve so much our modern sense of the "interpreter" as one who expatiates on both the sense and the ramifications of an original, specifically intending to tell us what he thinks it means (which is of course something that *all* translators do, although not necessarily consciously): it

involves, rather, the one who faithfully, trustworthily, confines himself to the unobtrusive transfer of original meaning, minimally inserting his own capacity for *inventio* and *elocutio* into whatever it is he is "carrying over" from source to target. For extensive discussion of this question, see Norton (in particular Part I, "Horace and the Rhetoric of Faith") and Kelly.

3. For a fuller analysis of Le Roy's strategies as a syncretic translator, see Lloyd-Jones, "«Cest exercice de traduire ...»," 92-102; some aspects of that article are further developed here.

4. Dedicating his translation of the *Timæus* to the Cardinal of Lorraine, for example, he writes of Plato: "Il a esté tant savant que toute l'antiquité l'a estimé plus tost divin, qu'humain: & est celuy entre tous les philosophes gentilz, qui a plus pres approché de la religion chrestienne..." (4^v).

5. The doctrinal problem lies of course in the fact that the Platonic idea of metempsychosis is on the face of it deterministic, and thus allows little scope for the Catholic teaching on free will, an important component of the Church's understanding of the degree to which we are responsible for our acts, and an immediate and fundamental area of disagreement with Lutheranism.

6. Estienne uses the verb "manare" (to pour, to cause to flow) for what he took to be the revision (conceived of as a form of *imitatio*, and thereby of *translatio*) by Theocritus of a poem by Anacreon (*Moschi ...*, 6^v).

Works Cited

Cahiers V.-L. Saulnier, no.5 — Henri Estienne. Collection de l'É.N.S.J.F., no. 43. Paris: Presses de l'École Normale Supérieure de Jeunes Filles, 1988.

Cicero, Marcus Tullius. *De optimo genere oratorum*. Ed. and trans. H. M. Hubbell. Loeb Classical Library 386. Cambridge, MA: Harvard University Press, 1949.

Clément, Louis. *Henri Estienne et son œuvre française*. Paris: Picard, 1898.

Estienne, Henri, ed. and trans. *Moschi, Bionis Theocriti Elegantissimorum Poetarum idyllia aliquot, ab Henrico Stephano Latina facta*. Venice: Aldus Manutius, 1555.

———. *Traicté de la conformité du langage françois avec le Grec ... avec une preface remonstrant quelque partie du desordre & abus qui se commet aujourdhuy en l'usage de la langue françoise*. Geneva: H. Estienne, 1565.

Hoffman, Manfred. *Rhetoric and Theology: The Hermeneutic of Erasmus*. Toronto: University of Toronto Press, 1994.

Humphrey, Lawrence. *Interpretatio linguarum: Seu de ratione convertendi et explicandi autores tam sacros quam prophanos*. Basel: Froben, 1559.

Kelly, Louis. *The True Interpreter: a History of Translation Theory and Practice in the West*. New York: St. Martin's Press. 1979.

La Garanderie, Marie-Madeleine de. *Christianisme et lettres profanes (1515-1535): Essai sur les milieux intellectuels parisiens et sur la pensée de Guillaume Budé*. 2 vols. Paris: Champion, 1976.

Le Roy, Louis, ed. and trans. *Le Phedon de Platon, Traittant de l'immortalité de l'ame ... le tout traduit de Grec en François avec l'exposition des lieux plus obscurs & difficiles par Loys le Roy, dit Regius*. Paris: S. Nyvelle, 1553.

―――, ed. and trans. *Le Premier, Second et Dixieme Livre de Justice, ou de la Republique de Platon, Quatre Philippiques de Demosthene ... le tout traduit de Grec en François par Loys le Roy*. Paris: S. Nyvelle, 1555.

―――, ed. and trans. *Le Sympose de Platon, ou De l'Amour et de Beauté ... trans. Loys le Roy*. Paris: J. Longis & R. Le Mangnyer, 1558.

―――, ed. and trans. *Trois livres d'Isocrates, ancien Orateur et Philosophe ... le tout translaté en François par Loys le Roy, dit Regius*. Paris: M. de Vascosan, 1551.

―――, ed. and trans. *Trois Oraisons de Demosthene Prince des Orateurs, dittes Olynthiaques ... translatees de grec en françois par Loys le Roy*. Paris: M. de Vascosan, 1551.

Lloyd-Jones, Kenneth. "The Tension of Philosophy and Philology in the Translations of Henri Estienne." *International Journal of the Classical Tradition* 1 (1994): 36-51.

―――. "Erasmus and Dolet on the Ethics of Imitation and the Hermeneutic Imperative." *International Journal of the Classical Tradition* 2 (1995): 27-43.

―――. "*La grécité de notre idiome*: *Correctio*, *Translatio*, and *Interpretatio* in the Theoretical Writings of Henri Estienne." *Translation and the Transmission of Culture between 1300 and 1600*. Ed. Jeanette Beer and Kenneth Lloyd-Jones. Kalamazoo, MI: Western Michigan University, 1995. 259-304.

―――. "Manfred Hoffmann, *Rhetoric and Theology: The Hermeneutic of Erasmus*." Review Essay. *Erasmus Year Book Sixteen*. Erasmus of Rotterdam Society, 1996. 54-70.

―――. "«*Cest exercice de traduire ...*»: Humanist Hermeneutic in Louis Le Roy's Translations of Plato." *Recapturing the Renaissance: New Perspectives on Humanism, Dialogue and Texts*. Ed. Diane S. Wood and Paul A. Miller. Knoxville, TN: New Paradigm Press, 1996. 85-106.

Margolin, Jean-Claude. "Le Roy, Traducteur de Platon, et la Pléiade." *Lumières de la Pléiade: Neuvième stage international d'Études Humanistes, Tours, 1965* [sic: sc. *1964*]. Paris: Vrin, 1966.

Norton, Glyn P. *The Ideology and Language of Translation in Renaissance France, and their Humanist Antecedents*. Geneva: Droz, 1984.

Martha Nichols-Pecceu
Eckerd College

Censorship, Toleration, and Protestant Poetics:
the case of Agrippa d'Aubigné's *Histoire universelle*

In response to Agrippa d'Aubigné's *Histoire universelle*, the French royal censors issued an order (*arrêt*) in 1620 condemning it as a "livre meschant, pernicieux, et remply d'abominables et calomnieuses impostures contre l'honneur deub à la mémoire des deffunts Rois, Reines, Princes et autres qui ont tenu les premières charges du Royaume."[1] Interestingly enough, this encounter between the *Histoire* and censors which ultimately led to the *arrêt* and d'Aubigné's exile to Geneva almost failed to take place. A first group of censors was sent from Paris in 1619 to evaluate the book but never arrived at d'Aubigné's house in Maillé. Forced to stop in Angoulême because of troop maneuvers following Marie of Medici's coup attempt, the frightened band of "correcteurs" returned hastily to Paris (3: 83). It was only later that same year when the first two volumes were circulated without royal *privlilège* that the Châtelet judges issued the *arrêt*, which condemned the *Histoire* to be burned at the Sorbonne and called for the arrest of d'Aubigné and his printer, Jean Moussat (3: 82-84). The story behind the *arrêt* of 1620 dramatizes not only the erratic nature of censorship during the religious wars, but also the potential incursion of censors into the Protestant home where literary and devotional practice commonly took place.

This article connects d'Aubigné's experience as an outlaw

Protestant writer to the linguistic and æsthetic choices he makes in the writing of the *Histoire universelle*, his prose account of the French Wars of Religion. I will argue that by drawing on his experience of writing under censorship, d'Aubigné created a poetics based on a Protestant relation to language and to literary tradition. I begin by outlining the cultural conditions dictated by legislation passed under Catherine of Medici —in particular, the crown's attempt to contain Protestant worship and speech within certain geographically-defined limits— and show that the representation of these limits and of their transgression becomes a strategy in the *Histoire* for the political engagement of its readers. Other linguistic strategies that d'Aubigné employs —obfuscation and ambiguity— further thwart the distinctions (official/un-official, public/private) upon which censorship was dependent. I then examine d'Aubigné's representation of the domestic sphere as a privileged site for Protestant political resistance and literary production. That the *Histoire* seeks to convert its readers to the Protestant cause is not surprising; however, the ways in which d'Aubigné operates under the conditions of censorship to affect this conversion and to address a distinctly Protestant readership offer insight into the relationship between political repression and literary creation in early modern France.

During the time that d'Aubigné was writing the *Histoire* and vying for royal permission, censorship in France had been somewhat erratically in operation for close to a hundred years.[2] The landmark censorship legislation of the second half of the sixteenth century was the Edict of Chateaubriand (1551), which synthesized earlier piecemeal legislation into a more comprehensive and definitive form. It stated that all texts dealing with religious matters required approval by the Faculty of Theology and it categorically banned all books coming from Geneva and secret French presses (Higman, *Censorship* 64-66). Not only were books on the University's Index henceforth forbidden to be printed or sold, but they were also banned from one's personal possession (Pottinger 58). What marked the conditions of writing under the Edict of Chateaubriand (in effect until the *règlement* of 1618) was first the explicit link between religious and subversive literature and secondly, the extension of censorship from the more visible sphere of publishing and selling to the private one of owning and reading.

Opposing the incursion of repressive measures into the private domain, French Protestants sought a larger public audience for their religious and political beliefs. Many of the uprisings during the religious wars were fueled by the struggle for freedom of expression in the public sphere. Protestants denounced in 1562 a concession made by Catherine of Medici, which granted religious freedom to Protestants provided that they practiced solely within their homes (Knecht 30). While this gesture on Catherine's part was offered as a freedom, it was perceived and rejected by the Protestant community as a constraint —confining Protestantism to the non-public space of the individual home. By the time that d'Aubigné began writing the *Histoire* (from 1594 to 1618), toleration legislation had defined a sphere which was domestic, Protestant, *and* politically subversive.

For many French Protestants, the experience of the Wars of Religion was marked by issues of language and transgression. Possession of a book on the Index served as proof of religious affiliation and as evidence for persecution. Devotional activities such as praying, reading aloud, and preaching were legal only within certain *places de sûreté*.[3] Legislation set the limits for these *places* which could be as narrowly defined as private houses (the Edict of 1562) or as widely defined as the geographic limits of certain towns. In practice the *places de sûreté* were free zones, within which royal policy had no authority (Liublinskaia 157). Any transgression of these established boundaries by either side constituted a breach of peace agreements, often resulting in the outbreak of armed combat.

The legislation of the *places de sûreté* appears often in the *Histoire*. In the fifth book, d'Aubigné remarks that in the edicts of 1568 King Charles IX: "prenoit en sa protection tous ceux qui voudroyent demeurer en leurs maisons avec paix et liberté" (3: 16). Likewise, the Edict of Saint-Germain (1570) addresses the issue of *places de sûreté*: "Tous meubles trouvez en nature, restituez, comme aussi les chasteaux et maisons des Reformez saisis par leur absence: les Arrests donnez contr'eux declarez nuls, toutes procedures cassees" (3: 286). The Edict of Poitiers (1577) is also rendered with attention to the reduced spaces assigned for Protestant preaching:

> L'Edict accordé et publié à Poictiers à la fin de Septembre diminuoit du precedent: Premierement ceste grande estendue de liberté pour les presches, et autres exercices des Refformez par tout le Royaume, hormis à deux lieuës de la Cour, restraincte aux limites des autres paix avant celle de Monsieur. (5: 323)

Each of these peace treaties underscoring the *places de sûreté* is followed by instances of their transgression. Following the Edict of Poitiers, d'Aubigné tells of a couple who are massacred "un matin que les deux ensemble estoyent venus faire leurs pasques au Temple le plus prochain du chasteau" (3: 335). The Edict of Saint-Germain is followed by the massacre at Orange (1571) and a particular story of a family that is executed: "pour avoir fait exercice de leur Religion dans leur maison" (3: 294-95).

The *Histoire* enacts this drama of transgression with such regularity that it becomes a structuring principle; each book of the *Histoire* ends with a peace treaty and the subsequent book begins with a violation of the treaty's terms. The repetition exposes both the hollowness of the royal treaties and the hypocrisy of Charles IX and the Catholic peacemakers. Through this ironic and ironizing structure in the *Histoire*, d'Aubigné thus sets up the "official" language of the crown as false.

D'Aubigné contrasts the crown's morally corrupt and shifting policy to the unchanging faith of Protestants to their cause:

> Tout cela reduisit ce parti en une si ruineuse consternation que sans tourner les succès en miracles, desquels doit estre sobre l'Historien, tous les gentils esprits, et qui ont le palais bon pour la lecture, doivent se preparer avec plaisir, pour voir remonter les abbatus du precipice, refleurir les vertus opprimees, et monstrer en l'inconstance de fortune (ainsi qu'on l'appelle) qu'elle est constante en sa profession. (6: 308)

Here d'Aubigné opposes the "inconstance de fortune" of the

Protestant party with its constant and unchanging faith. In this passage, the word "profession" could be read as either "vocation" or "open confession" (Cotgrave). By exploiting the possibilities contained in the term "profession," d'Aubigné conflates religious discourse (*sa profession de foi*) and historical discourse (*sa profession d'auteur*). This polysemic play is, in a Bordieuian sense, an act of *regere sacra* allowing d'Aubigné to speak with the authority of a prophet who is capable of making happen that which he decrees: the rebirth of the Protestant party.[4] This act of *symbolic power* seeks to garner the legitimation that the unauthorized *Histoire* lacks. Furthermore, the alignment of religious faith with historical writing symbolically transgresses the dictates of the Edict of Chateaubriand; d'Aubigné presents his religious profession as history.

Other discursive strategies employed to dodge censors and legitimize unsanctioned texts include distortion and obfuscation. When d'Aubigné refers to the royal control of book distribution, he underscores the strength of underground presses: "De faict toute la France estoit pleine de libelles et d'Apologies, tout cela imprimé sans privilege" (1: 260-61). Instead of presenting the *privilège* as a necessary condition to the distribution of texts, d'Aubigné suggests that unsanctioned texts were quite a natural occurrence. In other passages, d'Aubigné exaggerates the strength of the Reformed press:

> Il est temps de voir les effets de tant de cris et de plaintes, les apprentissages que fit le Royaume pour des souffrances venir au tumulte, de là aux guerres, et puis à la destruction. Voilà premierement les plumes desployees en tous genres d'escrire, soit pour la Religion, soit pour l'Estat. Le premier poinct produisit infinité de livres. (1: 268)

"Infinité de livres" implies that the literature written on religious matters was in such a large quantity that control of its distribution would be impossible. This description of the reformed press stands in sharp contrast to d'Aubigné's account in a letter:

> Les imprimeurs des grandes villes n'ont plus de voix libres: vous ne voyez dans les prisons que des imprimeurs pour avoir mis au jour

choses permises; mais autrement jugées par la couverte Inquisition. (Clouzot 43)

The difference in these two accounts, one public and the other private, highlights the former's use of hyperbole as a strategy for challenging the ability of the censors to control literary production.

D'Aubigné further exposes the unenforceability of censorship by underscoring the resistance of the texts themselves to censors. In the *Histoire*, he consistently points out to the reader that texts stand independently from the authors or printers that produce them. The *Histoire*'s prologue, for example, justifies the anonymity of texts produced clandestinely stating, "il ne profite point au Lecteur, de voir le visage et les lineamens de celui qui l'enseigne" (1: 9). When d'Aubigné refers later in the *Histoire* to the work *Vindiciæ contra tyrannos*, a text which argued for limits on royal power, he focuses on the errors in attributing its authorship, beginning with its misattribution to François Hotman. Then d'Aubigné notes that its authorship was claimed by a nameless "gentihomme français vivant lors que j'escris" (1: 268-69). Finally, he correctly identifies Hubert Languet as the author.[5] D'Aubigné's account of the *Vindiciæ*'s authorship is more than a demonstration of the fallibility of legislated control, it legitimizes the obfuscation of authorship, a necessary practice for Protestant publishing under the censorship laws.

One of the most significant strategies, and certainly the most efficacious for criticizing the censorship of Protestant worship, is the explicit representation of Protestant life in the *Histoire*. Throughout the *Histoire* there are scenes set in the privacy of the Protestant home. Inherent to these representations is the tension created by legislation of the *places de sûreté* or *lieux du culte*, as they were also called (Sutherland 143). While the legislation of the 1560s allowed the Protestant nobility certain privileges for religious devotion at home, these clauses were opposed by the Protestant leaders as unenforceable and dangerous (142). D'Aubigné's rendering of the domestic sphere demonstrates the paradox of the *places* as both refuge and prison.

In defense of the right for Protestants to practice within their homes, d'Aubigné explicitly describes the exercise of Protestantism in the home. In one passage, for example, d'Aubigné writes of the Protestant community at La Rochelle: "[les habitants] y demeureroyent, si bon leur sembloit, en liberté de leur conscience, et jouissance de leurs meubles et immeubles" (5: 276). D'Aubigné links here the enjoyment of one's domestic space, home and furnishings, to the liberty of expression made possible in this space.

When d'Aubigné interjects descriptions of private space, spaces which would be familiar to the Protestant reader, they are often hidden within the narrative of the public events of the Wars of Religion. During the description of the siege of La Rochelle (1573), d'Aubigné inserts such a scene of the Protestant home:

> Ce chapitre nous donnera encores la petite merveille sur laquelle plusieurs ont cherché des causes naturelles, c'est que sur la grande necessité des Rochelois, le havre fut rempli d'une monstrueuse quantité de Sourdons et Petroncles, ce qu'on n'avoit jamais veu en ce lieu, et dont les Reformez ont encores les tableaux en leurs maisons pour memoire, comme d'un miracle.(4: 31-32)

The obvious implication of this anecdote is that the shellfish were produced by divine intervention, "miracle," "merveille," to save the starving *Rochelois*. It resembles other narratives of providential history found in the *Histoire* as it discounts natural causes for the event. However, d'Aubigné adds here the distinctly Protestant practice of representing such events and keeping these "tableaux" in their homes.[6] The Protestant home is thus rendered the privileged space of representation and memory.

This scene furthermore allows d'Aubigné to underscore the relevance of the *Histoire* for the Protestant community of readers. As a textual *tableau* of the religious wars, the *Histoire* similarly aims to define and preserve the collective memory of the Protestant experience. The transcription and paraphrasing of Protestant texts within the *Histoire* is one of the ways in which d'Aubigné works against the destruction and dispersal of illegal texts. These texts, often pamphlets, are reprinted in the *Histoire* in flagrant violation of censorship legislation: "Je vous en donnerai une, de laquelle j'eusse fait difficulté, si je n'eusse vu l'histoire de Mundus bien reçeuë d'un bon Historien, quoiqu'elle soit d'une personne privee" (5: 329-30).

The conflicting Protestant reactions to the *places de sûreté* are illustrated best in a pivotal scene of the *Histoire*'s third book. Hidden within chapters which are set in the cities or on the battlefields of Tours, Cahors, or Châtillon, this scene takes place in the intimate space of the bedroom, where the Admiral Coligny and his wife reflect upon the civil wars. D'Aubigné prepares the reader for a narrative shift, reinforcing the story's factual status as well as its Protestant origin: "il arriva ce que je veux donner à la posterité, non comme un intermeze de fables, bien seantes aux Poëtes seulement, mais comme une *Histoire* que j'ai apprise de ceux qui estoyent de la partie" (16).[7] Playing on the word *partie/parti*, d'Aubigné assures the reader of the story's authenticity by one of the two participants (*de la partie*) while marking its place within the Protestant party, the *parti*. Similar to other examples of word play in the *Histoire*, this play on the word *parti* is functionally ambiguous.[8] On one hand, it satisfies the historian's need for eyewitness accounts, while on the other it acknowledges a Protestant readership who will take particular note of what follows.

The dialogue between Admiral Coligny and his wife is indeed distinctly *Protestant,* particularly when read in the context of the toleration laws of the 1560s. Waking Coligny with her sobs, Charlotte de Laval criticizes his insensitivity to the deaths of their fellow Huguenots:

> C'est à grand regret (Monsieur) que je trouble vostre repos par mes inquietudes: Mais estans les membres de Christ deschirez comme ils sont, et nous de ce corps, quelle partie peut demeurer insensible? Vous (Monsieur) n'avez pas moins de sentiment, mais plus de force à le cacher. (3: 16)

Charlotte's call to action is accompanied by a transformation of their bedroom into a death chamber. The bed becomes a tomb, the sheets become a shroud, and Coligny's snoring resembles the death sighs of fellow Protestants: "Ce lict m'est un tombeau, puis qu'ils n'ont point de tombeaux: Ces linceulx me reprochent qu'ils ne sont pas ensevelis: pourrons-nous ronfler en dormant, et qu'on n'oye pas nos freres aux soupirs de la mort?" (3: 17). In focusing on this funereal metamorphosis, d'Aubigné exploits reader expectations: that which is normally considered to be a comforting, secure space, becomes its chilling and even grotesque opposite. The intense trauma of this scene is further heightened by its setting at night time. Not only is this a time for intimacy, but it is also a time for rest, opposed to the activities and chores associated with day time. Here, the time for rest becomes instead a period of high anxiety.

As for the Admiral Coligny, he represents the other side of the question and speaks with the authority of one who has actively participated in the wars. Like Charlotte, Coligny privileges the public arena:

> Mettez la main sur vostre sein; sondez à bon escient vostre constance, si elle pourra digerer les desroutes generales, les oppobres de vos ennemis et ceux de vos partisans: Les reproches que font ordinairement les peuples quand ils jugent les causes par les mauvais succès.... [J]e vous donne trois sepmaines pour vous esprouver: et quand vous serez à bon escient fortifiee contre tels accidents, je m'en irai perir avec vous, et avec nos amis. (3: 18)

He argues that what Charlotte interprets as insensitivity is rather the result of his experience in the wars. He expresses the resignation of a leader whose party is on the verge of collapse. For Coligny, the bedroom serves as a *place de sûreté*, a sanctuary where he can recover from the demands of his public role in the religious wars. The tension between Coligny and Charlotte reflects the paradox of the private realm for Protestants under the toleration acts of 1563.[9] Were these designated safe zones stifling prisons or protective havens for the Protestant community?

D'Aubigné's *Histoire* does not explicitly answer this question; however, the significance of private space for personal and literary expression is dramatized in d'Aubigné's account of Henry IV's escape from the court in 1576. From this date until his conversion to Catholicism in 1593, Henry was considered the champion of the Huguenot cause (Greengrass 68-73). As the future king's squire, d'Aubigné accompanied Henry IV during his flight. The focus of this narrative is the speech which d'Aubigné claims to have delivered to Henry IV, a speech which he suggests convinced Henry to attempt escape. It is a nocturnal scene in which d'Aubigné and his fellow servants are close enough to Henry IV's curtained bed to overhear him singing Psalm eighty-eight. The bedroom space implies already a more intimate action. The drawing back of the bed curtains continues this movement inside to an even more private arena where "un soir, Armagnac ayant tiré le rideau du lict où son maistre trembloit d'une fievre ephemere, comme ces deux avoyent l'oreille près du chevet de leur maistre" (5: 8). The moment is again one of anxiety and doubt as d'Aubigné and his companions interpret Henry's sleep-talking as an expression of despair for the Protestant condition. D'Aubigné is thus prompted to say to the sleeping and feverish king:

> Sire, il est donc vrai que l'esprit de Dieu travaille et habite encore en vous? Vous souspirez à Dieu pour l'absence de vos amis et fideles serviteurs, et en mesme temps ils sont ensemble souspirans pour la vostre et travaillans à vostre liberté: Mais vous n'avez que les larmes aux yeux, et eux les armes aux mains. (5: 8)

Similar to Charlotte's reproach, d'Aubigné criticizes Henry for his insensitivity to fellow soldiers and calls for him to act. His language effects the transformation from passive to active, and likewise from the private arena to the public one, in the transformation of "larmes" to "armes" and "yeux" to "mains." Most importantly, however, d'Aubigné underscores the king's delirium during this speech. This detail, in addition to the highly private setting, allows d'Aubigné total freedom in the rendering of his speech. Henry IV would not be able to refute the veracity or even the occurrence of d'Aubigné's speech, given his alleged semi-consciousness. Thus, d'Aubigné fully exploits the private realm to gain complete control over the *Histoire*'s narrative.

These two scenes set in the privacy of the bedroom highlight the private realm's significance for literary production. Removed from witnesses and censors, these private narratives allow d'Aubigné to be the only eyewitness. As this article has attempted to show, d'Aubigné's assimilation of Protestant history into the *Histoire universelle* opposes the confinement of Protestant experience. At the same time, the *Histoire* represents the vulnerability of Protestants in the public realm. Like Coligny's bedroom, d'Aubigné's press at Maillé risked transformation from *château fort* to a death chamber where censors could intrude and destroy author and work. Approaching the *Histoire* from the context of toleration legislation and censorship laws enables not only the recognition and analysis of the rhetorical strategies d'Aubigné employed to minimize this risk, but also a more complete reading of the cultural constraints against which d'Aubigné struggled. It is from these preoccupations and under these conditions that the text of the *Histoire* was produced.

Notes

1. Bibliothèque Nationale ms. Dupuy vol. 658 (Lettres et mémoires depuis le Roi François Ier jusques au Roi Louis XIII), f 240, 1620, quoted in Garnier, 3: 84.

2. On the history of censorship in early modern France, I have found particularly useful the following: Higman, *Censorship and the Sorbonne* and *La Réforme et le Livre*; Sawyer, *Printed Poison*.

3. Natalie Zemon Davis has remarked the particular importance of the home as the locus for Protestant education and devotion:

> Some families underscored the message of "virtue joined with divine grace" by adding prayers and hymns. That Reformed families would do this, even binding their memoirs together with Psalters and New Testaments, is not surprising, since the religion insisted so heavily on the household as the arena for Christian instruction and prayer. But the Catholic Church, whatever scope it gave for religious activity to wide kin groups and to the single individual, tended to be suspicious of the household as the center for devotional life. (99)

See also Chartier's *History of Private Life*, 124-34.

4. Bourdieu defines *regere sacra* as "to fix the rules which bring into existence what they decree, to speak with authority, to pre-dict in the sense of calling into being, by an enforceable saying, what one says, of making the future that one utters come into being" (221-22).

5. André Thierry's notes to the *Histoire* establish the discrepancies in D'Aubigné's references to *Vindiciæ contra tyrannos* (2: 268-69, n. 1-3).

6. The word "tableau" is often used in the *Histoire* for texts. D'Aubigné uses it in reference to the *Histoire* in the Preface to the first volume: "Voilà en petit le tableau que je vous promets en grandeur" (1: 14) and again in the description of the death of Charles IX (1584): "J'eusse apposé en ce lieu un tableau publié de ce temps" (6: 172).

7. Thierry suggests that d'Aubigné heard this story directly from either Coligny or Coligny's wife, Charlotte de Laval. It does not appear in any other texts but the *Histoire* (2: 16, n. 12). Furthermore, Shimizu points out that even Coligny's contemporaries who were with him in Châtillon during the 1562 campaign, like Brantôme and La Noue, do not mention the event (75).

8. Annabel Patterson's model of "functional ambiguity" defines the exploitation of linguistic indeterminacy as a strategy for authors writing under repressive conditions (*Censorship and Interpretation* 18).

9. Sutherland identifies Coligny as the chief Protestant opponent to the *lieux de culte* legislation of 1563 (142).

Works Cited

Bourdieu, Pierre. *Language and Symbolic Power.* Ed. and with intro. by John B. Thompson. Trans. Gino Raymond and Matthew Adamson. Cambridge: Harvard University Press, 1991.

Chartier, Roger, ed. *A History of Private Life.* Vol 3. *Passions of the Renaissance.* Trans. Arthur Goldhammer. Cambridge: Harvard University Press, 1989.

Clouzot, Henri. *Notes pour servir à l'histoire de l'imprimerie à Niort et dans les Deux-Sèvres.* Niort: L. Clouzot, 1891.

Cotgrave, Randle. *A Dictionarie of the French and English Tongues.* London, 1611. Columbia: University of South Carolina Press, 1950.

D'Aubigné, Agrippa. *Histoire universelle.* Ed. and with intro. by André Thierry. 6 vols. Geneva: Librairie Droz, 1981.

―――. *Histoire universelle.* Ed. Le Baron Alphonse du Ruble. Vol. 7. Paris: Librairie Renouard, 1883.

Davis, Nathalie Zemon. "Family Life in Early Modern France." *Dædalus* 106.2 (Spring 1977): 87-114.

Garnier, A. *Agrippa d'Aubigné et le Parti protestant; Contribution à l'histoire de la Réforme en France.* Paris: Fischbacher, 1928. 3 vols.

Greengrass, Mark. *France in the Age of Henry IV: The Struggle for Stability.* New York: Longman, 1984.

Higman, Francis M. *Censorship and the Sorbonne.* Geneva: Droz, 1979.

―――. *La Réforme et le Livre.* Paris: Edition du Cerf, 1990.

Knecht, R. J. *The French Wars of Religion, 1559-1598.* New York: Longman, 1989.

Liublinskaia, Aleksandra D. *French Absolutism: the Crucial Phase 1620-1629.* London: Cambridge University Press, 1968.

Patterson, Annabel. *Censorship and Interpretation: The Conditions of Writing and Reading in Early Modern England.* Madison: University of Wisconsin Press, 1984.

Pottinger, David. *The French Book Trade in the Ancien Regime, 1500-1791.* Cambridge: Harvard University Press, 1958.

Sawyer, Jeffrey K. *Printed Poison: Pamphlet Propaganda, Faction Politics, and the Public Sphere in Early Seventeenth-Century France.* Berkeley: University of California Press, 1990.

Shimizu, J. *Conflict of Loyalties: Politics and Religion in the Career of Gaspard de Coligny.* Geneva: Droz, 1970.

Sutherland, N. M. *The Huguenot Struggle for Recognition.* New Haven: Yale University Press, 1980.

Rebecca M. Wilkin
University of Michigan

Les mots et les choses "aux Hurons": l'archéologie d'une rencontre

En 1661, Louis XIV prend en main son royaume, et il chargea son premier ministre de rentabiliser ses colonies. Pour la première fois en presque 50 ans, l'État se mêle de ce qui avait été le domaine exclusif de l'Église: les corps et les esprits "canadiens". Colbert projette d'annexer non seulement la main d'œuvre autochtone à la production coloniale; il envisage d'assimiler les corps et les esprits amérindiens qui vivaient aux alentours du fleuve Saint-Laurent à ceux des Français qui s'y étaient transplantés. Le retard des Français dans la course coloniale justifiait une politique royale d'intégration absolue. Colbert exhorte son intendant Jean Talon en 1660

> d'attirer ces peuples ... dans le voisinage de nos habitations et s'il se peut les y mesler, afin que pour la succession du temps n'ayant qu'une mesme loy et un mesme ministre ils ne fassent plus ainsi qu'un mesme peuple et un mesme sang. (Stanley 339)

Dans son diagnostic de la Nouvelle France, le premier ministre déplore le fait que le métissage culturel ne marche pas dans le sens (unique) qu'il l'avait imaginé et que l'Autre ne s'est pas encore dépouillé de son altérité. Il blâme les religieux de terrain d'avoir fait "peu d'effort pour ... destacher [les Indiens] de leurs coustumes sauvages & les obliger à prendre les nostres" (Stanley

339). Colbert leur reproche surtout de s'être peu exercés à forcer les "Sauvages" "*à s'instruire dans nostre langue*, au lieu que pour avoir quelque commerce avec eux nos français ont été necessitez d'apprendre la leur" (Stanley 339, je souligne).

Concurrents par moments dans la conquête coloniale, l'État et l'Église sont complices pourtant dans le trafic des armes qui y sont destinées. La *langue* s'érige en effet dans les écrits des missionnaires, des explorateurs, et des hommes d'état du XVIIe siècle comme l'avant-garde de la colonisation, que celle-ci soit religieuse, économique, ou politique. Mais quelle langue, justement? Colbert n'avait pas tort, après tout, de remarquer le rôle marginal que jouait le français lors du troc tout autant que dans les "réductions" jésuites. Or, à la différence de Colbert, dont les prestations devaient répondre aux exigences d'un roi, qui —malgré ses tentatives de prouver le contraire— fut un être mortel, les missionnaires (Récollets de 1615 à 1629 et Jésuites à partir de 1625) accomplissaient la volonté d'un patron bien plus patient. Tandis que le premier ministre ne disposait que de la durée de vie d'un homme pour remplir les coffres royaux, les missionnaires avaient jusqu'au jugement dernier pour inciter ces âmes "ténébreuses" à l'amour de Dieu. Malgré des détours permis par leur plus grande patience, Récollets et Jésuites visaient le même but que Colbert: une Nouvelle France francophone.[1]

Au moment où Colbert se charge du Québec, les Jésuites savaient par une expérience déjà longue que Champlain, le premier champion de la cause coloniale, avait été soit optimiste naïf, soit publiciste futé lorsqu'il écrivit à Louis XIII en 1632, "[il faudrait faire en sorte] qu'avec la langue Françoise, ils consoivent aussi un cœur, & courage françois, lequel ne respirera rien tant apres la crainte de Dieu, que le désir qu'ils auront de vous servir" (3: 6). Au dire de Champlain, il suffirait de graver des mots français sur les tables rases que constituent les Amérindiens pour qu'ils deviennent Français. Les Récollets et surtout les Jésuites articulèrent un assaut linguistique plus nuancé que celui suggéré par Champlain, mais non sans contradictions. En passant dans le Nouveau Monde, cette nouvelle vague "d'apôtres" pensa échapper aux vicissitudes de l'Ancien. Ils importèrent cependant un Dieu contaminé par la culture dont ils étaient les produits et un Verbe investi de la langue vulgaire qu'ils parlaient.

Dans un premier temps —provisoire, mais tout de même bien long—, il faudrait captiver les "cœurs & courages" amérindiens *par leurs propres langues*. La maîtrise des langues indigènes couronne la liste des "grandes machines" projetées par les Jésuites pour convertir les "Sauvages". Pour renverser "la superstition, la barbarie, et en suitte le peché", écrit le Père Paul Le Jeune en 1638, "nous faisons des courses pour aller attaquer l'ennemy sur ses terres par ses propres armes, c'est à dire, par la cognoissance des langues Montagnese, Algonquine, et Hurone" (Thwaites 14: 124).[2] La volonté de maîtriser les grammaires des langues amérindiennes, aiguillonnée d'une part par la curiosité intellectuelle des Jésuites (l'ordre religieux le plus instruit du XVIIe siècle), se justifiait d'autre part par ses fins morales. José de Acosta, Jésuite espagnol, explique dans son *Histoire naturelle et morale des Indes* (traduite en français dès 1597) la valeur morale de toute ethnographie. Il s'agit d'évaluer dans le plus grand détail jusqu'où va la tromperie du Diable afin de dépister non seulement ses cruautés, ses vanités et ses saletés, mais aussi son hubris dans son imitation de Dieu (389). On étudie les langues des amérindiens pour les mêmes raisons qu'on se penche sur leurs "superstitions": afin de savoir ensuite comment greffer le "vrai" à l'"imitation". Après s'être initiés au troc des mots par la maîtrise des vocabulaires Montagnais, Algonquins, et Hurons (entre autres), les missionnaires espéraient dominer l'éloquence amérindienne afin de subjuguer la raison "Sauvage". Tous formés à l'art du prédicateur, les missionnaires étaient sensibles au statut privilégié de l'éloquence dans les sociétés amérindiennes. Le Récollet Gabriel Sagard note que les chefs Hurons

> n'ont point entr'eux autorité absolue, bien qu'on leur ait quelque respect, & conduisent le peuple plutost par prieres, exhortations, & remonstrances, qu'ils scavent dextrement & rhetoriquement ajancer, que par rigueur de commandement, c'est pourquoy ils s'y exercent, & y apprennent leurs enfans, car qui harangue le mieux est le mieux obey. (*Histoire* 387-8)

Ayant passé leur propre jeunesse à apprendre à "haranguer" (en Latin), il est possible que les missionnaires se soient flattés d'acquérir dans cette utopie rhétorique une puissance sociale inouïe en France. Ils n'ont pas eu de scrupules cependant à exercer une "rigueur de commandement" ou une "autorité absolue" là où leurs "prières, exhortations, & remonstrances" n'ont pas suscité le "respect" auquel ils s'attendaient.

Quoique toute théorique, la deuxième étape de la conquête linguistique tient plus de la violence justement que de l'éloquence. Ces nouveaux "Apôtres" de la Contre-Réforme espèrent recréer dans cette "terre promise" les conditions idylliques de la Première Église, dont l'unité du langage. Or, la langue pré-babélienne étant elle-même irrécupérable, cette étape de la conquête linguistique se compose d'un compromis à cheval entre le mythe et les contingences du quotidien. Dans les grammaires "barbares", les religieux tiennent à identifier les traces d'une méta-structure qui relierait toutes les langues. Dévoiler le "nœud" universel les mettrait sur la piste de l'analogue linguistique d'Adam et de là, les rapprocherait de la langue universelle qui devait annoncer l'Age d'Or.[3] En servant inlassablement de point de référence, cependant, le français usurpe petit à petit la place de cette langue disparue ou encore à faire.[4] Dans l'élan de leur enthousiasme, les religieux de terrain élident origines mythiques, destination céleste, et présent réel: le français, en effet, devra suppléer à cette "langue des anges" irrécupérable. Jointe à l'effet inévitable de la comparaison synchronique du français et des langues amérindiennes (la dévalorisation de celles-ci), les religieux inventent une narration diachronique destinée à déstabiliser le véhicule de la transmission culturelle autochtone. Avant que l'Académie Française produise les premiers dictionnaires dans l'espoir de figer l'évolution de la langue nationale, les missionnaires de l'autre côté de l'Atlantique prônent l'immuabilité du français. Puisqu'écrit, le français (et ainsi les croyances qu'il incarne) a toujours été tel qu'il est, tandis que les langues qui ne sont qu'orales (non plus que les convictions qu'elles expriment) ne peuvent prétendre à *la* vérité, étant foncièrement instables. Comme le français présente sa candidature en tant que remplaçant de la langue universelle —et surtout, des idiomes amérindiens—, l'écriture propose de "biffer" les vives voix "sauvages" qu'elle enregistre.

Vocabulaire

Comme l'attestent les dictionnaires abnaki, micmac, otaoais, mohawk, onondaga, seneca, et iroquois qui nous sont parvenus depuis les XVIIe et XVIIIe siècles (Hanzeli 125-8), la quantité de langues à apprendre posait obstacle à la conversion des indiens. Le premier historien laïque de Québec, Marc Lescarbot, écrit en 1609 dans son *Histoire de la Nouvelle France*, "les effets de la confusion de Babel sont parvenus jusques à ces peuples" (697). Quant à Gabriel Sagard, il écrit, le dépit dans la plume,

> C'est néanmoins une chose bien pitoyable à l'homme d'estre en cela plus miserable que les oiseaux & bestes brutes, lesquelles se font entendre à toutes celles de leur mesme espece en quelque part du monde qu'elles se rencontrent, car elles n'ont toutes qu'une mesme voix, là où l'homme pour peu qu'il s'absente du lieu de sa naissance, demeure muet, & sans communication, dont on doit attribuer la disgrace à nos pechez. (*Histoire* 2: 339)

Sagard lorgne avec envie l'autre côté de l'équateur d'une mappemonde fantaisiste: "Il est dit des anciens Roys de Mexique, de mesme que de ceux du Peru, qu'ils n'avoient moins de soin d'estendre leur langue que leur Empire", grâce au fait que, selon Sagard, il n'y avait qu'une seule langue parlée par de vastes populations, à la différence de la vingtaine de langues parlées en Nouvelle France par des populations peu nombreuses (*Histoire* 2: 340).

Bien que les langues soient vues le plus souvent comme des "armes" n'ayant guère plus de valeur que leur efficacité à attaquer "l'ennemy" (Satan), les missionnaires se sont parfois arrêtés pour apprécier ces chars linguistiques qui devaient les mener à destination, de la même façon que les explorateurs se sont de plus en plus attardés sur des lieux qui ne devaient être que de passage. Deux fois déçu dans sa quête pour le passage Nord-Ouest, Cartier abandonne ses rêves d'épices indiennes et s'intéresse à ce que pourrait offrir cette masse canadienne qui lui faisait obstacle. Lors de sa troisième navigation en 1541, Cartier est en effet à la recherche des épices, des mines d'or et d'argent, et des fourrures du Saguenay dont lui avait parlé le "Capitaine" Donnacona (Bideau 23).[5] Un siècle plus tard (en 1632) Champlain ne songe aux Indes que dans la mesure où les exportateurs d'épices, en passant par le Saint-Laurent, rapporteraient d'importantes sommes à la douane de la colonie naissante. Il cherche surtout à former ce pays "sauvage" à l'image de sa France natale. Il rédige une liste d'une douzaine d'industries éventuelles à développer en Nouvelle France où l'on peut dire qu'il ne manque que l'électricité (2: 339-345). Outre le "trafiq ... de pelleteries" (2: 343), les "huiles de balleines, dont le pays abonde" (2: 341), "des bois de hauteur esmerveillable" (2: 341), il y avait aussi de riches possibilités en agriculture. Les cadastreurs de l'Église sont aussi éblouis par la richesse de la matière au Nouveau Monde que les explorateurs de la Couronne. Les missionnaires firent d'abord le bilan des vocabulaires amérindiens en termes économiques tout comme Jacques Cartier et Samuel Champlain évaluèrent les possibilités d'exploitation de ressources naturelles. En particulier, la facette "matérielle" des mots, c'est-à-dire les signifiants, "commun[e] aux hommes et aux perroquets" selon la *Grammaire générale et raisonnée de Port Royal* (1660), émerveille Sagard (26):

> ès choses dont ils ont cognoissance, leurs langues sont en quelque chose plus fecondes & nombreuses, pouvans dire une mesme chose par quantité de differens mots, entre lesquels ils en ont de si riches, qu'un seul peut signifier autant que quatre des notres. (2: 338)

Quant à la "facette spirituelle" des mots —c'est-à-dire les signifiés— qui constitue, selon la *Grammaire générale*, "la plus grande preuve de la raison humaine" (26), Paul Le Jeune remarque en revanche la "grande disette" du lexique Montagnais:

> Tous les mots de pieté, de devotion, de vertu; tous les termes dont on se sert pour expliquer les biens de l'autre [vie]; le langage des Theologiens, des Philosophes, des Mathematiciens, des Medecins, en un mot de tous les hommes doctes; toutes les paroles qui concernent la

police & le gouvernement d'une ville, d'une Province, d'un Empire; tout ce qui touche la justice, la recompense & le chastiment, ...; tout cela ne se trouve point ny dans la pensé, ny dans la bouche des Sauvages, n'ayans ny vraye religion ny connoissance des vertus, ny police, ny gouvernement, ny Royaume, ny Republique, ny sciences, ny rien de tout ce que je viens de dire. (Thwaites 7: 20)

Le Jeune confond la "pensée" et la "bouche" des "Sauvages"; en effet, au lieu d'évaluer le vocabulaire montagnais, Le Jeune juge toute une culture. De même qu'Acosta suppose un passage terrestre entre les Nouveau et Ancien Mondes pour pouvoir expliquer l'origine des Mexicains sans contredire l'histoire de la création biblique, Le Jeune imagine un pont lexique qui aurait autrefois relié les langues —et de là, les civilisations— "nouvelles" et "anciennes". Puisque les Montagnais n'ont ni institutions ni croyances françaises, affirme Le Jeune, "tous les termes, tous les mots & tous les noms qui touchent ce monde de bien & de grandeurs doivent estre defalquez de leur dictionaire" (Thwaites 7: 20). Ce prétendu dictionnaire montagnais représente une invention téléologique analogue à la fantaisie géographique du passage Nord-Ouest (aquatique selon les explorateurs et terrestre d'après Acosta). En effet, le verbe "defalquer" nous porte à croire que jadis, les Montagnais auraient possédé un vocabulaire semblable à celui des français qui se serait depuis perdu (comme si le français n'avait point changé). Bien que Le Jeune soit capable d'apprécier le côté matériel des mots montagnais (les signifiants) dans leur spécificité propre, sa rhétorique de négation nie l'existence des signifiés, c'est-à-dire l'ingrédient "spirituel" de la langue. En niant l'esprit *à* la lettre Le Jeune est à un pas de nier l'esprit à ceux qui se servent *de* ces lettres.

A la fin du siècle, le Récollet Chrestien LeClercq pousse ce raisonnement bancal à sa fin logique lorsqu'il maintient dans son *Établissement de la Foy dans la Nouvelle France* (de 1691) que la disparité "économique" entre les mots et les choses amérindiens — celles-ci pauvres, ceux-là riches— souligne la matérialité fondamentale des civilisations amérindiennes. LeClercq suggère que les "présents" qui ponctuent l'éloquence diplomatique amérindienne (et dont les Français se sont servis pour négocier avec eux[6]) *excluent* les mots qu'ils sont censés symboliser: "on ne parle enfin, & on ne répond que par des presens, & c'est pour cela que dans les harangues, les presens passent pour des paroles" (118). LeClercq évacue l'abstraction métaphorique requise par ce gestuel au fond poétique, et dans ce court-circuit, les "présens" représentent la pensée qui s'en sert *au pied de la lettre*. De même, l'âme se réduit au corps qui la contient, et Dieu, aux effets concrets qu'il produit: "ils estiment toutes les ames corporelles, n'entandant par leur Manitou qu'une espece de ressort materiel qui donne l'être et le mouvement de toutes choses" (LeClercq 272). LeClercq fait écho à ses devanciers tant commerciaux que religieux lorsqu'il caractérise les nations amérindiennes comme des "nations barbares qui n'ont aucune teinture de Religion vraie ou fausse, qui vivent sans regle, sans ordre, sans loix, sans Dieu, & sans culte". En revanche, sa dernière accusation est des plus graves au XVIIe: "[leur] raison est absolument ensevelie dans la matiere & incapable des raisonnemens les plus communs de la Religion & de Foi" (515).

Grammaire

En s'en tenant aux vocabulaires amérindiens, on courait le risque justement de se laisser soi-même "ensevelir par la matière". Puisque les langues amérindiennes émanaient non pas des empires antiques auxquels les français voulurent s'identifier, mais en revanche des peuples "barbares" auxquels ils comptaient imposer leur propre empire, il importait aux missionnaires de manipuler les idiomes autochtones d'une distance critique. L'avis de saint Augustin au sujet de l'apprentissage des langues étrangères tombe dans l'oreille d'un sourd au XVIIe siècle. Dans ses *Confessions*, Augustin se souvient d'avoir appris le Grec par "coercion"; il aurait souhaité apprendre le Grec comme il l'avait fait le Latin, c'est-à-dire par l'osmose des paroles de ses nourrices et par l'imitation de ceux qui l'entouraient, bref, par immersion (17). Mais au XVIIe siècle une révolution épistémologique dont Descartes fut le symptôme proclame invalable tout savoir acquis sans que le sujet se l'ordonne:

the specific origins of obscurity in our thinking are, [according to Descartes], the appetites, the influence of our teachers, and the "prejudice" of childhood. Those "prejudices" all have a common form: the inability, due to our infantile "immersion" in the body, to distinguish between subject and object. (Bordo 98)

A la différence de saint Augustin, ces hommes savants du XVIIe siècle redevenus "écoliers" appréhendaient dans leurs "stages" linguistiques au Canada tout ce qu'il y avait de plus angoissant: le retour à l'enfance, l'immersion dans la matière, et la dissolution de la frontière entre sujet et objet.

Dans leurs études des langues amérindiennes, les missionnaires participent en effet à ce que Susan Bordo appelle "the flight to objectivity" et encore "the cartesian masculinization of thought"[7] qui caractérisent la science et la philosophie du XVIIe siècle. En insistant sur la nature matérielle des vocabulaires autochtones, les religieux les délimitent en tant qu'objets et s'érigent eux-mêmes en sujets manipulateurs de ce corps linguistique passif. Afin de repousser le féminin et l'enfance qu'il domine, de s'enfanter soi-même en tant que sujet linguistique, et enfin de se rendre maître des mots, il fallait dévoiler le système qui les régissait, à savoir, la grammaire. Selon la préface de la *Grammaire générale et raisonnée* de Port Royal, parler une langue (même la sienne) sans en connaître les règles était une inconscience indigne de l'homme:

> Si la parole est un des plus grands avantages de l'homme, ce ne doit pas estre une chose méprisable de posseder cet avantage avec toute la perfection qui convient à l'homme; qui est de n'en avoir pas seulement l'usage, mais d'en penetrer aussi les raisons, & de faire par science, ce que les autres font seulement par coustume. (4)

Les coutumes (linguistiques, dans le cas d'Augustin) étant transmises par la mère ou par ses suppléantes, parler les langues amérindiennes "par coustume" signalait la soumission de l'homme à la matière selon les doctes du XVIIe siècle. Aussi LeClercq méprise-t-il le succès des "truchements" à faciliter la communication entre les colons et les indiens pendant la traite de fourrures, car leurs paroles sont contaminées d'emblée par leur *but* matériel:

mais tous ces truchemens n'avoient aucune connoissance es Langues, qu'ils ne sçavoient que *par routine*, de même qu'on voit encore aujourd'huy des simples païsans, qui aprés huit ou dix mois de séjour dans ce païs Sauvage, entendent, & parlent assés bien la Langue. (328, je souligne)[8]

Pour acquérir une langue étrangère "par routine" il faudrait lâcher la bride par laquelle on se garde de la pénétration de l'Autre; il faudrait s'ouvrir à un métissage monstrueux.

Voilà ce à quoi les missionnaires résistaient de toutes leurs forces. Accompagner leurs néophytes dans des terres inconnues et dépendre d'eux pour leur survie suscitait chez eux une angoisse profonde qui se traduit dans leurs écrits en fantaisie de revanche. Si bien que maîtriser la langue équivaut à remettre les Indiens à leur place: "Je leur dis ... que j'estois un enfant & que les enfants faisoient rire leurs peres par leur begayement", raconte Le Jeune, "mais qu'au reste je deviendrois grand dans quelques années, & qu'alors sçachant leur langue je leur ferois voir qu'eux-mêmes sont enfans en plusieurs choses, ignorans de belles veritez" (Thwaites 7: 90). La grammaire est la clef de ce renversement de rôles. On vouait un culte quasiment mystique à sa recherche puisqu'en principe elle permettrait à son étudiant d'apprendre la langue sans nuire à son autonomie et sans fléchir aux dangers de l'immersion, bref, de manipuler la matière avec un détachement cartésien. "En un mot", dit Le Jeune, "si nous pouvions sçavoir la langue & la *reduire* en preceptes il ne seroit plus de besoin de *suivre* ces Barbares" (Thwaites 7: 62 je souligne). Il faut comprendre le passage de "suivre" à "réduire" dans le sens le plus fort, car Le Jeune confère à la grammaire un pouvoir qui déborde du cadre linguistique. Il confond "la langue" et les "barbares" qui la parlent pour que les effets sur celle-là s'étendent à ceux-ci. Tant qu'ils ne maîtrisent pas la grammaire, il faut qu'ils acceptent de se "laisser conduire" par leurs hôtes "barbares" (Furetière "suivre"). Le verbe "réduire", qui exprime le fantasme grammatical de Le Jeune et qui revient dans les écrits de tous les missionnaires français de l'époque, voulait dire au XVIIe siècle: "Dompter, vaincre, subjuguer" (Furetière "réduire"). Ainsi, en théorie, après avoir dompté, vaincu, et subjugué les grammaires autochtones, ceux par laquelle la pensée en était structurée se laisseraient conduire par le bout du nez.[9]

Malgré leur acharnement, cependant, les fondements de la grammaire latine continuaient à faire défaut aux langues amérindiennes. Le Jeune avoue l'échec des structures que l'on avait voulues universelles:

> Quand vous cognoissez toutes les parties d'Oraison des langues qui florissent en nostre Europe, & que vous sçavez comme il les faut lier ensemble, vous sçavez la langue, il n'en est pas de mesme en la langue de nos Sauvages, peuplez votre memoire de tous les mots qui signifient chaque chose en particulier, apprenez le nœud ou la Syntaxe qui les allie, vous n'estes encor qu'un ignorant. (Thwaites 7: 26)

Sagard, qui n'est pas arrivé dans son *Dictionaire de la langue huronne* à dépasser le stade des mots pour les "réduire" en système, conclut tout simplement qu'il n'y en a pas: "Il est question d'une langue sauvage presque sans regle & tellement imparfaite, qu'un plus habile que moy se trouveroit bien empescher [de mieux faire]" (10). Une langue "sans règles" était symptomatique après tout de nations elles-mêmes hors la loi, qui vivaient elles-même "presque sans règles".

La pratique fut donc l'inverse de la théorie: "réduisons" les corps, et les langues "suivront". En 1637, les Jésuites instituent une nouvelle grammaire politique à St.-Joseph-de-Sillery, la première "réduction" au Canada. Ils hiérarchisent le corps politique traditionnel des Montagnais, créant des sujets et des objets de la loi. Le vote majoritaire se substitue au consensus traditionnel et place ainsi le pouvoir social entre les mains de quelques individus. Comme en France, où chaque père de famille obéit au roi pour s'assurer son propre royaume familial, le gouverneur de la Nouvelle France promet aux Sillerois "de les maintenir", et en échange, "il fait rendre obeyssance à chaque pere de famille dans sa maison" (Thwaites 18: 104). Les nouveaux sujets élus —en grande majorité des néophytes— réclament un système juridique coercitif dont les femmes constituent les premières victimes

(Axtell, *European* 64). Pour que s'instaure ce système phallocentrique, les femmes doivent être dénuées de toute indépendance; elles doivent accepter le statut d'objet et de matière qui leur est attribué par l'épistémologie à la fois chrétienne et cartésienne du XVIIe siècle français. Une femme qui se réfugie dans les bois pour ne pas avoir à obéir à son mari, se retrouve enchaînée par un pied et sans vivres pendant quatre jours (Thwaites 18: 106). Une autre est condamnée pour la même raison à vivre en prison jusqu'à ce que "l'esprit luy soit venu" (Thwaites 22: 82; voir Leacock). Le Jeune se réjouit de cette nouvelle grammaire sociale qui distingue clairement sujets et objets, qui se réifie elle-même en réduisant la matière: "C'est un prodige, ou plustost un miracle, d'y voir un commandement absolu, ou quelque action de rigueur & de justice" (Thwaites 22: 84). Même si les Jésuites n'ont pas maîtrisé les règles des langues amérindiennes, le Récollet LeClercq avoue qu'à Sillery: "on y tient en regle ces Néophites" (556).

Dans les réductions[10] jésuites telles que Sillery, les habitants —souvent les rescapés d'une crise de petite vérole ou encore les survivants d'un massacre Iroquois— représentaient des fragments de communautés anéanties ou dispersées. La communauté majoritaire déterminait la langue parlée au sein des réductions: "Les immigrants qui s'établissent à Notre-Dame-de-Foye ou à Lorette semblent voués à l'assimilation. En effet, même si les Hurons et les Iroquois cohabitent sans difficulté dans la réduction, la langue Huronne est prépondérante" (Jetten 68). La Prairie, qui compte des résidents Hurons, Neutres, Mahingans, et Iroquois "s'uniformisera autour du pôle des Agniers, dont le nombre s'accroît plus rapidement que celui des autres groupes" (Jetten 69). Bien qu'au sein des réductions les néophytes ne se soient pas "conformés" aux colons français, leur propre diversité culturelle et linguistique se "reforme, [se] regle à un certain nombre, ou quantité" (Furetière "réduire"). Dans les réductions fondées par les Jésuites, certains idiomes amérindiens avaient cédé la place à d'autres. Cela ne pouvait représenter pour les Jésuites qu'un pas dans la bonne direction: le retour vers l'âge d'or.

Politiquement divisés, et linguistiquement réduits, il ne reste plus en effet que le programme colbertien pour combler la conquête des autochtones. Colbert cherche à "faire changer de nature, ou de figure" les corps autochtones par le biais des mariages mixtes (Furetière "réduire"). Comme la culture de l'homme devait s'imprimer sur la matière féminine, les "âmes matérielles" des amérindiens se plieraient "naturellement" en mariage à la civilisation abstraite et spirituelle des français. LeClercq approuve ainsi "deux mariages de deux françois avec deux Sauvagesses, qui s'estoient formées à nostre Langue & à nostre manière" (222).[11] Que ce soit les "sauvagesses" qui se soient "formées" elles-mêmes à la langue française a finalement peu d'importance. Doublement matérielles étant femmes *et* sauvages, si elles ne se forment pas, leurs maris français le feront volontiers, comme Dieu devant la terre de laquelle il forma les premiers êtres humains. A l'encontre de ceux-ci, cependant, ni les "sauvagesses" ni les langues qu'elles parlent sont des tables rases, c'est pourquoi une telle assimilation unilatérale nécessite un peu de violence. Sagard prône ainsi un véritable viol linguistique: "je conseillerois volontiers ceux qui en ont la puissance" —c'est-à-dire, les maîtres des mots et les réducteurs de systèmes— "d'*abastardir* & *biffer* toutes [les langues sauvages] qui sont en usage chez les Hurons & Canadiens, & d'introduire en leur place la langue française par tout" (*Histoire* 2: 339-40, je souligne).

Écrire

Or, vouloir "biffer" ou barrer des langues qui n'ont jamais été écrites révèle l'angoisse qu'ont ressenti les missionnaires face à des langues aussi "inconstantes" que ceux qui les parlaient. Car tous les éléments de l'existence autochtone paraissaient instables et volages aux religieux. Les imaginations autochtones constituaient une topographie insaisissable pour les missionnaires qui cherchaient à les "réduire à la raison". Sagard se plaint des âmes qui sont "errantes et vagabondes dans leurs fantaisies, n'ayans aucune cognoissance du vray Dieu" (*Histoire* 1: 33). Afin de limiter les errances des *corps* amérindiens, il fallait d'abord les fixer à la terre. "L'un des plus puissants moyens que nous puissions avoir pour les amener à Jesus Christ", écrit Le Jeune, "c'est de les reduire dans une espece de Bourgade, en un mot de les aider à defricher & cultiver la terre" (Thwaites 14: 204).[12] Afin de sédentariser les *âmes* nomades, les missionnaires devaient "reduire [leur langues] par escrit".[13] Le recours à des métaphores qui relèvent de l'écrit (telles qui le "dictionnaire" montagnais imaginé par Le Jeune) afin de parler de ces langues uniquement orales est un geste sécurisant. Le texte écrit, selon Michel de Certeau, assure la distinction cartésienne entre le sujet et l'objet de son savoir (*Practice* 134). Les ambiguités du monde sont exorcisées de la page blanche tout comme l'apostasie de la forêt est défrichée de la terre cultivée:

> Devant sa page blanche, chaque enfant est déjà mis dans la position de l'industriel, de l'urbaniste, ou du philosophe cartésien, celle d'avoir à gérer l'espace, propre et distinct, où mettre en œuvre un vouloir propre. (*L'Invention* 199)

Dans le cas des missionnaires en Nouvelle France, imaginer les langues autochtones en tant qu'écriture renforce (de façon illusoire) leur maîtrise médiocre de celles-ci. A partir du texte écrit, les missionnaires s'imaginent qu'ils pourront en effet défalquer, biffer, et abâtardir à leur gré et les mots qui se défilent sur la page blanche et les corps qui tracent des sillons sur la terre ouverte.

En même temps qu'ils s'arment de dictionnaires et de grammaires afin de fixer "les vives voix" amérindiennes, les missionnaires inventent une différence manichéenne et morale entre l'écrit et l'oral. Au début de son *Dictionaire de la Langue Huronne*, Sagard prévient ses lecteurs que les défauts qu'on pourrait lui trouver viendraient moins de l'ineptie de son auteur que de l'instabilité de la matière qu'il traite:

> Nos Hurons, & generallement toutes les autres Nations, ont la mesme instabilité de langage, & changent tellement leurs mots, qu'à succession de temps l'ancien Huron est presque tout autre que celui du present, & change encore, selon que j'ay peu conjecturer & apprendre en leur parlant: car l'esprit se subtilise, & vieillissant corrige les choses, & les met dans leur perfection. (9)

Là où les changements de mots peuvent être considérés comme constitutifs d'une évolution vers la perfection, comme celle de l'homme vers la fleur de l'âge, tout changement de l'esprit (et non du corps) de la lettre, du signifié (et non du signifiant), ne constitue qu'un déclin, et l'instabilité, qu'un défaut moral.[14] A l'origine du monde (chrétien), le Verbe fut. Au cours du XVIe et XVIIe siècles, ce Verbe qui avait été "expérimenté" comme une voix se taît et devient texte (De Certeau, *L'Invention* 202, 203). L'écrit s'oppose ainsi moralement à la parole, car celle-ci ne peut garantir ses origines —et donc sa véracité— comme celui-là. Voilà du moins ce dont les Jésuites tentent de convaincre leurs néophytes. Quand Le Jeune découvre une histoire de déluge parmi les "superstitions" amérindiennes, il distingue sans compromis l'histoire originelle de la déformée.[15] Celle-ci se reconnaît par sa transmission orale:

> [Je leur ai dit que] les premiers qui sont venus en leur païs, ne sçavoient ny lire ny escrire, voila pourquoy leurs enfans avoient demeuré dans la mesme ignorance; qu'ils avoient bien conservé la memoire de ce deluge, mais par une longue suitte d'années, ils avoient enveloppé ceste vérité dans mille fables. (Thwaites 11: 152)

Le Jeune clos son argument en insistant sur l'immuabilité de l'imprimé (qui n'avait été inventé, rappelons-le, qu'un siècle et demi auparavant) en disant, "nous ne pouvions estre trompez en ce point, ayant la mesme creance que nos ancestres, puisque nous voyons leurs livres" (Thwaites 11: 152). Bressani, collègue italien de Le Jeune, ne vise pas uniquement les histoires autochtones de créations ni les individus qui les content; il cherche également à "biffer" la confiance des amérindiens dans leur *manière* (orale) de savoir:

> Mais nous portons avec nous un témoignage irréfutable de [nos croyances], que nous disons est l'Écriture, qui est la parole de Dieu, qui ne ment pas; et l'Écriture ne varie pas comme la vive voix de l'homme, qui est quasi par nature menteur. (Thwaites 39: 50)[16]

Autant que le logos divin, l'écriture qui l'avait fixé inspirait la vénération de l'Écriture.[17]

Rhétorique

Les missionnaires ont-ils réussi à franciser et à christianiser les "Sauvages"? Certes, les populations amérindiennes avaient été décimées par les maladies et les guerres des Iroquois, leur économie avait été bouleversée par la traite des fourrures, et leurs croyances traditionnelles chancelaient. Mais du point de vue français, l'entreprise des missionnaires fut un échec. D'après Colbert, les missionnaires se sont plutôt conformés aux autochtones que l'inverse *puisque les français parlaient leurs langues*. La déception des religieux fut plus complexe. Les nations amérindiennes étaient bien en voie de disparition, mais ce fut, aux yeux des missionnaires, une extermination "par coutume" (la guerre inlassable des Iroquois), "par routine" (le troc empoisonnant de l'alcool), par nature (les maladies), bref, par des phénomènes qui, selon eux, dépassaient leur volonté. Outre le regret qu'ils ressentaient devant la diminution quotidienne du champ de potentiels chrétiens, les religieux avaient des remords de ce que cette "barbarie" serait "biffée" *avant qu'ils aient pu eux-mêmes la maîtriser*, et qu'ils allaient sacrifier la jouissance de la possession au paroxysme de ses conséquences.

Comme Colbert, les religieux attribuèrent l'échec de leur entreprise à un phénomène linguistique, mais d'une causalité plus pointue que le simple symptôme identifié par le premier ministre. Certes, comme l'avait remarqué Colbert, les Algonquins, les Hurons, et les Montagnais ne parlaient pas encore le français. Mais cela venait —trop vite même, selon les religieux, car il leur restait toujours un peu de chemin à faire avant de réaliser l'étape qui devait précéder l'implantation du français. En effet, malgré leur apprentissage acharné de syntagmes et de systèmes, ni les Récollets ni les Jésuites n'ont réussi à maîtriser l'éloquence amérindienne. Jean de Brébeuf, la vedette linguistique des Jésuites, déplore l'humiliation qu'entraîne son apprentissage du Huron:

> Il faut faire estat pour grand maistre et grand Theologien que vous ayez esté en France d'estre icy petit Escolier, et encore ô bon Dieu, de quels

> maistres! des femmes, des petits enfans de tous les Sauvages, et d'estre exposé à leur risée. La langue Huronne sera vostre sainct Thomas, et vostre Aristote, et tout habile homme que vous estes, ... il vous faut resoudre d'estre assez longtemps muet parmy ces Barbares. (Thwaites 10: 90-92)

L'impuissance verbale de Brébeuf crée un monde à l'envers, un monde où les enfants sont les maîtres des érudits, où la matière féminine et "barbare" l'emporte sur la spiritualité des hommes "civilisés", et où l'autorité de l'écriture ne peut rien devant les voix "sauvages". Quoique les Jésuites aient réduit les corps amérindiens par "rigueur", l'éloquence leur faisait toujours défaut, et ils reconnaissaient que seule l'éloquence pouvait remettre le monde à l'endroit. Et à leur grand chagrin, les missionnaires constataient que même l'éloquence d'un "Capitaine" indien recelait un abîme invisible et dépendait d'un "je ne sais quoi" qui échappait à sa volonté: "toute l'authorité de leur chef est au bout de ses levres", observe Le Jeune, "il est aussi puissant qu'il est éloquent; & quand il s'est tué de parler & de haranguer, il ne sera pas obey s'il ne *plaist* aux Sauvages" (Thwaites 6: 243, je souligne). A leurs propres yeux, les nouveaux Apôtres n'ont pas joui de la puissance qui leur était due *parce qu'ils n'ont jamais su* —ou jamais voulu— *plaire* aux "Sauvages". Le plaisir va au rebours de tout ce qui justifiait l'entreprise missionnaire. A l'encontre de la foi chrétienne et de la langue originelle que les religieux voulaient universelles et qu'ils essayaient d'imposer aux Amérindiens, le plaisir est multiple. Par opposition à la grammaire qui devait renverser les rapports de pouvoir au profit des Jésuites, le plaisir ne peut se réduire à aucune règle. A la différence de la (prétendue) stabilité de l'écriture par laquelle les missionnaires voulurent biffer les croyances traditionnelles, le plaisir est inconstant. Il cède en outre à la nature (humaine) contre laquelle les missionnaires s'acharnaient quotidiennement. "Les principes du plaisir", écrit Pascal dans son *Art de persuader*,

> ne sont pas fermes et stables. Ils sont divers en tous les hommes, et variables dans chaque particulier, avec une telle diversité qu'il n'y a point d'homme plus différent d'un autre que de soi-même dans les

divers temps. (417)

Quelle devait être la joie des missionnaires de découvrir l'autorité de l'éloquence en Nouvelle France! Et quelle devait être leur déception de constater que dans le Nouveau Monde comme dans l'ancien, le plaisir, bête noire des doctes, lui contestait son empire.

Notes

1. Plusieurs historiens ne seraient pas d'accord avec cette affirmation, surtout en ce qui concerne les Jésuites. Selon Axtell, ceux-ci ont abandonné le projet de franciser les indiens dans l'espoir de les convertir au christianisme en pratiquant le relativisme culturel (*European* 69-70). Axtell n'a pas suffisamment tenu compte, cependant, du contexte épistémologique (une épistémologie, selon Michel Foucault, étant déterminée par le rapport qu'élabore une culture entre les choses et les mots qui les représentent) dont les Jésuites provenaient. Par conséquent, il n'a pas pris au sérieux les théories qui informaient la pratique de la conversion. Je montre que les théories linguistiques des Jésuites sous-tendaient non seulement leurs attitudes envers l'apprentissage des langues amérindiennes, mais qu'elles étaient également à la base d'actions qui à première vue ne tiennent nullement de la langue.

2. Le Jeune fut un des contributeurs les plus prolifiques aux *Relations* jésuites. Je ne l'inclus pas à titre individuel dans la bibliographie car ce serait bien trop volumineux.

3. Les missionnaires du XVIIe étaient redevables aux Humanistes du siècle précédent qui avaient beaucoup spéculé sur la nature de la langue édénique (Lloyd-Jones 9).

4. Cette idée était déjà dans l'air. Dans ses *Recherches de la France* (1560), Étienne Pasquier avait proposé le français en tant que langue universelle puisqu'il représentait un compromis démocratique entre les langues germaniques et latines (Lloyd-Jones 18).

5. Donnacona était alors prisonnier. Cartier l'avait enlevé pour le présenter à François I. Il est vraisemblable que Donnaconna ait nourri les espoirs de Cartier pour pouvoir plus rapidement rentrer chez lui.

6. Voir Thwaites, 51: 205 et 66: 177-179.

7. C'est le titre de son sixième chapitre dans *Flight*.

8. A la fois bénit et maudit, le personnage de l'interprète dominait les premières décennies d'interaction franco-indienne. L'aveu de Sagard à son égard en dit long sur le rôle essentiel qu'il jouait. Nous étions obligés, écrit-il, "d'avoir partout des Truchements divers, tant pour n'ignorer rien des langues ...

que pour maintenir les François en l'amitié de ses peuples, & attirer leurs castors en procurant leur salut" (336). La survie des missionnaires, l'économie qu'ils souhaitaient favoriser, et la conversion des Indiens qui était leur raison d'être, toutes dépendaient au début de la bonne volonté et de la bonne foi des interprètes.

9. Il faut malheureusement remettre en question la belle affirmation de Michel De Certeau dans sa *Fable Mystique*: "Une théologie humiliée, après avoir exercé longtemps sa magistrature, attend et reçoit de son autre les certitudes qui lui échappent" (43-44).

10. "Réduction" veut dire dans ce contexte "une conformation, égalité, & proportion qui se fait de plusieurs choses à une" (Furetière "réduction").

11. Ni Colbert ni les religieux n'ont imaginé des mariages mixtes dans l'autre sens, c'est-à-dire, d'hommes amérindiens aux femmes françaises. Sans doute, la démographie sexuelle de la colonie de Québec y est pour quelque chose; la présence française y est largement masculine. De plus un métissage dans ce sens est épistémologiquement inconcevable car il brouille, au lieu de renforcer, la distinction entre matière et esprit, sujet et objet.

12. Cultiver la terre étant la première occupation d'Adam, c'est encore un effort de faire conformer le Nouveau Monde au jardin d'Éden (Gen. 2.15).

13. Au XVIe siècle, "reduire par escrit ou en ecrit" voulait dire "rédiger, écrire, ou encore traduire". Huguet cite Calvin à titre d'exemple: "... de ce temps là commencerent les oracles ou revelation de la parole de Dieu estre reduictes en escriture" (Huguet "réduire").

14. Il est curieux de noter qu'un laïque de l'époque reconnaît l'instabilité comme la condition naturelle de toutes langues: Marc Lescarbot constate que "les langues ne se sçavent pas sans fautes, qu'après une grande pratique & longue expérience, à la Françoise même personne ne se dit parfaict tant elle est changeante & sujette à la caprice des hommes, qui inventent tous les jours de mots nouveaux, ou une nouvelle façon de prononcer, de sorte que l'ancien Gaulois semble aujourd'huy un langage estranger comme le fera à cent ans d'icy, celuy duquel on use pour le jourd'huy" (333). Il précise, en outre: "Mais quant à la cause du changement de langage en Canada, ... j'estime que cela est venu d'une destruction du peuple" (700).

15. Au Mexique, José de Acosta s'est également trouvé confronté à des histoires de création par déluge. A l'encontre des Jésuites français, cependant, Acosta avait admis une certaine relativité; bien qu'il caractérise leurs histoires comme des "songes", il estime qu'une inondation régionale *aurait pu* être à l'origine particulière de ce peuple (70). Son admission prudente découle de la certitude avec laquelle les Indiens affirment avoir été créés dès l'origine dans le monde où ils vivaient alors (72). Acosta entreprend tout de même de les "détromper" grâce à la foi chrétienne qui dicte une origine universelle (72).

16. Je traduis de l'italien.

17. Voir James Axtell, "The Power of Print in the Eastern Woodlands", chapitre 6 de *After Columbus*. Axtell montre que les missionnaires ont exploité le statut shamanique que la "magie" de l'écriture leur conférait.

Ouvrages cités

Acosta, José de. *The Natural and Moral History of the Indies*. 1604. Trad. Edward Grimston. Éd. Clements R. Markham. London: Hakluyt Society, 1880.

Arnauld, Antoine, et Pierre Nicole. *Grammaire générale & raisonnée*. Paris: Pierre le Petit, 1660.

Augustine, Saint. *Confessions*. 399. Trad. Henry Chadwick. Oxford: Oxford University Press, 1991.

Axtell, James. *After Columbus: Essays in the Ethnohistory of Colonial North America*. Oxford: Oxford University Press, 1988.

―――. *The European and the Indian: Essays in the Ethnohistory of Colonial North America*. New York: Oxford University Press, 1981.

Bideau, Michel. Introduction. *Les Relations de Jacques Cartier*. Montréal: Presses Universitaires de Montréal, 1986.

Bordo, Susan R. *The Flight to Objectivity: Essays on Cartesianism and Culture*. Albany: State University of New York Press, 1987.

Brébeuf, Jean de. "Advertissement d'importance pour ceux qu'il plairroit à Dieu d'appeller en la Nouvelle France, & principalement au pays des Hurons". 1636. Thwaites vol. 10.

Bressani, Francesco Giosseppe. Relation de 1653. Thwaites vol. 39.

Cartier, Jacques. *The Voyages of Jacques Cartier*. Éd. H.P. Biggar. Ottowa: F.A. Acland, 1924.

Champlain, Samuel de. *The Works of Samuel de Champlain*. Éd. H.P. Biggar. 6 vols. Toronto: Champlain Society, 1922-36.

De Certeau, Michel. *La fable mystique, XVIe-XVIIe siècle*. Paris: Gallimard, 1982.

―――. *Arts de faire. L'Invention du quotidien*. Vol. 1. Paris: Gallimard, 1980. 2 vols.

Foucault, Michel. *Les Mots et les choses: une archéologie des sciences humaines*. Paris: Gallimard, 1966.

Furetière, Antoine. *Dictionaire universel contenant generalement tous les mots français tant vieux que modernes*. Rotterdam: A. et R. Leers, 1690.

Hanzeli, Victor Egon. *Missionary Linguistics in New France: A Study of Seventeenth- and Eighteenth-Century Descriptions of Amerindian Languages*. Paris: Mouton, 1969.

Huguet, Edmond. *Dictionnaire de la langue française du seizième siècle.* Paris: Champion, 1925.

Jetten, Marc. *Enclaves Amérindiennes: les «réductions» du Canada, 1637-1701.* Sillery: Septentrion, 1994.

Leacock, Eleanor. "Montagnais Women and the Jesuit Program for Colonization". *Women and Colonization: Anthropological Perspectives.* New York: Præger, 1980. 25-42.

LeClercq, Chrestien. *Établissement de la Foy dans la Nouvelle France.* Paris: Amable Auroy, 1691.

Lescarbot, Marc. *Histoire de la nouvelle France.* 3 vols. Paris: Jean Milot, 1609.

Lloyd-Jones, Kenneth. "Translation and the Universal Language in the Renaissance". *Cincinnati Romance Review* 13 (1994): 10-23.

Pascal, Blaise. *Œuvres Complètes.* Éd. Jean Mesnard. Vol. 2. Paris: Desclée de Brouwer, 1991.

Sagard, Gabriel. *Dictionaire de la Langue Huronne necessaire a ceux qui n'ont l'intelligence d'icelle, et ont a traiter avec les sauvages du pays.* Paris: Denys Moreau, 1637.

_____. *Histoire du Canada et voyages que les frères mineurs recollects y ont faicts pour la conversion des infidèles.* 1636. 4 vols. Paris: Librairie Tross, 1866.

Stanley, G. F. "The policy of 'francisation' as applied to Indians during the ancien régime". *Revue d'Histoire de l'Amérique Française* 3 (1949): 333-48.

Thwaites, Reuben Gold, ed. *The Jesuit Relations and Allied Documents, 1610-1791.* 73 vols. Cleveland: Burrows Brothers, 1897.

Yasmina Mobarek
University of Missouri, Kansas City

La vérité et ses mises en scène dans "La Profession de foi du Vicaire Savoyard"

Le texte de la "Profession", situé au cœur de l'*Émile*, est marqué du sceau de la vérité. Écrit par cet "ami de la vérité", il en incarne la promesse.[1] L'introduction à ce texte ancre la vérité de la "Profession" dans celle du Livre de la Nature. Cette introduction au texte constitue le lieu d'une mise en scène picturale délimitant le cadre "naturel" du discours dans un décor universel et atemporel. Elle se fait manipulatrice en ce qu'elle transforme le culturel en naturel. Délivré de son épaisseur historique, le langage devient, de par une origine sacrée soudainement retrouvée, le médium d'une communication directe et univoque, où "communication" s'entend comme "le véhicule, le transport ou le lieu de passage d'un sens et d'un sens un" (Derrida 367). Ceci est une illusion soigneusement cultivée. La "Profession" est, en effet, très loin d'être dénuée d'artifice. Sa voix narrative résonne au sein d'une nature revisitée, objectifiée et surdéterminée:

> Le rendez-vous ne fut pas renvoyé plus tard qu'au lendemain *matin*. On était en *été*; nous nous levâmes *à la pointe du jour*. Il me mena *hors de la ville, sur une haute colline* au-dessous de laquelle passait le Pô, dont on voyait le cours à travers les fertiles rives qu'il baigne. Dans *l'éloignement*, l'immense chaîne des Alpes couronnait le paysage. *Les rayons du soleil levant* rasaient déjà les plaines, et projetant sur les champs par longues ombres les arbres, les côteaux, les maisons, enrichissaient de mille accidents de lumière le plus beau tableau dont l'œil humain puisse être frappé. (565; nous soulignons)

Une certaine urgence vise à traduire la valeur attachée au message que le maître a l'intention de transmettre à son disciple. Passage métaphorique s'il en est, ce passage travaille l'ensemble des symboles du Nouvel Ordre —*novus ordo sæculorum*— et met en scène un ensemble de symboles appartenant à l'ordre de la Franc-Maçonnerie, à savoir: le soleil, l'œil et la pyramide. Cette symbolique inscrit ce texte dans la tradition du discours philosophique, tel qu'il s'est développé en occident, fondé sur la raison, le "Logos" et les valeurs qui y sont associées. Des groupes de sèmes travaillent un même champ linguistique: le groupe "hors de la ville", "haute colline" et "éloignement" signifie que le message se transmet "loin des hommes". La société est mise à l'écart en ce qu'elle incarne un danger moral. Une nouvelle communauté est ainsi créée dont la base séminale se trouve représentée par le maître et son disciple. Le disciple, devenu le maître d'Émile, retranscrit le discours de son ancien maître pour l'éducation de celui-ci. Et un nouvel ordre et une nouvelle généalogie sont ainsi créés: Émile, fils de Rousseau, fils du Vicaire savoyard ... fils d'Adam, un Adam d'avant la chute. Il faut effacer ce malencontreux épisode qui a précipité l'homme loin du regard de Dieu et a causé son expulsion du jardin d'Éden, moment de nostalgie s'il en est pour Rousseau.[2] Le champ de la conscience est évoqué à travers l'utilisation de groupes de sèmes connotant la position du soleil dans le ciel, "pointe du jour" et "rayons du soleil levant". Le mouvement ainsi décrit annonce un nouveau jour, une nouvelle aube: "Lumière et Vérité". C'est l'avènement d'une nouvelle conscience spirituelle dans un nouveau monde. Et cette conscience est glorieuse: "fertiles rives", "couronnait", "enrichissaient". Pas même les ombres que projettent les rayons du soleil levant sur ce paysage ne peuvent en affecter l'atmosphère. Et l'œil d'embrasser le spectacle qui s'offre si généreusement au regard: "On eût dit que la nature étalait à nos yeux toute sa magnificence pour en offrir le texte à nos entretiens" (565). Un même geste peut-être retracé dans le discours du maître à l'élève, où il s'agit à nouveau d'établir une homologie entre un discours et un lieu, entre le Logos et un forum:

> Je choisirai le temps, le lieu, les objets les plus favorables à l'impression que je veux faire. J'appellerai pour ainsi dire toute la nature à témoin de nos entretiens; j'attesterai l'Etre éternel dont elle est l'ouvrage de la vérité de mes discours, je le prendrai pour juge entre Émile et moi; je marquerai la place où nous sommes, les rochers, les bois, les montagnes qui nous entourent pour monuments de ses engagements et des miens. Je mettrai dans mes yeux, dans mon accent, dans mon geste l'enthousiame et l'ardeur que je veux lui inspirer. (648)

Ce passage illustre une autre instance où l'espace de la Nature, comme scène du discours du maître —ici du nouveau maître s'adressant à son élève, Émile— est soigneusement aménagé. La sélection d'un espace/temps et du réel qui le manifeste est posée comme essentielle dans une visée de persuasion. Les passages que nous venons de relever visent tous à délimiter un espace dans lequel un discours vrai peut être généré. Cela n'est point une coïncidence. Souvenons-nous de ce qui, selon Lacan, constitue l'essence même de la requête philosophique, à savoir, la requête de la vérité. C'est la requête de la manifestation, au sens précis où:

> la "chose-même" doit être exhibée en pleine lumière, sur la place publique, afin qu'un accord se fasse sur elle et que l'affaire en cause puisse être tranchée.... [l]a vérité se dit ... sur une "agora", sur un "forum". C'est que la vérité, de fait, doit toujours avoir (un) lieu. Pas de vérité, au sens philosophique, qui n'implique et n'exige un "ouvert", une "ouverture", où se déployer et où, comme on dit, toute la lumière est faite. (Borch-Jacobsen 160)

Et à replier la spécificité de la doctrine lacanienne de la vérité — vérité comme dévoilement/voilement du sujet dans la parole— sur le discours, en parralèle à la théorie d'Austin concernant l'aspect performatif de certains actes de langage, il est possible de commencer à voir ce qui est à l'œuvre dans la "Profession de foi" comme texte dans lequel se dessine avec une insistance certaine une promesse de vérité:

> Dévoiler, révéler, montrer, démontrer, attester, prouver, certifier, témoigner, jurer —tout ce lexique de la vérité reconduit invariablement à une exigence de phénoménalisation, c'est à dire d'extériorisation: "fais voir".[3] (Borch-Jacobsen 160)

Et cette extériorisation est sans doute comme le remarque Starobinski l'occasion d'une jouissance:

> Interpréter le langage ambigu des apparences, c'est remonter à une source oubliée, mais c'est aussi séduire, et jouir de la vérité exhibée. (*La Relation critique* 157)

Le passage qui précède la "Profession" donne naissance à un monde qui, s'il est fictif, n'en est pas moins performatif, c'est à dire efficace. La fable du monde ainsi ébauchée est bien moins l'instrument d'une exposition que l'organe d'un équivalent de création, et d'une création équivalente à la Création. A n'en pas douter, le décor ainsi présenté remonte à l'origine d'un monde; une origine pure d'avant la chute, avant la faute et l'expulsion traumatique du jardin d'Éden. L'homme est en harmonie avec son créateur, la nature lui est un livre dont il détient la clef; et le langage, médium de la communication de la vérité, incarne la vérité de toute communication. Œuvre de création en effet, puisqu'en inventant cette fable, "je fais et je feins, je fictionne et je façonne un monde qui puisse recevoir mon discours" (Nancy 157). Le décor ainsi présenté ne doit pas se concevoir comme une architecture frivole. Il est la condition d'existence de mon discours. Il est le nouveau monde tel qu'il doit l'être afin de démontrer la vérité de mon discours. "Devoir" en effet puisque l'efficacité de mon discours tient au type de langage que j'utilise ou, plus précisément, à l'idée que je m'en fais. Ici peu importe de définir une délimitation entre fiction et réalité. Peu importe que la vérité soit une fiction. Importe seulement que l'on s'accorde sur cette fiction.

> La question est de fournir la vraie invention d'un monde. Car si les modes de la fiction et de la réalité ne sont pas identiques, ce qui est par contre identique, c'est l'activité d'invention et celle de création. L'une n'est pas le vraisemblable de l'autre: mais les deux sont la même vérité inaugurale. L'inventeur de la fable est le Dieu d'un monde qui pour n'être pas le monde lui-même n'en est pas moins un autre monde vrai, et cela parce qu'il est inventé et qu'il répond aux conditions d'une possible création. (Nancy 121-22)

L'harmonie présentée entre le discours et le Livre de la Nature, pour se vouloir valeur immédiate, résulte d'une construction imaginaire dont la visée est éminemment persuasive. Cette mise en promesse de la vérité située au cœur de l'*Émile* ("Je garantis la vérité des faits qui vont être rapportés. Ils sont réellement arrivés à l'auteur du papier que je vais transcrire"; 558), est précédée d'une mise en scène picturale délimitant le cadre "naturel" du discours. Comme nous l'avons déjà vu plus haut, la vérité se recherche loin des villes et des hommes qui y demeurent: "Je l'emmène d'abord hors des villes, loin des objets capables de le tenter" (644). La distance, traduite dans le texte par l'idée d'écart et de hauteur, s'avère être une donnée nécessaire à la capacité de juger. La construction de ce décor fictif élabore en parallèle avec d'autres stratagèmes le système de la présence, au sens derridien du terme, et les valeurs traditionnelles qui s'y attachent: vérité, immédiateté et sens. Dans une visée de persuasion, il est absolument essentiel de persuader l'auditeur à la fois de l'authenticité et de l'autorité de la source émettrice du discours.

Il est question, dans un double mouvement, d'élaborer une fiction, une fable exemplaire tout en la donnant comme véridique, d'éliminer spécifiquement tout élément qui relèverait de la transcription, de l'éloignement de la source émettrice, celle du locuteur présent et maître de sa parole. C'est à cet effet qu'est invoqué le recours à la voix, à travers les textes (auto)-biographiques du narrateur et de son ancien maître (l'auteur désigné de la "Profession de foi"), et l'usage du je-narrateur participant au jeu de la présence. Le texte s'élabore sur le mode de la communication de la vérité: "Osez confesser Dieu chez les philosophes; osez prêcher l'humanité chez les intolérants ..." (634). Le texte, à l'image de nombreux textes de Rousseau, démontre une hantise au sujet de la communication de la vérité et de la vérité comme communication. Ce texte exhibe l'incessant tissage de deux thèmes, celui de la vérité et celui de la présence. La vérité prônée par le texte est essentiellement celle du sujet parlant qui situe son discours dans le contexte édifiant d'un je-ici-maintenant. La "Profession" se montre comme un texte original et c'est à peine si elle s'avoue comme première copie, comme trace de la vérité d'un discours oral. A cet effet, la "Profession" peut se lire comme le désir d'effacer l'absence de source originale, de se rayer elle-même en tant que trace alors même qu'elle s'efforce de retrouver une origine perdue. La "Profession" s'écrit en voilant ce manque, en recréant la présence du maître, de la source émettrice du discours, de ce qui l'authentifiait. A plus d'un titre, c'est au nom du Père que le texte peut paraître. De façon littérale, il s'agit de la transcription du discours du Père/maître exécutée par le fils/disciple. La "Profession de foi du Vicaire Savoyard," telle la prière du Notre Père, est un credo qui tire sa valeur performatrice de son référent transcendental. La profession de foi devient "profession de voix".[4] Elle voile la violence de la prise de la maîtrise et l'anxiété du maître à la perspective de sa mort prochaine.

La valeur de la "Profession" comme texte écrit est sauvée aux yeux de son auteur par l'impulsion originale/originelle[5] dont elle découle: accent sur la lumière intérieure, et sur sa visée universelle. Le texte de la "Profession" travaille la question de l'origine en travaillant ses différents sens. Le discours que tient le Vicaire fait l'objet de plusieurs reproductions. La transcription du discours se veut authentique et fidèle à l'original. Le discours veut paraître ne dériver d'aucun texte, ne ressembler à aucun autre et être absolument unique. Son dire est ancré et formé dans l'origine mythique du langage. Ancré dans une origine mythique, le livre agit comme limite indépassable. Il se définit comme le dernier exemplaire. Il unit dans une instance à la fois atemporelle et universelle, l'origine et la fin, l'Alpha et l'Oméga. Ce geste rappelle la toute suffisance de l'Apocalypse de saint Jean, à laquelle la "Profession" emprunte sa rhétorique apocalyptique. Nous utilisons le terme apocalyptique "à la lettre". Comme ce dernier texte du Nouveau Testament, son message se base sur la notion de vérité comme révélation (du grec *apocalypsis*: "révélation"). Il présente une communication de la vérité sur le mode de l'engagement et du témoignage. Nous constatons le même geste vers l'universel et l'omniprésent que dans le texte biblique:

> Je suis l'Alpha et l'Oméga, le commencement et la fin ... celui qui est, qui était, et qui vient, le Tout-Puissant". (Apocalypse de saint Jean. 1.8).

A la lettre, rien ne doit être ajouté. Universel aussi est son lecteur/auditeur idéal. Le personnage du Vicaire s'adresse à ce qui est commun à l'esprit humain, à savoir la raison. Le point de référence réside dans le personnage mis en scène qui s'exprime selon une logique cartésienne. "Si je pense bien, la raison nous est commune et nous avons le même intérêt à l'écouter; pourquoi ne penseriez-vous pas comme moi?" (566). L'origine d'un tel mythe est le mieux illustrée dans le passage de la Genèse:

> L'Éternel Dieu prit l'homme, et le plaça dans le jardin d'Éden pour le cultiver et le garder.... L'Éternel Dieu dit: Il n'est pas bon que l'homme soit seul; je lui ferai une aide semblable à lui. L'Éternel Dieu forma de la terre tous les animaux ..., et il les fit venir vers l'homme, pour voir comment il les appelleraient, et afin que tout être vivant portât le nom que lui donnerait l'homme. Et l'homme donna des noms à tout le bétail, aux oiseaux du ciel et à tous les animaux des champs mais ... il ne trouva pas d'aide semblable à lui. (Genèse 2.15-21)

Dans cette fable de l'origine, Dieu donne à l'homme la maîtrise du monde. Cette maîtrise, qui représente en quelque sorte une délégation du pouvoir, est représentée à la fois à la lettre et symboliquement par une maîtrise linguistique. A l'homme appartient le langage, en propre. A l'homme encore est donnée l'hégémonie linguistique qui consiste à nommer toutes les créatures et toutes les choses qui constituent son espace physique. L'homme, en tant qu'héritier de Dieu, occupe une place au centre de la création. La langue, comme don, participe en ce sens, tout comme l'homme, de l'attribut du sacré que lui confère l'instance divine. Cette fable de l'origine repose sur une série de prémisses dont l'ensemble esquisse une position idéologique. Le réel constitue une entité représentable. Il existe "à l'extérieur" et indépendamment du langage qui, lui-même, est capable de le représenter. A chaque mot correspond une chose. Et le langage est ainsi constitué qu'il forme une nomenclature. Aussi, le langage comme outil est le médium de la communication d'un sens unique dont l'exigence est la communication de la vérité. De plus, cette fable de la création du langage prend racine dans un autre récit mythique, une autre fable de la création à savoir la création du monde. A l'origine est le Verbe.[6] La substance linguistique émane du performatif de la parole divine ("Dieu dit que la lumière soit et la lumière fut"), parfaite adéquation entre un dire et un faire. La position idéologique est la suivante: l'homme, maître du monde tel qu'il est représenté par le langage, est maître de son dit, maître de sa pensée. Le langage comme outil herméneutique lui permet de communiquer ses pensées et de parvenir à la vérité. La stabilité au royaume des signes lui permet d'assurer la stabilité politique et la paix dans son royaume. La paix est aussi, selon Nietzsche, l'un des objectifs —avec le désir de combattre l'ennui— du pacte social basé sur le pacte linguistique.[7] Nous voyons donc ce qui est immédiatement en jeu. La question est de choisir la fable qui permettra à mon discours d'exister et de fonctionner. Croire en la stabilité des signes veut dire croire en la possibilité de la stabilité de mon discours. La "Profession", comme discours métaphysique, vise à hypostasier la communication de la vérité en vérité de la communication. Moi, la vérité, je parle.... Et dans une visée de persuasion, nous avons la conjonction d'un langage qui se réclame du performatif divin —adéquation entre un dire et un faire— et l'utilisation d'actes de langage de type performatif au sens où Austin définit le performatif. Si ces deux positions sont compatibles, c'est qu'elles reposent sur les mêmes tenants théoriques. La théorie du performatif repose sur une série d'exclusions comme celle de la folie et du langage non-sérieux, comparable au geste de Rousseau quand il condamne la fiction.

La fable que représente la "Profession de foi" participe donc de cette histoire de la création. Tout comme elle, c'est l'histoire d'une création, création d'un homme, Émile, et d'une création poétique. C'est aussi la fable du maître. La "Profession de foi" située au cœur de ce projet pédagogique par excellence, l'*Émile*, est imbue de ses prétentions didactiques. Elle rend légitime le discours du maître tout en travaillant les possibilités de sa propre communication, les conditions de sa réception et de sa transmissibilité. Elle thématise la transmission du pouvoir du maître.[8]

Notes

1. Cet ami de la vérité, dont la devise est "vitam impendere vero?", porte son amour de la vérité jusqu'au paroxysme de la passion (Rousseau 558). Il faudrait s'interroger sur le statut d'une telle promesse dans le contexte d'une fiction littéraire. Selon Austin, en effet, certaines règles contextuelles et linguistiques sont essentielles afin d'assurer le fonctionnement d'un acte de langage comme la promesse. Ainsi le contexte fictif de la promesse annulerait l'acte. "... when we think of some of the more awe-inspiring performatives such as 'I promise to ...,' surely the words must be spoken 'seriously'?... I must not be joking, for example, nor writing a poem" (Austin 9).

2. "Le bonheur, l'âge d'or, c'est donc bien cela: aller et venir, sous le regard d'un dieu, ou d'un être divinisé, qui protège; être reconnu, avoué par lui, comme un enfant, lui offrir, à cet être transcendant, à ce "spectateur" qui n'est pas incommode mais laisse à l'enfant toute l'aise qu'il peut souhaiter, un cœur pur" (Raymond 184, cité in Starobinski, *L'Œil vivant* 144).

3. La référence au texte d'Austin, même si celle-ci n'est guère développée, apparaît comme en clin d'œil dans cette section intitulée: "How to do nothing with words".

4. Selon l'expression de Denis Hollier tirée de son compte-rendu de lecture de ma thèse de doctorat: "La Vérité et ses mises en scène épistolaires: Rousseau-Diderot". Yale University. Directeur de thèse: Peter Brooks. Décembre 1996.

5. Rousseau travaille ces deux concepts parallèlement. Le texte de la "Profession", tout comme celui des *Confessions*, est à la fois celui qui n'a eu nul exemple et n'aura nulle imitation.

6. "Au commencement était la parole, et la Parole était avec Dieu, et la parole était Dieu. Elle était au commencement avec Dieu. Toutes choses ont été faites par elle, et rien de ce qui a été fait n'a été fait sans elle. En elle était la vie et la vie était la lumière des hommes" (Évangile selon saint Jean 1.1-4).

7. "Dans la mesure où, face aux autres individus, l'individu veut se conserver, c'est le plus souvent seulement pour la dissimulation qu'il utilise l'intellect dans un état naturel des choses: mais comme l'homme, à la fois par nécessité et par ennui, veut exister socialement et grégairement, il a besoin de conclure la paix.... Cette conclusion de paix apporte avec elle quelque chose qui ressemble au premier pas en vue de l'obtention de cet énigmatique instinct de vérité" (175).

8. Ce discours sui-référentiel a été identifié comme caractéristique de la mise en abîme du récit (voir Brooks au sujet des "framed narratives").

Ouvrages cités

Austin, J.L. *How to Do Things with Words*. Lecture 1. 1962. Oxford: Clarendon Press, 1975.

Borch-Jacobsen, Mikkel. *Lacan — le maître absolu*. Paris: Flammarion, 1990.

Brooks, Peter. *Reading for the Plot. Design and Intention in Narrative*. New York: A.A. Knopf, 1984.

Derrida, Jacques. "Signature-Événement-Contexte". *Marges de la philosophie*. Collection "Critique". Paris: Éditions de Minuit, 1972.

Nancy, Jean-Luc. "Mundus est fabula". *Ego Sum*. Paris: Flammarion, 1979.

Nietzsche, Friedrich. "Introduction théorique sur la vérité et le mensonge au sens extra-moral". *Le Livre du Philosophe*. Tr. Angèle Marietti. Paris: Aubier-Flammarion, 1969.

Raymond, Marcel. "Lectures du premier livre des *Confessions*: thèmes et structure". *Lettres d'occident. Études et essais offerts à André Bonnard*. Neuchâtel: La Baconnière, 1958.

Rousseau, Jean-Jacques. "La Profession de foi du vicaire savoyard". *Émile ou de l'éducation*. Livre IV. *Œuvres complètes*. Vol. 4. Éd. Bernard Gagnebin et Marcel Raymond. Bibliothèque de la Pléiade. Paris: Gallimard, 1969.

Starobinski, Jean. *L'Œil vivant*. Paris: Gallimard, 1961.

———. *La Relation critique*. Paris: Gallimard, 1970.

Kathleen Gyssels
U.F.S.I.A / U.I.A. (Antwerp)

"Le nègre est le bâtard de Dieu" : Religion dans *Pluie et vent sur Télumée Miracle* de Simone Schwarz-Bart

> C'était l'éternelle musique, l'éternelle. On avait dit que le Bon Dieu ne nous aime pas car nous sommes ses bâtards, tandis que les blancs sont ses véritables enfants. Et puis l'on avait dit que la vie est une roue et si elle avait tourné autrement, ils seraient à notre place et nos esclaves, peut-être....
> Simone Schwarz-Bart, *Ti Jean L'horizon*

1. Religion aux Antilles, un continuum magico-religieux

Par ce titre provocateur, puisé dans *Ti Jean L'horizon* de Simone Schwarz-Bart, j'aborderai la question du religieux dans le bestseller *Pluie et vent sur Télumée Miracle*.[1] A l'opposé de lectures régionalistes et doudouistes,[2] reprochant à l'auteure de ne pas écrire de manière suffisamment engagée, je soutiendrai que ce roman, ainsi que l'œuvre entière de André[3] et de Simone Schwarz-Bart, dénonce outre l'aliénation socio-culturelle, politique, et économique, l'imposition de l'Église catholique. Celle-ci renforce le complexe d'infériorité raciale et exacerbe le sentiment d'exclusion et la vision fataliste des Afro-Antillais. Dans la littérature antillaise, le rapport du religieux au littéraire est intrigant et intriqué. Comme le remarque l'écrivain et l'essayiste martiniquais Édouard

Glissant, l'Antillais préfère "l'intrication raide au somptueux déroulé, Hopkins à T.S. Eliott" (195). L'intrication s'explique déjà par l'Histoire des Antilles. Iles où se sont rencontrés plusieurs peuples, plusieurs langues, plusieurs cultures et donc aussi plusieurs religions, la Guadeloupe et la Martinique sont des terres christianisées depuis la première implantation de Français. Or, les "Filles de France" restent pétries de superstitions et de pratiques magico-religieuses, comme le prouve le nom que donna à la Martinique le révérend Labat (1663-1738) dans son *Nouveau voyage aux Iles de l'Amérique:* "l'Ile des Revenants".

Comme dans beaucoup d'autres domaines de la réalité antillaise (langue,[4] métissage,[5] habitat,[6] médecine[7]), mais contrairement à l'Amérique noire,[8] il existe *un continuum*: la religion officielle, catholique, se pratique à côté de croyances animistes, héritées de l'Afrique-mère mais créolisées par l'apport d'autres systèmes religieux. Particulièrement vivaces dans l'arrière-pays antillais, cet ensemble de pratiques et de coutumes magico-religieuses, à valeur thérapeutique, s'appelle *quimbois*. Religion catholique et magie populaire coexistent donc. La foi en un seul Dieu n'empêche pas l'animisme, de même que la fréquentation de l'Église n'éradique pas les consultations du quimboiseur ou du séancier. Toutefois, on voit le personnage schwarz-bartien donner la vedette aux pratiques magico-religieuses et aux thérapeutiques traditionnelles en cas de défaillance de la foi et des dogmes catholiques. Ainsi, quand la narratrice, Télumée, sombre dans la dépression, sa grand-mère, Reine Sans Nom, recourt d'abord aux pratiques sorcières; c'est seulement quand "désenchanter la case" à l'aide de toutes sortes de gestes et au moyen d'herbes s'avère infructueux que Reine se contente de brûler "une chandelle des douleurs" (148, 155).

Dans le roman schwarz-bartien, le syncrétisme religieux dénote moins une réussite de l'acculturation et un harmonieux *métissage* qu'un égarement existentiel, qu'un doute ontologique. En situation de crise identitaire, désorientée par la déveine, cherchant une explication au pourquoi des "méandres que prend sa rivière", Télumée Lougandor ne sait plus à quel saint se vouer. Car considéré depuis plus de trois siècles "outil animé", *res* (art. 1 du Code noir), le Noir se vit forclus de l'humanité,[9] se rêvant seulement "enfant de Dieu" dans ses fabulations et ses contes. Reine Sans Nom crée par la magie de sa parole un monde "où les arbres crient, les poissons volent, les oiseaux captivent le chasseur et le nègre est enfant de Dieu" (76). De ce fait, l'Afro-Antillais est taraudé par la pensée séparatrice, opposant corps/esprit, humain/divin.[10]

2. Un religieux "merveilleux" et "métis"

Bien qu'il n'y ait à peine trace d'une église à Fond-Zombi, parce que la foi chrétienne et ses sacrements restent l'apanage des Békés (les Blancs dans l'île) et des mulâtres, le religieux est omniprésent dans l'œuvre schwarz-bartienne. La spiritualité et la religiosité font intimement partie de la quête identitaire des personnages. Souvent il est question d'expériences du type spirituel, de transes extatiques et de cérémonies de défoulement collectif (comme "le tambour" au cours duquel on célèbre un concubinage tout en honorant les ancêtres et recouvrant une ethnicité bafouée et niée[11]), décrites en des termes empruntés au mysticisme chrétien. Ces communions ponctuent le parcours initiatique de la protagoniste et correspondent aux étapes d'une vie de chrétien: entrée dans la vie adulte, affiliation à une confrérie religieuse (communion solennelle), union des époux, maladie et mort. Se mélangeant intimement au rituel, au magique et au mythique, la représentation littéraire de cette religiosité se fait sur le mode du *réalisme merveilleux*. D'où l'occultation quasi totale du religieux dans les études schwarz-bartiennes, de même qu'un autre aspect négligé par la critique, à savoir l'initiation de la dernière Lougandor à la triple mission spirituelle, celle de "devineuse" (ou "dormeuse", travaillant de la main droite, pratiquant la magie blanche), de guérisseuse et de conteuse.

L'onomastique nous invite à prendre en compte la vocation oraculaire et prophétique de la dernière Lougandor, surnommée Télumée *Miracle*. Dans le prénom Télumée le sème grec *télos* se joint au sème latin *tellus* (comme l'a remarqué Roger Toumson 73). Le don tellurique, la communion magique avec la Terre et le savoir que possède Télumée à faire face aux secousses qui lézardent sa vie, ainsi que la sagesse téléologique, sont ainsi mis en valeur. En rapport étroit avec sa terre natale, Télumée médite sur la finitude et la finalité de sa vie, de sorte que "sa geste prend valeur démonstrative au titre de l'"anti-destin'" (Toumson 74). C'est de sa grand-mère maternelle, surnommée de manière christique et hyperbolique "Reine[12] Sans Nom", que lui vient le pouvoir de lutter contre le fatalisme et l'obscurantisme, de combattre des mécréants et les créatures diaboliques appareillés de faux titres. Tel "L'ange Médard", encore nommé "L'Homme à la cervelle qui danse" (230), qui essayera, dans un excès de délire, de tuer sa bienfaitrice, Télumée.

Par les pouvoirs guérisseur et sorcier qui leur sont attribués, Reine et Télumée rappellent les "Mother-Goddesses", vénérées en Afrique et dans la Caraïbe. Matriarches dirigeant la vie spirituelle de la tribu, elles se chargent de consoler et de soulager une communauté malade autant des séquelles de l'esclavage que d'un présent stagnant. Parce qu'elle a aidé à mourir en homme celui "qui avait vécu en chien", Télumée reçoit comme second nom "Miracle", et à une "autre époque de femme", celui de "Maman Tétèle", titre qui surconnote encore son maternage spirituel. *Mater dolorosa*, mère communautaire, Télumée est élue comme figure divinatoire, capable de (pré)voir et d'exorciser "ce qui avait lieu dans les temps anciens et se poursuivait, sans que nous sachions pourquoi ni comment" (212). Malgré les vicissitudes, sa souffrance aura un sens.

Contrairement à *Un plat de porc aux bananes vertes*,[13] la condamnation de l'Église, accomplissant ensemble avec l'École coloniale, sa "mission civilisatrice aux Antilles", se fait de manière oblique, "métisse".[14] Asservissant et assimilant l'Afro-Antillais, ces deux alliées sont blâmées, mais comme à l'insu de la narratrice. Que Dieu soit du côté des Békés, Télumée le suggère lorsque, s'enfuyant de la demeure des Desaragne, où elle a résisté à une tentative de viol, elle s'efforce d'oublier les "paroles de blanc".[15] Passant ses cheveux à l'eau de coco et enfilant sa robe d'indienne, la narratrice s'échappe et prononce alors cette phrase désinvolte qui, à bien la relire, se révèle profanatoire:

> un vent s'emparait des paroles de Mme Desaragne, et les déposait sur la montagne Balata, à la cime des mahoganys où elles tintaient pour les oiseaux, pour les fourmis des arbres, pour Dieu, pour personne. (98)

La place de Dieu dans l'énumération, sa juxtaposition avec "personne" blasphèment contre le Très-Haut. Comme l'indique la description ci-dessus, c'est dans la Nature que Télumée cherche réconfort, surmontant l'affront et la honte d'avoir été traitée comme un objet de plaisir, parce que Noire. Une deuxième désacralisation "métisse" consiste à nier simultanément le pouvoir divinatoire de la Vierge et d'elle-même:

> Je savais frotter, je pouvais renvoyer les flèches d'où elles venaient, mais quant à être une devineuse, *hélas, je n'étais pas plus devineuse que la Vierge Marie*. Cependant les gens m'obligeaient à prendre leurs chagrins sur mes épaules, toutes les misères du corps et de l'esprit ... la honte, le scandale de vies dilapidées.... (226; c'est moi qui souligne)

Télumée y désavoue en même temps et les croyances vaudouesques, les superstitions obscurantistes et la religion chrétienne.

3. Le quimbois comme anti-Histoire et anti-Religion

Pluie et vent se lit comme une hagiographie hétérodoxe. Tout au long du récit de vie de la dernière Lougandor, de beaux exemples de syncrétisme religieux, sous forme de services créolisés par des survivances de religions ouest-africaines, établissent une contre-religion qui fait office de contre-Histoire. Ainsi, l'esclavage et son régime concentrationnaire sont pour beaucoup dans le vécu persécutif de la mort (voir Flagie). Devant la forme brutale, violente que prenait souvent la mort (et dont le Code noir nous dresse la sinistre réglementation et livre d'abondants détails), l'esclave en venait à la considérer tantôt comme délivrance, tantôt comme état inquiétant et traumatisant. Le traumatisme de la "malemort" se trouve fortement ancré dans la mémoire collective. Etre antillais implique davantage encore que chez les chrétiens, vivre en communion avec ceux qui furent, avec les ancêtres et les esprits de morts. N'habitant plus le bas monde, ils sont des messagers divins qui doivent être convoqués au moyen de récitations dévotes, de chants accompagnés de percussions et de danses. Ainsi se trouvent assurées, outre-tombe, une parenté, une alliance et l'inscription dans la lignée ancestrale, constamment mises en péril par le système dominant. Dans ce but, la narratrice respecte tout un cérémonial de formules incantatoires, de prières, d'offrandes et de libations. Parmi ceux-ci, il y a le rite funéraire de la flagellation de la tombe qui doit chasser l'esprit de mort pour que celui-ci n'incommode plus les vivants ici-bas. Contrairement aux neuf jours de veille,[16] Amboise, brûlé vif dans une grève d'ouvriers de canne, a été précipitamment enterré à cause de la décomposition du cadavre (85). Devenue "cireuse, cadavérique", Télumée se croit possédée par l'esprit de mort d'Amboise, qui lui réclame des services afin qu'il rejoigne le cortège des "bons morts". Elle exorcise la malemort et prend ainsi congé de l'homme qu'elle a aimé:

> Il fallait me ressaisir avant qu'il ne soit trop tard, descendre sur la tombe de l'homme avec des branches piquantes d'acacia et la fouetter autant que je pourrais, tant que je pourrais.... Une nuit il m'apparut en rêve et me demanda de l'aider à rejoindre les morts, dont il n'était pas tout à fait, à cause de moi, cependant que par lui je n'étais pas tout à fait vivante. Il pleurait, me suppliait, disant que j'avais à tenir ma position de négresse jusqu'au bout. Le lendemain, je coupai trois baguettes d'acacia et descendis au cimetière de La Ramée, et je fouettai la tombe de l'homme Amboise, la fouettai.... (223)

La *Weltanschauung* du Guadeloupéen implique cette permanente confrontation avec ceux qui furent, cette incessante guerre entre des forces maléfiques, facteurs d'agitation et semeurs de trouble, et forces bénéfiques, capables de réparer le mal et de rétablir l'ordre. L'Afro-Antillais peut même consulter et entrer en contact avec l'ordre supérieur par des médiateurs non-humains. Lorsque Télumée perd sa meilleure amie, man Cia, "négresse morphrasée" (ou "morfoisée", changée sous l'effet magique en une forme mi-animale, mi-humaine), elle se met à converser avec un grand chien aux yeux marrons. Comme son nom peuhl le suggère, man Cia croit qu'elle quittera le corps humain pour le corps canin.

Devant le côté inexplicable et injustifié de la condition antillaise, Télumée cultive une foi secrète, une religion interdite, décrétée comme vile superstition. Le savoir secret, l'occultisme auquel l'initient ses deux mentors se justifie par le côté inacceptable, inoubliable et impardonnable du passé collectif antillais. "Négresses vaillantes", man Cia et Reine abdiquent la foi chrétienne parce que "l'expérience vécue du Noir" (Fanon 88) fait éclater la contradiction intenable entre les valeurs chrétiennes, les sermons d'Église et les paraboles de la Bible, d'une part, et la manière dont les Noirs ont été et sont traités par les Blancs. Substituant dans une seule phrase Dieu au maître, accusant de la sorte le clivage entre un principe élevé et une réalité toute autre, man Cia accuse Dieu d'être partial:

> C'est depuis bien longtemps que pour nous libérer Dieu habite le ciel, et que pour nous cravacher il habite la maison des blancs, à Belle Feuille (61).

Man Cia ne s'explique pas la plus vile condition qui soit, être traité et asservi, un sort qui ne finit pas d'ombrager l'existence, cause d'amertume et de malaise:

> ... Ah, nous avons été des marchandises à l'encan et aujourd'hui, nous nous retrouvons le cœur fêlé.... Tu vois, ajouta-t-elle avec un petit rire léger, dissipant, ce qui m'a toujours tracassée, dans la vie, c'est l'esclavage, le temps où les boucauts de viande avariée avaient plus de valeur que nous autres.... (190)

Transie par l'inégalité raciale et l'injustice perpétrée, man Cia partage l'opinion des "nègres d'En-bas" dans *Ti Jean L'horizon*, toujours divisés par la thèse polygéniste et voltairienne, à savoir celle que les Noirs constitueraient une "espèce différente d'hommes". A cela s'ajoute l'idée d'une impureté généalogique, d'une tare congénitale et d'une souillure dont, toujours selon la substitution Dieu/maître, l'Homme (blanc) serait responsable. Cette accusation d'imperfection n'est que l'aboutissement logique du raisonnement raciste, propagé par le Blanc, poussé à l'extrême. Car si ce dernier a basé pendant des siècles sa supériorité sur la pureté de son sang, se considérant seul comme l'enfant élu et aimé de Dieu, le Noir peut lui rétorquer que la Création est loin d'être parfaite. Le terme de bâtardise ne peut manquer de s'associer ici au métissage, tout entier imputable au droit de cuissage du maître, symptomatiquement souligné comme source du Mal et donc renvoyé au colon. La bâtardise se confond encore avec la malédiction qui pèse sur les descendants des fils de Cham (Genèse 9:25): "Maledictus Chanaan, servus servorum erit fratribus suis". Les Antillais des mornes disputent encore leur ex- ou inclusion dans l'amour de Dieu: "On avait dit que le Bon Dieu ne nous aime pas car nous sommes ses bâtards, tandis que les blancs sont ses véritables enfants" (49).

Ailleurs pourtant, man Cia feint de se résigner et profère des paroles ségrégationnistes qui poussent à la résignation à laquelle le proverbe créole appelle nombre de fois:[17] "Si [le chien] est attaché", dit man Cia, "il lui faut se résigner, car on le fouettera" (61). Plongée dans la "malédiction des cannes", Télumée fera écho à cette leçon de fatalisme, se comparant à une bête de somme traînant la charrette des Blancs, avec la volonté de Dieu (209). Se consolant du labeur esclavagiste, elle se dit qu'"il y a un Dieu pour chaque chose, un Dieu pour le bœuf un Dieu pour le charretier ... et puis je répétais à mon corps, tranquillement: voilà où un nègre doit se trouver, voilà" (201). Mais plus elle avance dans sa descente en enfer, tombant toujours plus bas dans l'échelle socio-raciale, plus elle comprend qu'"au mitan" de la canne, le Noir est rendu méconnaissable aux yeux de "la mère des hommes elle-même" (200). Un dialogue s'installe entre cette Antillaise doutant de sa place dans la Création divine et un des plus grands penseurs des Lumières. Au livre 15, chapitre 5 de *L'Esprit des lois*, Montesquieu employa un raisonnement dans l'absurde pour mieux faire éclater la contradiction intenable entre la Parole divine et l'institution servile:

> Il est impossible que nous supposions que ces gens-là [les esclaves] soient des hommes, parce que, si nous les supposions des hommes, on commencerait à croire que nous ne sommes pas nous-mêmes chrétiens.

La "résolution" de Télumée lui fait écho:

> je pense à ce qu'il en est de l'injustice sur la terre, et de nous autres en train de souffrir, de mourir silencieusement de l'esclavage après qu'il soit fini, oublié.... Parfois mon cœur se fêle et *je me demande si nous sommes des hommes, parce que, si nous étions des hommes, on ne nous aurait pas traités ainsi*, peut-être. (244; c'est moi qui souligne)

L'esclavage, allant à l'encontre de la parole du Christ, est "une cendre éternelle" (61), une machine qui n'en finit pas de "casser, broyer, désarticuler" le nègre (109). Idées fixes confirmées et reconfirmées par des "disgrâces" aussi contingentes qu'une épidémie d'animaux. L'explication des "cassures", tant individuelles que collectives, confirmerait encore la toute-puissance divine. Durant toute sa vie, Télumée souscrit à un Dieu courroucé, surtout lorsque le carême (période sèche, marquée de chômage technique, opposée à l'hivernage) assèche tout, détruisant les récoltes. Élie, scieur de long, perd son travail, et c'est le début de la rupture du couple. Bien que des pluies diluviennes mettent fin à la "dérive collective" ("Un jour, alors qu'on n'y croyait plus, Dieu fit pleuvoir et la terre fut inondée, les racines abreuvées et avec elles, l'espérance des humains"; 149), Télumée perd son mari ce qui, dans son esprit, (re-)confirme l'ire divine. A vrai dire, elle n'a jamais cru en son bonheur, redoutant l'instant où Dieu le lui ôterait:

> Il y avait, dans la perfection de mon ascension, dans sa rapidité et sa résonance quelque chose d'inquiétant, et d'avoir obtenu en même temps les trois couronnes dont on ne rêve qu'au terme d'une longue vie me rendait perplexe. L'amour, la confiance d'autrui et cette espèce de gloire qui suit chaque femme dans le bonheur étaient des cadeaux bien trop importants pour demeurer sans danger au regard de Dieu. Aussi, il m'arrivait d'être secouée de terreur à l'ombre de mon prunier de Chine, cherchant à savoir la minute exacte où le Seigneur prendrait ombrage de mes couronnes. (141)

Un passé traumatisant, un présent et un futur incertains ne cessent d'affamer l'Afro-Antillais spirituellement. D'où le succès de nombreuses sectes et de nouvelles églises, particulièrement florissantes dans l'arrière-pays antillais (voir Hurbon). Jaloux de la "douceur" que le "nègre" se forge (200), Dieu blâme et tue (61; voir Céleste) et Il rappellerait à tout instant que Télumée n'est qu'une femme de couleur, avec un visage qui ne ruisselait pas de beauté. Dès lors, Télumée se cultivera une beauté intérieure, un stoïcisme qui rappelle Épictète et Vigny.

4. La "devineuse" du morne La Folie

Ce Dieu vengeur et terrifiant, à l'origine du Bien comme du Mal, du Beau comme du Laid, auteur de monstruosités comme l'ange Médard, sera contredit en paroles comme en actes par Télumée. Sa bonté et son pardon ont raison des défauts humains, de la méchanceté et de la laideur de la Création divine. Elle persifle au moment où l'ange Médard essaie de la tuer: "Dieu se doit d'être jaloux même d'une créature telle que l'ange Médard". S'interrogeant sur le sens de la vie dans le dernier chapitre (oscillant entre le pessimisme le plus désespéré et l'espoir puisé dans la foi), Télumée résoud que l'homme seul maîtrise son destin, que, dans l'incertitude humaine, il y a un panache, un faste (248). A l'instar de l'aïeule vénérable, la petite-fille conjure le sort, formule qui laisse indécis si l'héroïne acclame l'aide divine, ou si au contraire elle conjure le mauvais sort en écartant les esprits maléfiques.

La dernière Lougandor, munie du "Nommo" ou du don du verbe, sermonne que "l'homme n'est pas un oignon qui se laisse éplucher" (78) et recommande une foi absolue dans la force que possède l'homme pour transcender le malheur: "Si grand que soit le mal, l'homme doit se faire encore plus grand" (79). Épouse répudiée, mère sans enfants, Télumée se révèle, à travers son martyrologe, bien digne de sa "*Queenmother*", comme on appelle aux Antilles anglophones ces mères exemplaires, mères adoptives, icônes de dévotion et de soumission. Par l'adoption de Sonore et de l'"Homme à la cervelle qui danse", par sa victoire sur la "mauvaise mentalité", elle mérite le titre de mère pour laquelle il n'y aurait de nom suffisamment digne d'elle. Mère des laissés-pour-compte, des hors-la-loi du hameau, Télumée joue son "rôle d'ancienne" (243), celui de regarder dans les ténèbres pour prédire l'avenir, et d'émettre son point de vue "résolu" sur le présent:[18]

> Je promène ma lanterne dans chaque coin d'ombre, je fais le tour de ce singulier marché, et je vois que nous avons reçu comme don du ciel d'avoir eu la tête plongée, maintenue dans l'eau trouble du mépris, de la cruauté, de la mesquinerie et de la délation. Mais je vois aussi, je vois que nous ne nous y sommes pas noyés.... Nous avons lutté pour naître, et nous avons lutté pour renaître ... et nous avons appelé "Résolu" le plus bel arbre de nos forêts, le plus solide, le plus recherché et celui qu'on abat le plus.... (244-45)

Antidote contre l'aliénation socio-économique et culturelle, la magie antillaise, alliée à une pratique de médecine traditionnelle, sert d'alternative à une religion qui ne prêche pas pour le Noir. Exutoire à un réel parfois insoutenable, à une existence décevante, à une incertitude ontologique, le refuge dans ces pratiques soi-disant obscurantistes, ainsi que la floraison de sectes de tout bord, confirment la vivacité de l'héritage spirituel africain et la grande faim spirituelle. La saga des Lougandor se révèle aussi un récit de sainte: malgré les nombreuses chutes, Télumée reste debout au terme de son calvaire. Sanctifiée par les membres de la communauté, elle montre qu'"un nègre est quand même quelque chose, sur la terre" (129). Par ses actes et ses prophéties, elle incarne le Bien, de même qu'elle fut, à un moment de sa vie, l'anthropomorphose du Mal.

Notes

1. Récit de vie basé sur du factuel, puisque Simone s'est inspirée largement de ce que lui a raconté Stéphanie Priccin (morte en 1968 à Goyave), *Pluie et vent* transpose la vue et la vision d'une femme illettrée de l'arrière-pays guadeloupéen qu'on peut supposer profondément croyante, tout en étant adepte de l'occultisme et du spiritualisme afro-antillais. Les répartitions des références à Dieu, de la main de l'auteure, prennent leur sens de leur place dans le corps romanesque et sont révélatrices de l'écart entre le témoignage de la narratrice et le parti-pris de la romancière. Par exemple, quand de jeunes Blancs font la cour à Télumée, ils s'en remettent à Dieu pour obtenir gain de cause, de manière à inverser le paradigme innocence, pureté/licence, dévergondage. Servante agréable à l'œil comme au toucher, elle est séduite par des Békés qui lui soufflent que Dieu la renverrait sur la terre si sa jeunesse n'éclatait pour personne (109).

2. Chamoiseau et Confiant appellent littérature doudouiste la littérature de poètes mulâtres qui regardent avec une vision européenne leur monde antillais: "ce regard superficiel sur soi-même ne retient que l'évidence paradisiaque, les bleus du ciel, le blanc du sable, les fleurs et les petites oiseaux, et surtout celle que le voyageur apprécie par-dessus tout: la doudou, une créature envoûtante qui cherche d'améliorer sa déveine en charmant ceux qui passent" (89).

3. Dans *Le Dernier des Justes* (1958), André Schwarz-Bart dresse un bilan amer pour le futur juif, faisant disparaître la dynastie des Justes, et donc enterrant la légende des Justes, avec l'extermination du dernier Lévy dans les camps de concentration (lire à ce propos Brodwin, "History and Martyrological Tragedy"). André s'est tourné vers l'univers de sa femme guadeloupéenne, avec qui il publie en 1967 *Un plat de porc aux bananes vertes*. Ils publient séparément en 1972 *La Mulâtresse Solitude* et *Pluie et vent sur Télumée Miracle*. Simone publie en 1987 sa première pièce de théâtre, *Ton beau capitaine*. Les deux époux sont encore coauteurs d'une magnifique encyclopédie anthologique en 6 volumes illustrés: *Hommage à la femme noire*.

4. Le français s'oppose au créole, langue à la fois parlée par les "Békés" et par les Noirs. Schwarz-Bart créolise avec talent la langue dominante. Voir Buchet-Rogers, "Oralité et écriture dans *Pluie et vent sur Télumée Miracle*".

5. Le "croisement" racial aurait donné 126 phénotypes différents, selon Moreau de Saint-Méry dans sa *Description topographique de l'île française de Saint-Domingue*. Selon la texture des cheveux, le teint de la peau, la forme du nez, etc., ... l'on distingue le câpre, le mulâtre, le chabin.

6. L'habitat des Blancs ou Békés (désigné dans les romans schwarz-bartiens par le syntagme "la demeure à colonnades") s'oppose à celui des Noirs (la "ti case" créole).

7. La médecine populaire, pratiquée par des herboristes et des chiroman-

ciens, alterne avec la "médecine-France". Voir Bougerol, *La médecine populaire à la Guadeloupe*.

8. Les Africains-Américains ont converti la Bible en une puissante arme de libération non-violente. On n'assista jamais, aux Antilles, à une floraison d'Églises Noires actives dans la lutte émancipatoire.

9. En témoigne un personnage de *Ti Jean L'horizon*. Gros Édouard prétend que les "nègres" n'ont pas d'âme. Un seul auditeur, appelé révérencieusement "le père Filao", ose le couper court, désignant le colonialisme et l'esclavage comme responsables de cette exclusion: "Gros Édouard, mon cher, il y a un air que tu respires et qui ne te va guère.... Nous sommes ce que nous sommes et le désastre est nu, sans le moindre faste: mais c'est parce qu'on nous a frappés, frappés, ça ne te sonne donc jamais aux oreilles?... Oui, nous avons été des hommes autrefois, ... nous avons construit leurs usines à sucre, nous avons cultivé leurs terres et bâti leurs maisons et ils nous ont frappés, assommés ... jusqu'à ce que nous ne sachions plus si nous appartenons au monde des hommes ou à celui des vents, du vide et du néant..." (51).

10. Jeanne Hyvrard, écrivaine antillaise d'adoption, cherche à réparer pareillement l'unité originelle, préconisant une pensée fusionnelle dans *Meurtritude* (1977) et *Corps défunt de la comédie* (1982), "retrouv[ant] les liens synchroniques du monde; par l'alchimie les liens diachroniques se révèlent car le langage de l'alchimie ... traduit non pas l'interdépendance des puissances mais la fusion des matières" (Verthuy-Williams et Waelli-Walters 41). Lire Verthuy, "Jeanne Hyvrard, Unnamed among the Unnamed".

11. Dans *Praisesong for the Widow*, Avey Johnson retrouve ses racines africaines lors d'une cérémonie de danse à Carriacou, revivant l'étrange sensation de fils autour d'elle qu'elle avait connue enfant auprès de sa Tante Cuney à Tatem, îlot d'africanité aux larges des côtes charlestoniennes: "Et pour la première fois depuis l'enfance, elle sentit les fils, cette myriade de fils brillants, soyeux, multicolores (pareils à ceux qu'on utilise en broderie) si fins que c'était à peine si on les voyait et, pourtant, aussi solides que les cordages à Coney Island.... [E]lle sentait ces fils sortir de tous ceux qui étaient présents et pénétrer dans son corps, l'intégrant à ce qui semblait une vaste et rayonnante communauté fraternelle" (231-32). Lire à ce propos Taylor, "Post-Colonial Encounters".

12. Phonétiquement proche de "Sirène", déesse de l'eau dans le panthéon vaudou. Reine Sans Nom est la fille de Xango, lequel nom évoque Shango, dieu du tonnerre. La Reine a donné la vie à des jumelles, appelées en théologie vaudoue, "marassa": dotées du même esprit logé dans deux corps. Le puiné ou "dossa" prend une valeur symbolique dans la généalogie dans la mesure où on lui attribue une forte personnalité, des pouvoirs spirituels. C'est le cas de Victoire, la dernière fille de Reine, qui combat victorieusement la déveine. L'onomastique schwarz-bartienne est vaudouïsante, ce qui ne fait que confirmer l'anti-

catholicisme.

13. Mariotte n'est tendre ni avec Dieu, ni avec l'Église. Croyant en un "Dieu qui châtie" et qui "jamais n'est loin; et vous le trouverez jusque dans la racine de vos cheveux!..." (*Un plat de porc* 108), sa grand-mère lui inculquait qu'il fallait se méfier d'un Dieu persécuteur, de mèche avec les Blancs: "la pure malice de Dieux blancs" pouvait à tout instant "soulever la nasse antillaise où grouillait [la] poissonnaille ivre de sa terrible illusion..." (48-49). Mourant dans un asile parisien, la "Doudou" s'irrite que Noël soit si mal comprise par les Européens qui ne voient que "de la neige, des truffes et de grands sapins" (159). Dégoûtée par ces catholiques racistes, elle se moque de sœur Marie des Anges qui, en dépit de sa vidange quotidienne des pots de chambre, n'a pas encore reçu le titre de sainte: "Jésus n'a-t-il pas baisé de sa bouche d'amour un lépreux; et Marie-Madeleine lavé les pieds suants de son divin Maître?... [E]t saint Anatole de Mycène ne s'est-il pas nourri de ses propres parasites en hommage aux souffrances incomparables de Notre-Seigneur? et si oncques Bienheureuse ne fut jamais représentée avec un pot de chambre ..., ne peut-on pas y voir une manière d'oubli, non pas de la part de Dieu, hélas Seigneur! ni même de notre sainte mère l'Église: mais de la part des humbles pécheurs qui la composent?" (20). Enfin, monsieur Nicolo illustre bien que la foi se résume bien souvent à un vernis: "bien qu'il porte croix et bannière catholiques", Mariotte a vite fait de découvrir qu'il n'était le "zélateur vrai d'aucun culte" (150). Entourée de semblables croyants, la Martiniquaise vit "un calvaire auprès duquel la modeste aventure de Jésus prête à commentaires attendris!" (57) et implore en un élan dévot Aimé Césaire, le poète martiniquais (à qui le roman est dédié) et saint Césaire (archévêque d'Arles, 470-543, fondateur d'hôpitaux et de retraites pour les démunis) dans un vers emprunté au *Testament* de Villon: "Saint-Césaire aidez-moi, votre humble paroissienne; car femme suis et povrette et ancienne.... [F]rappez sur le tambour usé de ma mémoire!" (157).

14. Dans *Les Ruses de l'intelligence*, Marcel Détienne et Jean-Pierre Vernant définissent une attitude métisse comme une "attitude de ruse et de tromperie. [La métis] agit par déguisement. (28-29) Pour duper sa victime elle emprunte une forme qui masque, au lieu de révéler, son être véritable". Télumée apprendra à "faufiler à droite et à gauche", à "jongler avec la tristesse", à manœuvrer, voire à "parler *métis*" en face du Blanc. L'auteure, elle, adopte cette stratégie afin d'éviter d'écrire un roman à thèse, ou un virulent manifeste anti-colonialiste.

15. Parmi celles-ci, les prières auxquelles l'oblige la patronne, trompée par son mari, "le descendant du Blanc des Blancs". Aurore est convaincue que, dans son combat désespéré contre le "mal qui ne cessait de croître de par le monde", "deux voix sont plus agréables à Dieu qu'une seule" (98). Aux humeurs imprévisibles, la Créole ne veut pas assumer la réelle cause de son malheur, à savoir d'avoir épousé un homme qui la délaisse pour des servantes, présences diaboliques sur qui elle se venge de la vile trahison.

16. "L'homme n'est pas un nuage au vent que la mort dissipe et efface d'un seul coup. Et si nous autres, nègres des Fonds perdus, vénérons nos morts neuf jours durant, c'est pour que l'âme de la personne défunte ne subisse aucune brusquerie, qu'elle se détache progressivement de son coin de terre, de sa chaise, de son arbre préféré, du visage de ses amis avant d'aller contempler la face cachée du soleil" (*Pluie et vent* 183).

17. Le Noir est "un poisson écumant ou chien sans pattes" (*Pluie et vent* 154); un "poisson maigre à la renverse dans une assiette" (158-59) "un crabe sans tête, sans pinces" (164); "la vie était un vêtement déchiré, une loque impossible à recoudre" (50). "La vie est un quartier de mouton suspendu à une branche, et tout le monde compte avoir un morceau de viande ou de foie: mais la plupart ne trouvent que des os" (206).

18. Dans *Conversion and Visions in the Writings of African-American Women*, Kimberly Rae Connor montre comment Morrison, Walker et Marshall (parmi d'autres) se réapproprient une sensibilité religieuse et cherchent dans l'Histoire une interprétation théologique de la présence divine dans le monde. Cette quête est celle décrite par Télumée, à savoir: "By looking back into the past they can visualize the reality of the future and make decisions about possibilities in the present. They can rewrite history from the perspective of women, restore women to history and history to women. They can also show how religious values reflect basic perceptions, aspirations, and values of culture and individuals" (173).

Ouvrages cités

Bougerol, Christine. *La Médecine populaire à la Guadeloupe*. Paris: Karthala, 1983.

Brodwin, Stanley. "History and Martyrological Tragedy: The Jewish Experience in Sholem Asch and André Schwarz-Bart". *Twentieth Century Literature* 40 (1994): 72-91.

Buchet-Rogers, Nathalie. "Oralité et écriture dans *Pluie et vent sur Télumée Miracle*". *French Review* 65 (1992): 435-48.

Cauville, Joëlle. "Jeanne Hyvrard et l'aventure alchimique". *Thirty Voices in the Feminine*. Ed. Michael Bishop. Collection Faux Titre. Amsterdam/Atlanta: Rodopi, 1994. 140-50.

Céleste, Chérubin. "Dix années de pastorale en Guadeloupe (1974-1984)". *Le Phénomène religieux dans la Caraïbe: Guadeloupe, Guyane, Haïti, Martinique*. Éd. Laënnec Hurbon. Montréal: CIDICHA, 1989. 195-206.

Chamoiseau, Patrick et Raphaël Confiant. *Lettres créoles. Tracées antillaises et continentales de la littérature 1635-1975*. Paris: Hatier, 1992.

Connor, Kimberly Rae. *Conversion and Visions in the Writings of African-*

American Women. Knoxville: University of Tennessee Press, 1994

Corzani, Jack. "La Magie dans la littérature antillaise". *Magie et littérature.* Cahiers de l'Hermétisme. Paris: A. Michel, 1989. 179-90.

Détienne, Marcel, et Jean-Pierre Vernant. *Les ruses de l'intelligence: la métis des Grecs.* Paris: Flammarion, 1970.

Fanon, Frantz. *Peau noire, masques blancs.* Paris: Seuil, 1952.

Flagie, Albert. "'Gros Ka, Kimboi, Kuizin'. Autour du sacrificiel. La formation problématique de l'identité antillaise". *Born out of Resistance.* Ed. Wim Hoogbergen. Utrecht: ISOR, 1995. 274-85.

Glissant, Édouard. *L'Intention poétique.* Paris: Seuil, 1969.

Hurbon, Laënnec. "Les Nouveaux mouvements religieux dans la Caraïbe". *Le Phénomène religieux dans la Caraïbe, Guyane, Guadeloupe, Haïti, Martinique.* Éd. Laënnec Hurbon. Montréal: CIDICHA, 1989. 309-54.

Hyvrard, Jeanne. *Le Corps défunt de la comédie.* Paris: Seuil, 1982.

_____. *Meurtritude.* Paris: Minuit, 1977.

Labat, Jean-Baptiste. *Nouveau voyage aux îles de l'Amérique.* 1742. Collection Mémoire Vive. Paris: Seghers, 1979.

Marshall, Paule. *Racines Noires.* Bordeaux: B. Coutaz, 1988. Trad. de *Praisesong for the Widow.* London: Virago Press, 1983.

Montesquieu. *L'Esprit des lois. Œuvres complètes.* Vol. 2. Bibliothèque de la Pléiade. Paris: Gallimard, 1949.

Moreau de Saint-Méry. *Description topographique, physique, civile, politique et historique de la partie française de l'Isle Saint-Domingue.* 1784-1790. 3 tomes. Paris: Éditions Larose, 1958.

Schwarz-Bart, André. *Le Dernier des Justes.* Paris: Seuil, 1958.

_____. *La Mulâtresse Solitude.* Collection Points. Paris: Seuil, 1972.

Schwarz-Bart, André et Simone. *Hommage à la femme noire.* Paris: Éditions Consulaires, 1989.

_____. *Un plat de porc aux bananes vertes.* Paris: Seuil, 1967.

Schwarz-Bart, Simone. *Pluie et vent sur Télumée Miracle.* Collection Points. Paris: Seuil, 1972.

_____. *Ti Jean L'horizon.* Collection Points. Paris: Seuil, 1979.

_____. *Ton beau capitaine.* Paris: Seuil, 1987.

Taylor, Patrick. "Post-Colonial Encounters. Paule Marshall's 'Widow's Praisesong' and George Lamming's 'Daughter's Adventure'". *"And the Birds Began to Sing". Religion and Literature in Post-Colonial Cultures.* Ed. Jamie S. Scott. Cross/Cultures 22. Atlanta/Amsterdam: Rodopi, 1996. 195-207.

Toumson, Roger. "*Pluie et vent sur Télumée Miracle,* une rêverie encyclopédique: sa structure, son projet idéologique". *Textes, Études et Documents* 2 (1972): 25-73.

Verthuy, Maïr. "Jeanne Hyvrard, Unnamed among the Unnamed". *Literature and Spirituality*. Ed. David Bevan. Amsterdam/Atlanta: Rodopi, 1992. 99-120.

Verthuy-Williams, Maïr et Jennifer Waelli-Walters. *Jeanne Hyvrard*. Amsterdam/Atlanta: Rodopi, 1988.

James F. Hamilton
University of Cincinnati

Spiritual Geography and the Axis of Ascension in *Atala*

Geography vies with apologetics to frame the moral drama in *Atala* and to draw out its meaning. The *Prologue*, for example, begins matter-of-factly, "La France possédait autrefois dans l'Amérique septentrionale, un vaste empire ...," but focuses subsequently on the distinct sides of the Mississippi, "les deux rives du Meschacebé," in an extended metaphor mirroring the human condition. The Western shore stretches to the horizon where waves of green prairie merging with the blue sky depict order in unbroken space, and a lone bison, heavily bearded and seemingly wise with years, epitomizes grandeur. In contrast, the Eastern shore, teeming with an overabundance of life —flora and fauna in a myriad of tropical colors— creates a joyful confusion, a veritable chaos, that represents pictorially the disorder produced by the passions. Hence, the two shores permeated by "silence et repos", "mouvement et murmure" constitute a "narrative landscape" with a symbolic function (Kadish 358). The duality of the opposed shores corresponds "to the double character of fallen man" (Spininger 532) and defines metaphorically the "conflictual dynamics" of the human drama to follow (Hamilton, "Ideology" 31). These interpretations of the horizontal axis perceived in *Atala* are synthesized and recast through myth (Hamilton, "Ritual Passage"). Critical attention can now be focused on the vertical axis which, although less pronounced in the opening to *Atala*, carries the narrative forward and requires, therefore, equal treatment.

The explanations of the horizontal axis in *Atala* are complemented partially by a study of "ritual passage" (Hamilton, "Ritual Passage"). However, the vertical axis requires a more comprehensive treatment because this dimension carries the narrative forward.

The vertical axis in *Atala* is introduced just before the description of the two shores of the Mississippi. The narrator draws a veritable map for the reader and traces the flow of the great river, "et le Meschacebé qui tombe du nord au midi, dans le golfe du Mexique" (30).[1] Tributaries —the Missouri, the Illinois, the Arkansas, and the Ohio— empty into the Mississippi, "ils *descendent* au Meschacebé" (41, emphasis added). The downward confluence of waters, compared to the Nile passing through the new Eden of Louisiana, carries to the sea "les cadavres des pins et des chênes" (32). However, descending verticality and its seemingly irreversible condemnation of death does not go unmatched. A counter-movement along the shores carries upstream floating islands of flora and fauna: "on voit sur les deux courants latéraux *remonter* le long des rivages, des îles flottantes de pistia et nénuphar ..." (32, emphasis added). Hence, verticality runs in both directions, descending and ascending, and creates a dynamic tension between the forces of death and life. As an explanation of this dual movement and apparent balance in the physical world, the narrator has recourse not to science but to a theological principle: "Mais *la grâce* est toujours unie à la magnificence dans les scènes de la nature" (31-32, emphasis added). The reconciliation of descending death and ascending life set the stage for the dramatization of a creation myth with ideological implications.[2]

Aquatic metaphors of descending and ascending waters, which concretize the wondrous flow of existence in the mysterious interplay of life and death, open and close *Atala*. Chateaubriand's geographical framing of "le tableau du peuple chasseur et du peuple laboureur" is resumed in the *Epilogue*. Here, the author-narrator takes center stage and speaks autobiographically in the first person. While sketching his itinerary, he identifies the vertical polarities of his story: "J'avais parcouru les rivages du Meschacebé, qui formaient autrefois la barrière méridionale de la Nouvelle France, et j'étais curieux de voir l'autre merveille de cet empire, la cataracte de Niagara" (51-52). Hence, the shores of the Mississippi and Niagara Falls ("the other wonder of this empire") constitute the two geographical poles, south and north, extended metaphors which frame *Atala*. As "marginal" or threshold symbols, they open onto the dual destiny of humanity (Hamilton, "Ritual Passage" 391). The descending torrents of the cataract sweep into the abyss the broken cadavers of moose and bears, but vaporized waters ascend to repeat the interplay of death and life, current and countercurrent, in a microcosm of life. Moreover, the vapors rise above the falls to form "mille arcs-en-ciel" (158). The hopeful image of rainbows repeats more dramatically that of the "breeze" of the *Prologue* which joins poetically and spiritually the two shores of the Mississippi and which seems to hold out the promise of uniting the contrary aspects of human nature.[3]

Chateaubriand's geographical framing of *Atala* from its southern pole (the opposed shores of the Mississippi joined by a breeze) to its northern pole (Niagara's descending waters and ascending vapors forming a symbolic bridge over the abyss) points to more than a mere map of French colonial possessions in North America. The setting in *Atala* constitutes a "psychological geography" whereby "certain constellations of the landscape constellate our own inner psychic moods as well" (von Franz, *Creation Myths* 316). This projection of psyche appears to be universal and occurs in Western symbology as well as that of the American Indian. There is generally "the place where the positive God manifests himself, where evil breaks out, where children are conceived" (von Franz, *Creation Myths* 316). The place names of Mount Olympus, Mount Zion, the Garden of Eden, Golgotha come readily to mind. Similarly, from the standpoint of literary history, the North/South geographical axis in *Atala* (1801) seems to echo the theoretical model of Mme de Staël's *De la littérature* (1800);

Chateaubriand refers to his leading literary rival in the "Préface de la première édition" (12).[4] However, geographical polarity attains greater depth in *Atala*, where the spiritual source of creativity is brought into focus. Myth teaches us that "the anima figure is the mediator for creative processes" (von Franz, *Creation Myths* 123), and Atala's journey takes place in an amplified model of "spiritual geography" (my term) where verticality culminates in ascension.

The vertical axis prevails over the horizontal in its dynamic aspect. Verticality directs movement in *Atala*, drives characterization, and configures conflict. In particular, the bipolar aspect of verticality is built into the narrative structure. For example, the narrator, Chactas, depicts his interlocutor, René, as "l'homme civilisé qui s'est fait sauvage" and himself as the opposite (43).[5] Their lives, flowing in opposed directions, meet in Louisiana and unite in a family bond when Chactas receives René into the Natchez tribe as an adopted son and as husband to his daughter, Céluta. Hence, the uniting of their lives, viewed as "les deux bouts opposés," establishes paradox as the principle behind the mystery of life defined as destiny: "C'est une singulière destinée mon cher fils, que celle qui nous réunit" (43). Surrogate Indian father despite many injustices suffered under the French and a blind sage, Chactas confesses his youthful love to an adopted European son while seated together in a canoe on the Mississippi at night.[6]

The paradoxical character of life and human values plays out thematically. The major themes of captivity and freedom alternate so as to blur the distinction between their opposed conditions and, thereby, to illustrate the mystery of destiny. For example, Chactas is wounded in an Indian war at age seventeen and runs the risk of being sold as a slave by the Spanish to work the mines of Mexico. Saved from this fate by the kind benefactor, Lopez, he subsequently languishes in the society of Saint-Augustin, and has to return to nature. Captured by an enemy tribe, Chactas is freed by Atala on one occasion but chooses to remain her prisoner, and he is recaptured on a second attempted escape with Atala. The bipolarity of captivity/freedom introduces that of love and death, whose reconciliation on a transcendental plane is promised by the major motif in *Atala*, her small cross.

The crucifix worn by Atala catches the attention of Chactas upon their first meeting, at night: "Des pleurs roulaient sous sa paupière; à la lueur du feu un petit crucifix d'or brillaient sur son sein" (50). The display activates the countercurrents of spirituality and sensuality. Atala's face radiates both virtue and passion. Ignorant of the crucifix's personal meaning for Atala and confused by her nocturnal appearance "sous les liquidambars de la fontaine" in the pale moonlight, Chactas identifies her as "la Vierge des dernières amours" (51). Similarly, during a subsequent escape, Atala is mistaken by an Indian guard for "l'esprit des ruines" (76). Hence, the person of Atala and the crucifix are joined under the aura of the transcendent. Traditionally, the crucifix can be interpreted as a symbolic reconciliation of the horizontal and the vertical, life and death, Kronos and Kairos (finite and infinite time). In our model of "spiritual geography," Atala with her crucifix personifies the focal point of conflicting currents —the spiritual vs. the terrestrial, the cultural clash of Indian and European.[7] Moreover, Atala's crucifix gives symbolic direction to the story's action and character conflict.

The flight of Atala and Chactas and their drama take place not along the horizontal axis but northward on the vertical away from the pursuing captors and toward their destiny:

> S'ils nous cherchèrent ensuite, il est probable que ce fut du côté du couchant, persuadés que nous aurions essayé de nous rendre au Meschacebé; mais nous avions pris notre route vers l'étoile immobile, en nous dirigeant sur la mousse du tronc des arbres. (77)[8]

The course of their flight resembles the downward and upward flows of the Mississippi, for, it is characterized by the emotional countercurrents of death and life, duty and love. These countercurrents are concretized by two symbolic objects of personal and transpersonal significance —Atala's small crucifix and her scapular[9]— which explain on a deep level the psychology of Atala's conflict.

A gift from her Spanish father to her Indian mother after

Atala's birth, the small crucifix identifies her paternal heritage and attests to a committed love. We learn from Chactas's story that Lopez lived with his sister and never married. In contrast, the scapular is connected with Atala's difficult birth and the oath made by her mother, "ma mère fit un vœu: elle promit à la Reine des Anges que je lui consacrerais ma virginité, si j'échappais à la mort" (117). The imposition of an oath upon Atala at age sixteen reinforced by the fear of her mother's eternal damnation explains the trajectory of Atala's flight and its symbolic meaning. Atala flees northward away from her mother, i.e., away from the guilt imposed upon the daughter, toward the "father" and his religion ("... le Dieu de mon père fût aussi mon Dieu") and toward his culture which she retrieves in the idealized surrogate father, Père Aubry (91).[10] Although a convert to Christianity, Atala's mother represents on the deep psychological level of the text, as we shall see, a pre-Christian archetype of the unconscious mind and a negative aspect of primordial matriarchal society —the devouring and captivating Terrible Mother. In Atala's journey, she struggles to make the transition from matriarchy to patriarchy, which are defined not as external structures which help or hinder but as the first two of four stages of woman's psychological development, as set forth by Neumann (*Fear*) and updated by Ulanov.

Atala's revelation of her father's identity to Chactas occurs as a threshold phenomenon during which they are suspended between the fire and water and the earth and air of a great storm. Out of "this vast chaos" (89) where destruction and creation are briefly joined in desire, the synchronicity of joined parentage introduces the possibility of spiritual and physical union in a "psychological incest," apparently blessed by heaven and compatible with marriage in the church (Perkins 35). Thereafter, Atala is referred to by her lover as "ma sœur" and "fille de Lopez" (92). The sound of the church bell interrupts the magical moment of "desire-fire" and pulls the couple upward to their higher nature where they meet Père Aubry.[11] His tolerant wisdom promises to do for them what he has done for the Christianized community, the fusing of cultures without the loss of indigenous identity. Like the Legislator of

Rousseau's *Contrat social*, Aubry remains apart in a mountain grotto after having set the broad outlines of community life, and he descends periodically to the Indian village (in a kind of marriage between heaven-air and earth) in order to perform ceremonies in a reaffirmation of communal spirit.

Movement northward toward a patriarchal Christian community is obstructed by a countermovement, the haunting memory of Atala's mother and the oath made to her: "Elle priait continuellement sa mère, dont elle avait l'air de vouloir apaiser l'ombre irritée" (86). In fact, Atala's torment places her outside of "lived time" (Minkowski, 138), unable to realize the "presence" (May, *Discovery* 156, 160, 164) necessary for an authentic encounter with her lover, Chactas, and she begins to hallucinate. She hears "une voix plaintive" and sees "des flammes sortir de la terre." (86). In a word, Atala's story cannot be separated from that of her mother, which she relates on two occasions. Indeed, Atala remains the captive of her mother whose memory controls her conscience with pervasive guilt, as seen in her explanation of suicide to Chactas: "Mais ton ombre, ô ma mère, ton ombre était toujours là, me reprochant ses tourments! J'entendais tes plaintes, je voyais les flammes de l'enfer te consumer" (121).

Atala's torment and her suicide intended to spare her mother from damnation point to an ego overwhelmed by the power of a negative archetype, the Terrible Mother, which is accompanied by a negative motif, the crocodile.[12] Their devouring aspect is combined in Egyptian mythology by Am-mit and Ta-urt. The former, a monster with the head of a crocodile, "devours the souls condemned at the judgment of the dead," (Neumann, *Great Mother* 155); the latter, a huge pregnant monster and part crocodile, protectoress of women in childbirth and of nursing mothers, devours also the dead and "crouches beside the judgment scales like a horror" (Neumann, *Origins* 69). With the development of patriarchal values, Neumann contends that "the negative aspect of the Feminine was submerged as content of the unconscious" (*Great Mother* 155).

The crocodile motif, associated with the Terrible Mother

archetype, is also linked with the motif of the fountain; they appear together in the emergence of Chactas's passion: "je crois que j'eusse préféré être jeté aux crocodiles de la fontaine à me trouver seul ainsi avec Atala" (53). So too, Atala's tears fall into the fountain during the scene of their first kiss; she refuses to flee with Chactas because of her secret oath to her mother. In an interior monologue born of despair, Atala addresses that part of her which prevents the flow of life: "Quel dommage que je ne puisse fuir avec toi! Malheureux a été le ventre de ta mère, ô Atala! Que ne te jettes-tu au crocodile de la fontaine!" (56). The motif of the Terrible Mother serves to close "Les Funerailles," where the fountain's calm surface contrasts with the large crocodile at its bottom. The division between "surface" and "bottom" represents the contradictory character of the human heart, "le cœur le plus serein en apparence" (149). In modern terms, the division corresponds to the conscious and unconscious levels of the psyche. Its deepest level, the collective unconscious, houses the archetypes —complexes of primordial, primitive, and instinctual energy patterns —which tend to inform our views and whose presence is revealed in dream, myth, and artistic creations. In other words, just as exoticism has ideological implications and mythological representations, it is not immune to the inner life of the psyche; to the contrary, exoticism provides a perfect décor for depicting the deepest instincts which emerge often as animal images.[13]

The chaos caused by conflicting emotions and ignorance is sorted out and put into perspective by Father Aubry who, "semblable à un Dieu" (120), rises in stature to incarnate the Logos, the primary faculty of the patriarchate.[14] As a solution to Atala's oath to remain a virgin, he clarifies that the bishop of Quebec has the "pouvoirs nécessaires" to relieve her of such an ill-advised promise (124). When learning that Atala had already taken a poison without antidote, he holds her mother and her missionary adviser responsible. He consoles Atala with the assurance that God will judge her on the basis of intentions. In order to comfort Atala in her passage from this world to the next, Father Aubry explains how the inconstancy of the human heart makes perfect love improbable. Before giving up her soul in peaceful resignation, Atala bequeaths to Chactas the small crucifix as a pledge of their reunion. Hence, the story of Atala and Chactas is projected beyond the text into the transcendent realm of faith.

The wise words of Father Aubry excel not in their theology but in their compassionate purpose, and their content is surpassed by the power of Chateaubriand's archetypes and motifs. Of symbolic import, they bypass the rational mind with its intellectual categories and ideological objectives to impact the heart directly. For example, Atala's final orientation along the vertical and the horizontal reverberates with complexity: "Vers le soir, nous transportâmes ses précieux restes à une ouverture de la grotte, qui donnait vers le nord. L'ermite les avait roulés dans une pièce de lin d'Europe, filé par sa mère ..." (143). With crucifix, scapular, and shroud of European linen, Atala's spiritual assimilation into a European, patriarchal Christianity seems complete, and she is compared to "la statue de la Virginité endormie" (144). However, in her hair, she continues to wear "une fleur de magnolia fanée" given by Chactas in order to assure fertility according to Indian custom.[15] Moreover, her burial is heralded by one of her archetypal signs, the light of the moon: "La lune prêta son pâle flambeau à cette veillée funèbre. Elle se leva au milieu de la nuit, comme une blanche vestale qui vient pleurer sur le cercueil d'une compagne" (144).[16]

In death and in life, Atala hovers above the spiritual geography in Chateaubriand's tale, where she attains the timeless stature of an archetype, an idealized image of woman originating in the collective unconscious which is pre-Christian, culturally inflected but immune from control. For example, Atala appears at night as if part of a dream, the usual circumstance in the emergence of archetypal figures. Although a vigorous young man, Chactas is drawn to the small crucifix before commenting on Atala's appearance (which he finds to be "regulièrement belle") and he is deeply moved by her "celestial" expression which he finds "irrésistible" (50-51). Although Chactas falls immediately in love with Atala, and she returns nightly to talk, he remains inexplicably fearful of her at the moment of their first escape, "interdit et confus" (53). Even while fleeing with Atala deep in the wilderness (where she becomes vulnerable to him), Chactas is mystified by her, "un être incompréhensible" and he is awed by her power: "Atala ne pouvait pas prendre sur un homme un faible empire: pleine de passions, elle était pleine de puissance; il fallait l'adorer ou la haïr" (82). Bearer of the crucifix and incarnation of an anima archetype allied with the moon and the fountain, Atala lives out her destiny under the aura of water sprite and moon goddess embedded in Christianity and the collective unconscious. She becomes the pure sacrificial lamb in place of the Indian warrior, Chactas, who was captured and sentenced to death by torture. Her suicide, intended to preserve a holy oath although wrongly understood, acts as a bridge between Christianity and paganism and, more particularly, between the mind and heart of Chactas. Atala atones for man's cruelty to man through ignorance and warfare by animating the spirit of pure love and imprinting it upon the American landscape.[17]

To conclude, the spiritual geography of *Atala* makes possible the delicate balance between the vertical and the horizontal planes of being, the patriarchal and the matriarchal, the conscious and the unconscious, air and earth, water and fire. Located at the center of the action and incarnating the conflict between Indian and European cultures, Atala's function as mediator builds upon a series of connecting metaphors —"the breeze" uniting the opposed shores of the Mississippi, "the natural bridge" over the Indian cemetery which joins Christian and Indian burial customs, and "the rainbow" over Niagara Falls, which symbolizes the merciful covenant of God in *Genesis*. So too, the positive aspect of the mother archetype and her associated motifs are revalorized in the final scenes of the *Epilogue* where René's daughter, "la fille de Céluta," mourns her son's corpse by wetting his lips with her milk (159).[18] Finally, death and life, holocaust and survival coalesce in the ancestral bones carried by the remnant band of Natchez Indians at the novel's end. They include those of Atala and Chactas and, presumably, those of Father Aubry and René. Hence, the march into exile extends indefinitely the horizontal axis of life; its unlimited extension counterbalances the vertical axis with its transcendance through archetype. This symmetry of balanced opposites stretching to infinity dramatizes the threshold between life and death, joy and suffering, despair and hope as bipolar aspects of a higher truth at once incomprehensible and undeniable for those who are willing to open themselves to the journey of life with feeling.[19]

Notes

1. Chateaubriand consulted maps in detail as a source of his poetic landscapes in a "geographical literature" (Gaines 21).

2. The vertical axis as an extended metaphor points to "an important motif, creation from above downward, and from below upward" which, based in part on tales from the Iroquois Indian tribe, connects creation "with something dying or being destroyed" (von Franz, *Creation Myths* 46).

3. The cartographic representations of North vs. South and East vs. West are not conventional. They constitute, in my opinion, a quaternity in much the same manner as the archetypal representations of man (father vs. *puer* and warrior vs. sage) and those of woman (mother vs. *puella* and amazone vs. medium). Expressions of quaternity indicate potential for development toward wholeness. Each archetype carries a possible positive or negative valorization and degree of intensity. Therefore, variable speed of movement in the downward and upward flows of the Mississippi and Niagara Falls does not negate the existence and importance of verticality in *Atala*. To assert so is to fall into the trap of literality and to remove oneself from the novel's mythic structure. For a diagram of the archetypal quaternity of woman, see Ulanov 196-97. For a discussion of the rainbow as a symbol of God's covenant with mankind and as a hopeful threshold symbol, see Hamilton, "Hero's Journey" 72-73. Air, Spirit, and Heaven "are archetypally identical terms" (Neumann, *Fear* 180). "Wind, in most religious and mythological connections, represents spiritual power, which is why we use the word 'inspiration'" (von Franz, *Introduction* 49).

4. Mme de Staël calls her reader's attention to "l'imagination du Nord, celle qui plaît sur le bord de la mer, au bruit des vents, dans les bruyères sauvages; celle enfin qui porte vers l'avenir, vers un autre monde, l'âme fatiguée de sa destinée" (1: 253).

5. While Chactas sees himself as an Indian, he is viewed from a postcolonial perspective as "largely a product of Western civilization" (281).

Wang's flawed ideological interpretation is shown most clearly by its factual inaccuracy. For example, Chactas was not educated in Spain by Lopez but during a brief stay in Saint-Augustin, Florida. For an opposed view, see Galand: "Chateaubriand a rêvé que le génie américain pourrait rajeunir la vieille Europe et la réconcilier avec le monde de l'instinct" (341).

6. Chateaubriand would seem to have intuited "the living mystery of a human being," a synchronistic phenomenon whereby opposed poles of being seem secretly to be connected (61). Von Franz refers to it as "the psychoid nature of the archetypes" (*Creation Myths* 61).

7. Gaines goes farther in a purely external view of geography in depicting the four rivers in the *Prologue* as "implicitly forming a huge cross on the virgin continent" (18).

8. The attraction to the North, "l'attirance du grand nord," characterizes Chateaubriand's world (Lebègue 48).

9. The Scapular —sewn pieces of cloth suspended on ribbons from the neck and worn under one's clothes— is blessed in the name of the Holy Virgin and carried for her protection. Given to Atala by her mother and symbolic of the Virgin Mary, it is doubly symbolic of woman and forms the counterpart of the rosary, depicting the crucified Jesus and given by Lopez.

10. Psychological geography supports the thesis of Roulin: "Même si elle [la mère d'Atala] prend parfois un poids plus important par rapport à sa fille, la pâle figure de la mère confirme que le récit est centré sur le père" (41). Richard also finds that *Le Génie* is dedicated symbolically to restoring the Father "au principe même d'ancestralité" (28).

11. Myths dramatize "the desire-fire" to mark the separation from chaos and the beginning of creation (von Franz, *Creation Myths* 199). The storm marks mythically the passage of Atala and Chactas from the confused, defused existence of Eros into the orderliness of Logos. This viewpoint reflects the patriarchate which Chateaubriand attempts to transform by injecting it with the feeling function and spirituality.

12. Neumann defines the Terrible Mother as "a symbol of the unconscious" which is embodied culturally in mythical figures such as Kali of "the hungry earth, which devours its own children" (*Great Mother* 148-49). Flaubert associates "la constellation du Crocodile" with Rahab, which is interpreted by Frye as a Biblical sign of monstrosity and the disorder of chaos; the crocodile also stands for Tanit and sacred prostitution. See Mullen-Hohl 32.

13. See Mullen-Hohl for Jourda's definition of exoticism as "search for the self" (2). "A large number of myths are concerned with a primal animal, which must be sacrificed in the cause of fertility or even creation" (Jaffé 264). In dreams, monstrous animals reflect anxiety and "probably symbolize the original total unconsciousness, out of which the individual ego can rise and begin to develop toward maturity" (Jacobi 343).

14. See Ulanov for the Eros/Logos polarity (154-57, 165-67, 334-41). Although the two cannot be separated because of contrasexuality in each gender, the current age seems to be moving toward Eros seen as the principle of relatedness, the basis of spirituality and psychology.

15. The magnolia flower is omitted in Girodet's painting. See Dubé 92. Pratt's insistence on Atala's Creole identity (45) does not attempt to rebut Gaines's assertion that "Atala combines the fire of Native American emotion ... and the Christian inclination for mercy and self-sacrifice that makes her even more appealing to the Romantic intellect" (17).

16. Harding is the authority on the significance of moon symbolism for woman's psychology. Her groundwork contributes to Neumann's developmental model using the moon (*Fear* 116-17).

17. "O René, c'est là que je fis, pour la première fois, des réflexions sérieuses sur la vanité de nos jours, et la plus grande vanité de nos projets!" (149). In a man, "the anima takes on the role of guide, or mediator, to the world within and to the Self ... in order to initiate him into a higher, more spiritual form of life" (von Franz, "Process" 193). From the standpoint of sacrifice, the Taoist philosophers "stressed creation as a sort of murder, the murder of a kind and innocent being" (von Franz, *Creation Myths* 154). In order for consciousness to be created, unconsciousness must first die.

18. The fundamental archetype of the mother, the Great Mother, has positive and negative bipolar aspects, the Good Mother and the Terrible Mother; see note 3. For the connection between fountain, moon, and milk symbolism in woman's rituals, see Harding, 128-29.

19. One may ask whether this "higher truth" is Christian or anthropological. Does the representation of archetypal contents of the unconscious mind *complement* Chateaubriand's would-be apologetics or is the Christian message in fact *subverted* by the intuition of certain universals of the human condition to which Christianity is but an inadequate response? For Jung, the unconscious is "the matrix of all experience," "the source of intuitions"; and, the gods are alive "within the psyche" (Paden 50, 64). Whether religion and psychology merge or diverge in Jung depends probably on one's viewpoint, whether one stands within or outside of a traditional religious system. Similarly, the author's intentionality in *Atala* cannot be proved. However, Chateaubriand and Jung would seem to share a similar intuition, that the spiritual transcends race and culture and defies reduction to dogma. (I am indebted to the editorial board of *FLS* for posing this question.)

Works Cited

Chateaubriand, René. *Atala; René*. Éd. Fernand Letessier. Paris: Garnier, 1962.

Dubé, Pierre H. "Chateaubriand et Girodet." *Revue de l'Université d'Ottawa* 54 (1984): 85-94.

Gaines, James F. "Dream Colony: Geosocial (Mis)Representations of Louisiana in French Literature 1682-1805." *Regional Dimensions* 6 (1988): 1-25.

Galand, René. "Chateaubriand: Le Rocher de René." *Romanic Review* 77 (1986): 330-42.

Hamilton, James F. "The Hero's Journey to Niagara in Chateaubriand and Heredia, French and Cuban Exiles." *Romance Quarterly* 41 (1994): 71-78.

_____. "Ritual Passage in Chateaubriand's *Atala*." *Nineteenth-Century French Studies* 15.4 (1987): 385-393.

_____. "The Ideology of Exoticism in Chateaubriand's *Atala*." *French Literature Series* 13 (1986): 28-37.

Harding, Esther M. *Woman's Mysteries*. New York: Harper and Row, 1971.

Jacobi, Jolande. "Symbols in Individual Analysis." Jung 323-74.

Jaffé, Aniela. "Symbolism in the Visual Arts: Sacred Symbols —the Stone and the Animal." Jung 256-322.

Jung, Carl, ed. *Man and his Symbols*. 1964. New York: Dell Publishing Co., Inc., 1968.

Kadish, Doris. "Symbolism of Exile: the Opening Description in *Atala*." *French Review* 45 (1982): 358-66.

Lebègue, Raymond. *Aspects de Chateaubriand*. Paris: Nizet, 1979.

May, Rollo. *The Discovery of Being*. 1983. New York: Norton, 1986.

_____, ed. *Existence*. New York: Simon and Schuster, 1958.

Minkowski, Eugene. "Findings in a Case of Schizophrenic Depression." May. *Existence*. 127-38.

Mullen-Hohl, Anne. *Exoticism in Salammbô: The Languages of Myth, Religion, and War*. Birmingham, Alabama: Summa Publications, Inc., 1995.

Neumann, Erich. *The Fear of the Feminine*. Trans. Boris Matthews et al. Princeton: Princeton University Press, 1994.

_____. *The Great Mother*. Trans. Ralph Manheim. 1955. Princeton: Princeton University Press, 1991.

_____. *The Origins and History of Consciousness*. 1954. Princeton: Princeton University Press, 1973.

Paden, William E. *Interpreting the Sacred. Ways of Viewing Religion*. Boston: Beacon Press, 1992.

Pratt, T.M. "Chateaubriand's *Atala* and Le Suire's America." *Nineteenth-*

Century French Studies 21 (1992-93): 42-56.
Perkins, John. *The Forbidden Self. Symbolic Incest and the Journey Within*. Boston and London: Shambhala, 1992.
Richard, Jean-Pierre. *Paysage de Chateaubriand*. Paris: Seuil, 1967.
Roulin, Jean-Marie. *Chateaubriand. L'Exil et la Gloire*. Paris: Champion, 1994.
Spininger, Dennis J. "The Paradise Setting of Chateaubriand's *Atala*." *PMLA* 89 (1974): 530-36.
Staël, Germaine de. *De la littérature. Œuvres complètes*. Vol. 1. 1861. Geneva: Slatkine Reprints, 1967. 196-334.
Ulanov, Ann Belford. *The Feminine in Jungian Psychology and in Christian Theology*. 1971. Evanson: Northwestern University Press, 1986.
von Franz, Marie-Louise. *Creation Myths*. 1972. Boston and London: Shambhala, 1995.
——. "The Process of Individuation." Jung 157-254.
——. *An Introduction to the Interpretation of Fairy Tales*. Dallas, Texas: Spring Publications, Inc., 1970.
Wang, Ban. "Inscribed Wilderness in Chateaubriand's *Atala*." *Romance Notes* 33 (1993): 279-87.

Serge Serodes
I.U.F.M. de Créteil

Le motif de la chartreuse dans la littérature française de 1802 à 1848

N'étaient le prestige d'un monument comme la chartreuse de Pavie, ou la fortune d'un titre stendhalien, on ne peut que souligner le double paradoxe qui pèse sur la présente recherche. Pourquoi accorder un tel intérêt à un motif littéraire si peu représenté? De 1802 à 1848,[1] on relève environ cent cinquante emplois des termes "chartreux" ou "chartreuse", étant précisé, qu'en l'espèce, les données livrées par FRANTEXT s'avèrent fallacieuses: une fois sur deux cette appellation désigne des toponymes comme la Chartreuse de la Rue d'Enfer à Paris, la Chartreuse de Champmol ou la Grande-Chartreuse — ce qui réduit d'autant les emplois non contraints par le système du propre. Que si l'on mesurait l'importance de ce motif en fonction de l'actualité de l'époque, ce serait aussi peine perdue. Par la bouche d'un comparse, l'auteur de la *Peau de Chagrin* atteste "qu'il n'y a plus de chartreux en France".[2] Diagnostic sans appel: le renouveau de ferveur qui avait accompagné le Concordat, puis le retour des Bourbons n'avait pas suffi pour repeupler les cloîtres de saint Bruno. Et pourtant, c'est dans cette désaffection généralisée que surgirent deux monuments littéraires: *Le Médecin de Campagne* et *La Chartreuse de Parme*. Détecter cette veine fugace, souvent enfouie, parfois disparue, mais brusquement jaillissante à la manière d'une résurgence, tel sera notre propos.

Lorsque le XIXe siècle manifeste un intérêt pour la chartreuse, il est d'abord suscité par ces deux activités qui concourent à l'originalité de la vie littéraire à cette époque: engouement pour l'histoire et curiosité du voyageur.

Voyages dans le temps d'abord. Rien de surprenant si le motif de la chartreuse se faufile dans des études que l'on qualifierait aujourd'hui de spécialisées, comme *l'Histoire de Sainte Elisabeth* due aux soins de Montalembert, ou le *Port-Royal* de Sainte-Beuve. Mais dans ses *Notes historiques sur Wallstein*, B. Constant rappelle que ce héros, éduqué par des Jésuites, commanditaire d'une chartreuse, n'a jamais été, en matière religieuse, un persécuteur (213). Et Barante, dans cette *Histoire des ducs de Bourgogne* que le jeune Aloysius Bertrand lira avec avidité,[3] consacre de longs passages au geste de Philippe le Hardy fondant à Champmol sa chartreuse/ sépulture. Même le couvent des chartreux, élevé par Saint-Louis, près du Luxembourg, était devenu un lieu de mémoire. Quoique Hugo ne le cite que furtivement dans *Notre-Dame de Paris* (147), quoiqu'il soit d'abord prétexte à flâner pour Lamartine ("Epître" 415), il a été célébré par Fontanes, et Mignet, comme Chateaubriand, a évoqué son rôle sous la Révolution (*Génie* 882). Chateaubriand à qui l'on doit sans doute, à l'aube du siècle, la réflexion la plus approfondie sur l'ordre de saint Bruno:

> Il est digne de remarquer sans doute que de toutes ces règles monastiques, les plus rigides ont toujours été les mieux observées: les chartreux ont donné au monde l'unique exemple d'une congrégation qui a existé sept cents ans sans avoir besoin de réformes. Ce qui prouve que plus le législateur combat les penchants naturels, plus il assure la durée de son ouvrage. (*Génie* 958)[4]

Dans le *Génie du Christianisme*, cette remarque, décisive pourtant, reste isolée. En l'occurrence, plus que l'historien penché sur le temps des monastères, c'est le voyageur qui découvre au gré de ses pérégrinations champenoises ou alpestres, italiennes ou ibériques, les cloîtres ou les vestiges d'une congrégation en péril. Maison-mère, la Grande-Chartreuse près de Grenoble est un site où se croisent les itinéraires de Senancour, Chateaubriand, J.J. Ampère, mais aussi de Balzac, Stendhal ou Michelet. Tout aussi célèbres, nous l'avons dit, la chartreuse de Dijon ou celle de Paris. Quant à la chartreuse de Pavie, chef-d'œuvre de la Renaissance, elle offre à Lucien Leuwen, en route vers son ambassade, une ouverture vers les arts. A côté de ces édifices chargés d'histoire et de prestige, marqués par les stigmates de la pénitence comme par les tourments des révolutions, d'autres chartreuses, plus humbles, plus discrètes, offrent au voyageur un havre de méditation, de paix peut-être, près des thermes de Dioclétien pour Germaine de Staël (255), à Capoue et à Vallombrosa pour Chateaubriand (*Mémoires* 2: 200, 398); et Gautier sera le découvreur ébloui de Miraflores, près de Burgos (84 sq.). Les auteurs qui ont aimé l'écrin montagneux d'un monastère chartreux ou la silhouette d'un froc jailli de Zurbaran, n'ont pu être témoins, dans le détail, des rites et des usages qui scandaient les travaux et les jours des moines selon la règle cartusienne; ils ont d'abord été des visiteurs, souvent émus, devant ces cloîtres solitaires menacés d'abandon.

Si tous les écrivains inspirés par les chartreuses les avaient au préalable découvertes, dans l'exil ou le voyage, en revanche tous les écrivains qui avaient visité les monastères, leurs sites, leurs vestiges, n'ont pas toujours exploité ce motif. Victor Hugo mentionne, sans insister, une chartreuse qui domine la route de Mayence (*Le Rhin* 267-68); le Raphaël de Lamartine évoque le paysage de la Grande-Chartreuse à seule fin de comparer les jeux du couchant sur les sapins et sur un visage de femme (*Raphaël* 177). Les représentations que le poète-mage ou l'homme public ont de leurs fonctions sont-elles peu compatibles avec une image monacale? Peut-être. Mais Flaubert aussi, dans une lettre, ne signale qu'entre parenthèses un couvent déniché aux environs de Domodossola (*Par champs* 264). En dernière instance, ne recherchent le site, les ruines ou la beauté mystérieuse d'un cloître que les promeneurs solitaires qui les ont déjà trouvés dans leur for intérieur.

Deux genres, que l'on dirait presque fils du romantisme, offrent au motif de la chartreuse un terrain de prédilection (Becker). D'abord, le roman d'intrigue sentimentale écrit par des femmes. La devise du chartreux, *fuge, late, tace*, sert de baume aux cœurs en détresse. Pour esquiver tout schématisme, il convient de rappeler le rôle de lazaret que joue pour Lorenzo, héros des *Dernières lettres de deux amants*, la chartreuse de Barcelone (Latouche 26, 82, 127). Mais c'est Madame de Krudener qui, indiscutablement, a ouvert la voie dans *Valérie*. Gustave de Linar exacerbe, dans sa solitude, son désir d'une vie pleine consacrée par l'amour; la Chartreuse de B. lui procure un dernier asile avant la mort qui le guette à Pietra-Mala (151 sq.).

Dans un registre moins pathétique, pendant que Corinne, au cours de la Semaine Sainte, se recueille dans un couvent pour se préparer à la "solennité de Pâques", Oswald, livré à lui-même, privé de celle qui "donne la vie dans tous les lieux du monde", rend visite à des endroits déserts et commence par un couvent de chartreux (Staël 255 sq.). Plus tard, dans la dernière livraison de *Lélia* (augmentée en 1839), après la mort de Sténio, le procès de l'héroïne se clôt par une double sentence: d'une part, Lélia sera dégradée de sa dignité en présence de toute la communauté des camaldules; d'autre part elle sera reléguée dans une chartreuse ruinée aux confins du domaine conventuel (Sand, sixième partie, p. 525). La chartreuse ou la dernière auberge de ceux qui aiment, rencontrent la solitude et s'apprêtent à mourir.

Ce même motif trouve un autre terrain favorable dans les confessions en demi-teinte qui oscillent entre récit autobiographique et roman introspectif. *Corinne ou l'Italie* offre il est vrai, une transition toute prête. Une éditrice posait la question d'emblée: "Est-ce un guide de l'Italie ou un voyage intérieur?" (Hermann 7)

Or, le voyage intérieur qui s'achève par la retraite dans une chartreuse, Obermann l'a accompli, à l'aube du romantisme, dans toute sa plénitude désolée. Ce livre sans intrigue n'est scandé que par le refus de la sédentarité, par un pèlerinage laïc vers une chartreuse imaginaire, révélée au cœur des Alpes, puis reconstruite dans le vallon harmonieux d'Immestronn: "Ma chartreuse n'est éclairée par l'aurore en aucune saison et ce n'est que dans l'hiver qu'elle voit le coucher du soleil" (Senancour 131).

De manière plus prévisible encore, le héros de *Volupté* trouve dans la cellule du séminaire tous ses "vœux de chartreuse exaucés" (2: 214).[5] Mais c'est à Chateaubriand qu'il appartient, dans un mouvement de drapé qui voudrait s'abolir dans le dénuement, de métamorphoser le site de la Vallée-aux-Loups en dernière auberge de l'émigration intérieure:

> Tout chevalier errant que je suis, j'ai les goûts sédentaires d'un moine.... Mes pins, mes sapins, mes mélèzes, mes cèdres, tenant jamais ce qu'ils promettent, la Vallée-aux-Loups deviendra une véritable chartreuse. (*Mémoires* 1: 14)

S'esquisse, en filigrane, une image du chartreux dans un site forestier tout à fait conforme à la représentation que l'ordre avait donné de lui-même. Avec en premier lieu la silhouette du solitaire, trait typique, déjà souligné par Bernardin de Saint-Pierre et qui fait du chartreux un *moine*, un homme seul dans toute la plénitude de l'acception étymologique (113, 130). L'architecture cartusienne ne prévoit en effet que deux espaces communs: l'église et le cimetière. Emblématique, de ce point de vue, est le repas pris en solitaire alors que, dans la plupart des congrégations, il s'agit d'un rituel collectif. Stendhal, dans *De l'Amour* (107), Jules Sandeau isolant l'infortuné Stamply dans *Mademoiselle de la Seiglière* (81), ou Ampère dans son journal (385) sont frappés par cette coutume. A quoi s'ajoutent la rigidité de la vie monastique et l'abstinence absolue que saluait Chateaubriand. Lélia, pourtant abbesse des camaldules, est punie par relégation dans une chartreuse comme si le retour de la règle selon Saint-Romuald vers la règle selon Saint-Bruno avait valeur de châtiment, ou plutôt comme si ce châtiment consistait d'abord à renouer avec la sévérité primitive d'une règle que les camaldules avaient adoucie. Si bien que dans un registre plus familier, néanmoins symptomatique, lorsqu'ils sont privés de toute satisfaction sensuelle et reclus dans leur tanière, Balzac s'adressant à Mme de Castries ou Flaubert écrivant à Louise Colet n'hésitent pas à se comparer à des chartreux.[6]

Tous ces aspects se retrouvent dans les textes antérieurs au romantisme et touchant à la vie de cet ordre. Dans une discipline très sévère, tout au plus accuse-t-on, ici ou là, telle ou telle aspérité de la règle. Pour deux raisons au moins l'image du chartreux s'harmonise plus particulièrement à la sensibilité du XIXe siècle naissant. L'accord est unanime entre tous les voyageurs: la découverte de la chartreuse, c'est d'abord la révélation d'un site, l'emprise d'un paysage sur une sensibilité d'artiste. Par opposition aux couvents englués dans un réseau urbain, comme celui du Petit-Picpus, la chartreuse signifie la proximité avec la nature, la forêt, la montagne. C'est le désert retrouvé sur les cimes, l'asile caché à l'abri des hommes, ou selon la formule de Gustave de Linar "un profond secret sur des hauteurs" (Krudener 152).

Ce qui fait surtout la spécificité de la perception romantique, c'est que, sur l'image du site boisé et solitaire se superpose une thématique de la ruine. Une fois encore, Chateaubriand a donné le ton, et dresse à la faveur d'une promenade au Luxembourg un constat supplémentaire des ravages causés par la révolution (*Génie* 882). Mais cette vision des ruines ne s'explique pas seulement par les outrages de l'histoire récente; selon Germaine de Staël, elle est consubstantielle, à l'heure actuelle, à l'identité de la communauté.

> Le couvent des chartreux est bâti sur le débris des thermes de Dioclétien, et l'église qui est à côté du couvent est décorée par les colonnes de granit qu'on y a trouvées debout. Les moines qui habitent ce couvent les montrent avec empressement: ils ne tiennent plus au monde que par l'intérêt qu'ils prennent aux ruines. (255)

Dans le journal de Chenedollé, comme dans celui de Michelet, quand Chateaubriand voyage à Grenoble et Gautier à Miraflores c'est toujours le même constat: monastères désaffectés et livrés à l'abandon. Comme si, déjà riche de tout le dénuement qu'implique la règle monastique, la chartreuse en ruines se donnait comme comble de l'effacement, comme superlatif de l'abandon.[7]

Tel le dernier vitrail réfractant une fois encore la splendeur du monastère défunt, le prologue de *Gaspard de la Nuit* fédère avec éclat les bribes éparpillées de cette thématique (43 sq.). Tout s'articule autour de la coupure fondatrice: gloire d'hier, ruine d'aujourd'hui. Bertrand s'attriste sur Dijon, la ville qui n'est plus que l'ombre d'elle même, puisque sa chartreuse a disparu.

Sur ce paysage mélancolique se détache, par contraste, l'édifice original des deux romanciers, Balzac et Stendhal, qui ont promu le motif de la chartreuse au rang de composante essentielle de leur fiction. Mais a-t-on suffisamment remarqué, nonobstant la diversité des apparences, la parenté profonde qui unit Benassis, le médecin de campagne, et Fabrice, l'aristocrate italien? Vies parallèles, en effet que celles de l'élève des Oratoriens et de l'élève des Jésuites. Le premier a mené une vie dissipée à Paris, grâce à l'argent de son père; le second a joué au Don Juan à Naples, grâce à l'argent de sa tante. Tous deux ont vu mourir leurs fils unique — Benassis a voulu se tuer, mais Fabrice était trop croyant pour songer au suicide. Et tous deux ont songé à la retraite du chartreux, à la solitude et au silence comme forme d'expiation.

Là s'arrête le parallèle. Si on voulait le poursuivre, Albert Savarus viendrait à la rescousse: le chartreux en titre de la *Comédie Humaine*, c'est lui. Son histoire rappelle si souvent celle des héros stendhaliens qu'en l'espèce l'originalité de Balzac s'estompe.[8] N'est-il pas licite au demeurant, de se demander si, dans la *Comédie Humaine*, la retraite, laïcisée ou non, heureuse ou non, convient à l'identité masculine? Selon un stéréotype dont l'écrivain s'affranchit peu, ce serait plutôt la femme qui serait vouée à la réclusion, dans l'*Adieu* ou *La Grenadière*, *La Femme abandonnée* ou les *Mémoires de deux Jeunes Mariées*.

Roman emblématique de l'isolement, le *Médecin de Campagne* l'est sur le plan structurel: il se désigne comme roman-chartreuse, puisque c'est le seul dont aucun personnage ne circule dans d'autres textes.[9] Le canton alpestre est coupé non seulement du monde social qui l'entoure mais encore de l'univers littéraire de la *Comédie Humaine*. L'originalité de Balzac provient surtout de ce qu'il a transposé dans un roman de mœurs —si l'on persiste à retenir ce terme pour désigner une rhapsodie polyphonique, sans intrigue ni structure dramatique— un motif jusqu'alors exploité dans le roman sentimental. Sous la plume de Gustave, Madame de Krudener avait montré la voie:

> Depuis longtemps je désirais voir cette chartreuse.... Là vivent des

hommes qu'on nomme exaltés, mais qui font du bien tous les jours à d'autres hommes, qui changèrent un terrain inculte, le couvrirent d'industries, d'ateliers utiles, et remplirent le silence des bénédictions du pauvre. (198-99)

Le programme de Benassis a commencé à s'appliquer. Le propre de Balzac est d'avoir laïcisé jusqu'à son extrême limite le thème du don de soi, en fonction d'une idéologie à rebours de la règle cartusienne. A force d'en inverser l'orientation, le romancier liquide le motif de la chartreuse pour convertir en investissement collectif "l'égoïsme sublime".[10]

De son côté, Stendhal se distingue surtout par une stratégie simultanée d'annonce et de retard. De manière paradoxale, la présente enquête se solde au moins par un effet pervers: à vouloir rassembler des évocations éparses sur un demi-siècle, elle procure l'illusion de l'abondance, sans commune mesure avec l'importance du motif. Il faut revenir à notre assertion liminaire: ce motif est si fugace, si disséminé que le seul fait d'intituler un roman *La Chartreuse de Parme* constitue, à une époque où la congrégation s'effrite et où les monastères sont voués à la désaffection, un surprenant effet d'annonce. D'autant plus surprenant que la fanfare héroïque de l'incipit crée, par rapport au titre, une dissonance étourdissante.

Effet de retard aussi. Mais moins qu'il n'y paraît. Il faut remettre en cause l'idée reçue selon laquelle la chartreuse surgit dans les dernières lignes (Del Litto, Verrier, Laudet). Quoiqu'elle ne soit pas explicitement mentionnée, elle conquiert, dans la prophétie de l'abbé Blanès le même statut que la prison: comme la tour Farnèse elle est à la fois un lieu imaginaire, symbolique, mais essentiel pour un destin. Dès le chapitre onze, Ludovic rappelle la retraite effectuée par le jeune Fabrice au couvent de Velleja. Bien avant la clôture narrative, lors des noces de Clélia, Fabrice, pour atténuer sa souffrance, songe à devenir chartreux (223, 268, 616, 622). L'originalité de Stendhal ne consiste pas à faire surgir, comme par enchantement, une chartreuse providentielle. Elle consiste à avoir fusionné harmonieusement, grâce à des signes avant-coureurs discrets, mais révélateurs, un motif propre au roman

Serge Serodes

introspectif pour le loger dans un roman historique. Et la chartreuse de s'ériger, tel le dernier portique du hussard épuisé.

***

La boucle est bouclée. A l'instar d'autres romantiques, voyageurs ou héros romanesques, Fabrice, à corps perdu, s'est lancé sur les routes d'Europe et d'Italie, en quête de gloire ou d'amour, pour trouver, dans la chartreuse promise par son "véritable père", un dernier havre de repos. Si l'on compare les itinéraires ainsi accomplis, trois constantes se dessinent.

Une remarque, d'abord, en ce qui concerne l'intitulé même de ces journées d'études: *Littérature et religion*. Pour ce qui est de la présente contribution, on constate une dissymétrie entre les deux termes, *Littérature*, *Religion*, reliés par la conjonction *et*. L'image du chartreux s'est en partie affranchie de ses origines religieuses, perceptibles encore chez Bernardin de Saint-Pierre, Chateaubriand ou Montalembert. Ayant acquis une autonomie relative, par éloignement subreptice du sens originel ou par métaphore, la chartreuse se donne d'abord comme nouvelle réalisation d'un ermitage qui confine à la solitude absolue. Qu'ils se situent dans la mouvance de l'illuminisme comme Madame de Krudener ou Senancour, qu'ils souscrivent obstinément au légitimisme catholique comme un Chateaubriand, ou qu'ils se campent en pourfendeurs du jésuitisme comme Stendhal, les écrivains du XIXe siècle naissant proposent des représentations de la chartreuse très voisines, presque interchangeables: rien n'interdirait, à la faveur d'une critique fiction, d'imaginer Gustave de Linar près de Parme, Obermann en route vers la Vallée-aux-Loups, ou Oswald recueilli sur les ruines de Miraflores. Sans se priver de toute connotation religieuse le motif de la chartreuse se laïcise si fortement qu'il désigne d'abord un désert à l'abri des hommes plus qu'il n'annonce une intimité avec Dieu.

En revanche, ce même motif retrouve force et originalité dans deux domaines. Esthétique d'abord: avec une architecture ruiniforme dans un décor forestier à la lisière du sublime (Farés), la chartreuse devient un emblème du paysage romantique, un vestige d'Hubert Robert dans une toile de Friedrich.

Romanesque ensuite: la chartreuse apparaît toujours comme élément diégétique final. Jamais de chartreuse en début de roman, et rarement en cours de route, sinon à titre prémonitoire. A la limite, la vie cartusienne incarne très exactement la négation de tout romanesque: richesse, ambition, amours, aventures, défi social. Aussi n'intervient-elle qu'à la fin, au double sens du terme: finalité et clôture. Elle indexe l'avènement d'autre chose que le romanesque, le creusement, la disparition, l'arrachement aux circonstances. Le motif de la chartreuse ou le romanesque rompu.

Notes

1. Nous avons retenu, comme dates extrêmes de cette enquête, 1802 (publication du *Génie du Christianisme*) et 1848 (publication des *Mémoires d'Outre-Tombe*), sans méconnaître la part d'arbitraire qu'implique cette périodisation.

2. Chapitre "Le Talisman". C'est Émile qui parle.

3. 1: 344, 2: 338-40, 4: 310. Sur ce point voir H. Corbat, *Hantise et imagination chez Aloysius Bertrand* 31. Voir aussi pp. 38 sq. pour l'influence de Chateaubriand sur l'auteur de *Gaspard de la nuit*.

4. Chapitre "Les Constitutions monastiques". Pour Mignet, voir son *Histoire de la Révolution Française* 1: 77-78.

5. Voir aussi l'allusion un peu obscure dans *Mes livres* 127. On pourra se référer, à ce propos, au chapitre "Le XVIIe siècle d'Amaury" dans *L'Ordre et les Ténèbres* de R. Molho.

6. Respectivement: Balzac, *Correspondance*, lettre du 14 Février 1838 à la Marquise de Castries, 3: 373; Flaubert, *Œuvres complètes*, lettre du 4 Septembre 1846 à Louise Colet, 12: 512.

7. Voir en particulier Gautier, *Voyage en Espagne* 84 sq. Voir aussi Chenedollé 152, 153, 175; Michelet 61, 70, 77, 93, 96, 429, 558, 559; Chateaubriand, *Mémoires* 1: 108.

8. *Études de Mœurs, Scènes de la vie privée, La Comédie humaine* 1: 913 sq. Sur ce point voir l'introduction de A.-M. Meininger, 1: 899.

9. Sur ce point voir Labouret. Nous tenons à remercier l'auteur de ses suggestions précieuses. Voir également Mioche et Vanoncini, ainsi qu'Andréoli.

10. On peut comparer sur ce point les remarques, concordantes, de R. Fortassier dans l'édition Pléiade de la *Comédie Humaine*, vol. 9, en particulier p. 353, et celles de R. Chollet dans son édition de la *Comédie Humaine*, 6: 12 sq.

Ouvrages cités

Ampère, Jean-Jacques. *Correspondance*. Paris: Hetzel, 1875.

Andréoli, M. "Le Médecin de Campagne, idéologie et narration". *Année Balzacienne* 10 (1989): 199-231.

Balzac, Honoré de. *La Comédie Humaine*. Éd. Pierre-Georges Castex, Rose Fortassier, Anne-marie Meininger, et al. Bibliothèque de la Pléiade. Paris: Gallimard, 1976-81. 12 vols.

_____. *Correspondance*. Éd. Roger Pierrot. Paris: Garnier, 1960-64. 5 vols.

Barante, Amable-Guillaume-Prosper Brugiere, baron de. *Histoire des ducs de Borgogne de la maison de Valois, 1364-1477*. Paris: Le Normant-Garnier, 1854. 13 vols.

Becker, Colette. *Roman, Littérature*. Collection Grand Amphi. Paris: Bréal, 1996.

Bertrand, Aloysius. *Gaspard de la Nuit*. Nouvelle Bibliothèque Romantique. Paris: Flammarion, 1972.

Chateaubriand, François René, vicomte de. *Le Génie du Christianisme*. 1802. Bibliothèque de la Pléiade. Paris: Gallimard, 1948.

_____. *Mémoires d'Outre-Tombe*. 1848. Paris: Flammarion, 1961.

Chênedollé, Charles-Julien de. *Journal*. Caen: E. Domin, 1922.

Chollet, Roland, éd. *La Comédie humaine*. Par Balzac. Paris: Éditions Rencontre, 1985.

Constant, Benjamin. *Notes historiques sur Wallstein*. Paris: Paschoud, 1809.

Corbat, Henri. *Hantise et imagination chez Aloysius Bertrand*. Paris: Corti, 1975.

Del Litto, Victor, éd. *La Chartreuse de Parme*. Par Stendhal. Paris: Édition de Poche, 1983.

Farés, Nabile, éd. *La littérature et le désert*. Recherches et Travaux 35. Grenoble: Presses Universitaires de Grenoble, 1968.

Flaubert, Gustave. *Œuvres complètes*. Vol. 12. Paris: Club de l'Honnête homme, 1974. 16 vols.

_____. *Par champs et grèves. Voyages*. Vol 1. Paris: Les Belles Lettres, 1948.

Gautier, Théophile. *Voyage en Espagne*. 1845. Folio. Paris: Gallimard, 1981.

Herrmann, Claudine. *Corinne ou l'Italie*. Par Mme de. Paris: Edition des Femmes, 1979.

Hugo, Victor. *Notre-Dame de Paris*. Paris: Garnier, 1959.

_____. *Le Rhin. Lettres à un ami*. 1842. Paris: Ollendorff, 1906.

Krudener, Barbara Juliane von Vietinghoff, Freifrau von. *Valérie*. Introduction, notes et commentaires de M. Mercier. Paris: Klincksieck, 1974.

Labouret, Mireille. "L'utopie dans le *Médecin de Campagne* et le *Curé de Village* d'Honoré de Balzac". *Sévriennes d'hier et d'aujourd'hui* 96 (Juin 1979): 4-24.

Lamartine, Alphonse de. "Epitre à M. de Sainte-Beuve, en réponse à des vers adressés par lui à l'auteur ou Conversation". *Œuvres poétiques*. Bibliothèque de la Pléiade. Paris: Gallimard, 1963.

———. *Raphaël. Graziella. Raphaël*. 1849. Paris: Garnier, 1960.

Latouche, Chevalier Henarès Y de. *Dernières Lettres de deux amants de Barcelone publiées à Madrid*. Traduites de l'Espagnol. Paris: Ambroise Tardieu, 1822.

Laudet, Patrick. *Stendhal — La Chartreuse de Parme*. Balises. Paris: Nathan, 1991.

Michelet, Jules. *Journal. Écrits de jeunesse*. Paris: Gallimard, 1959.

Mignet, François-Auguste. *Histoire de la Révolution Française depuis 1789 jusqu'en 1814*. Paris: Didot, 1975. 2 vols.

Mioche, Fr.-Xavier. "*Le Médecin de Campagne*, roman politique?" *Année Balzacienne* 9 (1988): 305-19.

Molho, Raphael. *L'Ordre et les Ténèbres ou la naissance d'un mythe du XVIIe siècle chez Sainte-Beuve*. Paris: A Colin, 1972.

Montalembert, Charles Forbes, comte de. *Histoire de sainte Elisabeth*. Paris, Bailly, 1836.

Sainte-Beuve, Charles Augustin. *Mes livres. Vie, poésies et pensées de Joseph Delorme*. Paris: Éditions d'aujourd'hui, s.d.

———. *Port-Royal*. Vol. 1. Paris: Hachette, 1860. 5 vols.

———. *Volupté*. 1834. Paris: Gallimard, 1986. 2 vols.

Saint-Pierre, Bernardin de. *Harmonies de la Nature. Œuvres Posthumes*. Vol. 2. Paris: Le Dentu, 1840.

Sand, George. *Lélia*, Éd. P. Reboul. Paris: Garnier, 1960.

Sandeau, J. *Mademoiselle de la Seiglière*. 1848. Collection Terroirs de France. Paris: Bartillat, 1989.

Senancour, Étienne Pivert de. *Obermann, Lettres publiées par M. Senancour*. Vol. 2. Paris: Artaud 1947.

Staël, Anne-Louise-Germaine Necker, Mme de. *Corinne ou l'Italie*. Préface de S. Balayé,.Folio. Paris: Gallimard, 1958.

Stendhal [Henri Beyle]. *La Chartreuse de Parme*. Victor Del Litto, éd. Paris: Édition de Poche, 1983.

———. *De l'Amour. Œuvres complètes*. Vol. 4. Paris: Cercle du Bibliophile, n.d.

Vanoncini, A. "La représentation de l'utopie dans le *Médecin de Campagne*". *Année Balzacienne* 9 (1988): 321-34.

Verrier, Jean. *Les débuts de romans*. Paris: Bertrand Lacoste, 1992.

Mario Hamlet-Metz
James Madison University

Livrets d'opéra et religion: spectacle et didactique

Le rapport entre théâtre, religion et merveilleux en France a depuis toujours été des plus étroits. Pourtant, il n'est pas sans intérêt de remarquer que, exception faite des quelques pièces où la foi est exaltée, la religion même, comme sujet du théâtre sérieux, a pratiquement disparu des scènes françaises entre la fin du Moyen-Age et la fin du dix-huitième siècle, lorsqu'il y a une véritable invasion de pièces anticléricales et antireligieuses des plus irrévérentes, sans valeur littéraire aucune, destinées exclusivement à enflammer à outrance l'esprit des masses. Pas moins d'une centaine d'entre elles portent le titre *A bas la calotte!* Dans le mélodrame naissant, l'élément merveilleux qui, lui, n'avait jamais disparu (surtout le merveilleux païen), est bien présent mais ici il s'agit, le plus souvent, d'une force bienfaisante, d'une vague "Providence", qui vient sauver à la dernière minute une héroïne en danger imminent. Il ne faut pas oublier non plus qu'au dix-neuvième siècle, avant la loi de 1834, il était formellement défendu de monter des spectacles déployant explicitement le cérémonial ou l'appareil ecclésiastique. Mérimée a beau créer des Inquisiteurs libidineux, on est condamné à les imaginer en action chez-soi. Et même après 1834, malgré le socialisme, le positivisme et le scientisme dominants —doctrines essentiellement antireligieuses— les dramaturges français sont mal à l'aise lorsqu'il s'agit de peindre comme ils voudraient, avec des couleurs plutôt sombres, la pratique des différents cultes religieux aussi bien que le comportement de leurs membres et surtout leur influence. C'est déjà beaucoup quand, aux théâtres de boulevard, la susdite "Providence", force supérieure salvatrice, s'habille de blanc pour devenir "docteur".

Ce qui me ramène au livret d'opéra, genre mineur apparenté directement au mélodrame, qui ne laisse pas de surprendre, car il présente très souvent une thématique et une sémantique beaucoup plus risquées que celles du théâtre de prose, y compris, bien entendu, l'emploi de la religion et du merveilleux. Une fois que les conventions de ce genre sont acceptées (la parole chantée, les confidences et à-parts dits à haute voix, les ensembles où tous les personnages expriment leurs sentiments à la fois, le besoin de plaire aux yeux autant qu'aux oreilles, enfin, l'éloignement presque total de la réalité), on peut aussi explorer sans crainte des domaines nouveaux, même tabous. Pourvu que ce soit chanté, on peut tout faire et tout dire, disait Anna Russell, l'inoubliable comédienne britannique, quand elle faisait ses analyses humoristiques des opéras wagnériens. C'est justement cet éloignement de la réalité et l'incursion constante de l'opéra dans le domaine de la fantaisie et du romanesque qui faisait remarquer à Gautier, dès 1837, que ce type de spectacle finirait "par devenir pour les populations modernes le lieu attrayant et central" (2: 17). L'emploi de quelques épisodes bibliques comme sujet d'opéra remonte au dix-huitième siècle mais il n'y a pas de doute que les sujets religieux proprement tels dans la tradition judéo-chrétienne n'ont pas proliféré dans la littérature de l'opéra avant l'époque romantique. Ce qui n'est pas vrai pour le merveilleux païen, élément *sine-qua-non* des mises-en-scène lyriques à partir de l'époque de Quinault: "The employment of the marvelous or the supernatural was a vital feature of the classical French opera", écrit William Crosten dans son étude du Grand Opéra (82). Le grand nombre d'éléments appartenant à la tradition théâtrale française, habilement combinés avec la création de situations originales, colossales en dimensions, hautes en tension dramatique, avec des personnages à caractères forts et bien définis, a permis à Eugène Scribe de devenir le maître absolu du livret d'opéra français à partir des années 1820. Ce Scribe, qui dans le théâtre de prose était la cible préférée des romantiques, tout particulièrement de Gautier qui l'appelait, entre autres choses, "le fournisseur breveté de toute espèce de denrée dramatique" (1: 113-14), avait l'approbation de tout le monde en tant que librettiste. On peut attribuer cette approbation au fait qu'à l'Opéra, les sujets des œuvres de Scribe, basées sur des légendes médiévales, sur le christianisme et la vertu triomphants, coïncidaient parfaitement avec ceux que les dramaturges romantiques essayaient de faire triompher ailleurs. Louis Véron, directeur de l'Opéra, l'a dit mieux que personne: "De tous les auteurs dramatiques, Scribe est celui qui a le mieux compris l'opéra" (3: 182).

L'une des contributions les plus importantes de Scribe à l'opéra, du point de vue des sujets, a justement été l'exploitation dramatique de la religion et des légendes où foisonne le merveilleux. Ayant vu la première parisienne du *Franc-Tireur* de Weber en 1824 (présenté sous le nom curieux de *Robin des bois*), et celle du *Moïse* de Rossini (1827), et ayant également lu le *Faust* de Goethe, il a deviné le parti qu'il pourrait tirer du surnaturel; timidement, il s'est hasardé alors dans l'introduction des moines et des nonnes, en habit et tout, dans *Le comte Ory* (1828) et dans *Fra Diavolo* (1830). Le succès de ces deux œuvres légères lui ouvre la voie du triomphe incontestable à travers ses collaborations avec Meyerbeer et, dans le cas de *La Juive*, avec Fromental Halévy. Leur première collaboration fut *Robert le Diable*, joué à l'Opéra, le 21 novembre 1831; c'est le premier "Grand Opéra" français, celui qui, plus que le *Guillaume Tell* de Rossini (1829), a révolutionné le genre lyrique et celui dans lequel, pour la première fois, le thème religieux est traité ouvertement.

A la manière des chansons médiévales, l'histoire de Robert est racontée par Raimbaut. On croit que c'est un conte, mais c'est la réalité. Fils d'une mère pieuse et d'un personnage satanique qui l'a séduite, Robert est chassé de sa Normandie natale à cause des atrocités qu'il a commises, et se trouve à Palerme, menant une vie de débauché; constamment tourmenté et tiraillé par des sentiments contraires (la haine contre tous et l'amour pour Isabelle), il n'arrive jamais à triompher dans ses entreprises ou à accomplir rien de vertueux ou d'honorable, dû à Bertram, sinistre conseiller, qui n'est autre que son père, qui l'aime mais qui, d'après le pacte signé, doit le livrer à son maître, Satan, comme nouveau disciple. Le troisième acte de cet opéra est, sans doute, le plus théâtral. La première scène a lieu aux sombres rochers de Sainte-Irène; Alice, amoureuse de Raimbaut, est sœur de lait de Robert et porteuse du dernier message et du testament de leur mère. Il faut absolument alors que Bertram la rende malheureuse aussi, et il y arrive, presque, en persuadant Raimbaut que "le bonheur est dans l'inconstance" et que la gaîté et le plaisir devraient être ses seuls amours (III.1). Pour éviter la remise de son fils ce soir même à Satan — effort vain—, Bertram doit ensuite confronter les démons qui chantent à l'intérieur d'une caverne infernale:

> Noirs démons, fantômes,
> Oublions les cieux,
> Des sombres royaumes
> Célébrons les jeux!
> ...
> Gloire au maître qui nous guide!
> A la danse qu'il préside! (III.2)

Cette prière démoniaque s'alterne, en créant un bel effet, avec celle d'Alice, adressée à Sainte-Irène: "O patronne des demoiselles...." (III.3). Alice reconnaît Bertram et, pour se sauver, s'accroche à une croix et fuit, au moment où entre Robert, qui, pour reconquérir la belle Isabelle, doit voler le rameau vert de cyprès placé sur le tombeau de sainte Rosalie, dans "une antique abbaye que le courroux du ciel abandonne aux enfers" (III.6). Ils y vont, Bertram pour causer la perte de son fils, celui-ci au nom de l'amour: "Conquis par ma valeur, ce rameau vénéré / Pour moi va se changer en palme triomphale". Au cloître des nonnes mortes infidèles (scène deux), Bertram les invoque:

> Pour une heure, quittez votre lit funéraire,
> Relevez-vous!
> Ne craignez pas d'une sainte immortelle,
> Ne craignez pas le terrible courroux!

> Roi des enfers, c'est moi qui vous appelle!

Elles ressuscitent et dansent leur danse infernale (ballet de rigueur). Avant de rentrer dans leurs tombeaux, ces nonnes font que Robert vole le rameau, malgré lui, et le chœur infernal finit la scène avec ces mots:

> Il est à nous,
> Accourez tous!
> Oui, nous triomphons!
> Spectres, Démons,
> Accourez tous!

Au cinquième acte, Robert connaît son plus grand conflit: suivre son père en enfer (quel devoir!) ou suivre Isabelle, qui l'attend à l'autel. Il va signer le pacte avec le diable mais Alice lit le testament de leur mère, qui lui prie de fuir le séducteur qui l'a perdue. Robert s'évanouit, Bertram est englouti dans la terre entrouverte, des chants célestes succèdent au tonnerre. Alice conduit Robert à la cathédrale de Palerme, pleine de fidèles en prières. Scribe prend ses risques ici: sans compter les actions typiquement mélodramatiques où le villain —dans ce cas le satanique Bertram— prend le dessus pendant une bonne partie de l'œuvre, on n'avait jamais vu la profanation du tombeau d'une sainte ou une créature comme Robert, mi-humaine, mi-diabolique; on n'avait jamais vu sur scène, non plus, des nonnes condamnées à l'enfer à cause de leur infidélité. L'idée est originale et son impact énorme —l'auteur aurait très bien pu choisir des sorcières pour cette scène, à la manière de Shakespeare dans *Macbeth*. Mais Scribe se garde bien d'aller trop loin et le dénouement est des plus rassurants: la damnation du mal est suivie du triomphe de la vertu et de l'amour: le chant des anges invisibles se confond avec celui des amoureux: "Gloire, gloire immortelle / Au Dieu de l'univers!" (V).

Dans *La Juive* (1835), livret pour Fromental Halévy, les conflits de race et de foi se confondent dans une trame très originale, qui rappelle un peu les romans de Walter Scott. L'action se passe à Constance, au XVe siècle, au moment où les Chrétiens célèbrent la victoire contre les hérétiques hussites. Léopold, neveu de l'empereur Sigismond, est l'époux d'Eudoxie et, en même temps, l'amant de Rachel, que tout le monde croit fille du Juif Éléazar; ce Juif s'attire la haine du peuple parce qu'il travaille le dimanche, pendant le Te Deum d'action de grâces, mais il sera sauvé, avec sa fille, par le cardinal Brogni, qui les connaissait depuis sa jeunesse:

> Si la rigueur et la vengeance
> Leur font haïr ta sainte loi,
> Que le pardon, que la clémence,
> Mon Dieu, les ramène en ce jour vers toi. (I)

Léopold se déguise en peintre juif et réussit à se faire accepter ainsi par Éléazar; devant l'église, Éléazar et Rachel sont encore une fois sauvés de la foule enragée, cette fois par Léopold:

> Au lac, oui plongeons dans le lac
> Cette race rebelle et criminelle,
> Ces Hébreux, ces maudits, ces enfants d'Isaac,
> Dans le lac, oui, dans le lac! (I)

Chez le Juif, on célèbre la pâque en commun: "Partagez-vous ce pain par mes mains consacré / Et qu'un levain impur n'a jamais altéré" (II). Mais Éléazar n'est pas qu'une victime: il nourrit dans son cœur une haine féroce contre les Chrétiens et apparemment ne pense qu'à son profit. En fait, quand la princesse Eudoxie vient chez lui pour commander une chaîne, il se dit:

> Ah! Quel bonheur extrême
> Et pour moi quel plaisir,
> Ces écus d'or que j'aime
> Chez moi vont revenir. (II)

Léopold/Samuel avoue qu'il est Chrétien et qu'il ne peut épouser une Juive, aveu suivi de menaçantes imprécations du père outragé: "...trahison! anathème! / Maudits soient les Chrétiens et celui qui les aime!" (II). Léopold part sans révéler son identité mais quand Rachel la découvre, c'est elle qui le dénonce, en se dénonçant elle-même:

> Chrétien, il eut commerce avec une maudite,

> Une Juive, une Israélite,
> Et cette Juive, sa complice,
> Qui comme lui mérite le supplice,
> C'est moi, c'est moi. (III)

Tout comme dans *Robert le Diable*, la scène la plus dramatique et la plus frappante se trouve à la fin du troisième acte: c'est la puissante malédiction de Brogni, lancé contre Éléazar, Rachel et Léopold:

> Vous qui du Dieu vivant outragez la puissance,
> Soyez maudits!
> Vous que tous trois unit une terrible alliance,
> Soyez maudits!
> Anathème! Anathème!
> C'est l'éternel lui-même
> Qui vous a par ma voix rejetés et proscrits! (III)

Brogni veut quand même sauver Éléazar et Rachel, maintenant condamnés au bûcher, pourvu qu'ils se convertissent, ce qui cause une nouvelle réaction indignée du Juif:

> Renier la foi de mes pères!
> Vers des idoles étrangères
> Courber mon front et l'avilir!
> Non, jamais, plutôt mourir! (IV)

Éléazar et Rachel vont au martyre, et le Juif apprend à Brogni, trop tard, que Rachel est sa fille. Le Peuple est satisfait:

> Plaisir! Ivresse et joie!
> Contre eux que l'on déploie
> Et le fer et le feu!
> Gloire! Gloire! Gloire à Dieu! (V)

Dans cet opéra, l'intrigue est du mélodrame pur. Il y a identités cachées, déguisements, soif de vengeance, un enfant perdu et retrouvé aux portes de la mort. Le Juif Éléazar et le cardinal Brogni ont tous deux été forcés à quitter Rome et se retrouvent à Constance, comme par hasard. La religion sert, à tout moment, de toile de fond pour les conflits individuels. Éléazar est père dévoué, commerçant avide et victime de persécutions religieuses, certes, mais dans ses propos ou intentions il n'est pas moins agressif ou moins vindicatif que ses persécuteurs; d'autre part, Brogni, dont le passé laisse assez à désirer, semble-t-il, se montre conciliateur au début, mais lui aussi, vénérable cardinal, est capable de haïr et de lancer de terribles malédictions. Tous deux se valent et tous deux défient le stéréotype. Voilà M. Scribe se tirant d'affaire intelligemment, comme d'habitude.

Encouragé par le succès de ces deux opéras, Scribe se lance dans une deuxième entreprise lyrique avec Meyerbeer, dans laquelle il va se servir d'un autre conflit religieux tiré, cette fois, de l'histoire de la France du seizième siècle. Il s'agit des *Huguenots* (1836), le plus grand des succès de ces deux collaborateurs. (C'est le seul opéra qui ait atteint les mille représentations avant la fin du XIXe siècle.) Ici, ce qui compte le plus, c'est l'histoire de l'amour entre Raoul, chevalier Huguenot et Valentine, noble catholique, amour qui finit tragiquement au moment du massacre de la Saint-Barthélemy. Les Catholiques sont peints comme des libertins épicuriens voués au jeux, à la folie, aux aventures galantes et aux plaisirs; les Protestants, sont tout austérité et rigueur.

Les deux factions se valent en intransigeance, même si Valentine, à la fin, consent à adopter la foi de son amant. De loin, le personnage le plus intéressant, et le plus original et puissant, du point de vue dramatique, est Marcel, le loyal serviteur de Raoul. D'un fanatisme aveugle, il est féroce dans ses invectives contre les catholiques, ces "Philistins" pour lesquels il chante sans crainte, dès son entrée, "Ein' feste Burg", l'hymne luthérien, suivi de l'air du combat de La Rochelle, qui définit son caractère:

> Pour les couvents, c'est fini!
> Les moines à terre,
> Guerre à tout cagot béni!
> Papistes, la guerre!
> Livrons à la flamme, au fer
> Leurs temples d'enfer
> Livrons leur temples d'enfer!
> Terrassons-les, cernons-les!

> Frappons-les, perçons-les!
> Piff, paff, piff! Cernons-les!
> Piff, paff, piff! Frappons-les!
> Piff, paff, piff, paff!
> Qu'ils pleurent!,
> Qu'ils meurent;
> Mais grâce jamais! (I)

Malgré son acrimonie, il y a chez ce Marcel, gardien loyal jusqu'à la mort, une certaine noblesse qu'on admire. Sa plus grande joie est d'unir Raoul à Valentine, nouvelle convertie ("Le Seigneur de sa flamme et l'échauffe et l'éclaire"; V) et tout de suite après de mourir avec les deux amants dans la frénésie propre aux martyres: "Hosanna! Viens, mort! O terre, adieu!" (V). Non sans intelligence, Scribe, qui veut qu'on déplore les excès de l'intolérance et l'inhumanité du fanatisme religieux, clôt le texte en nous présentant la cruauté des soldats et des fanatiques catholiques à son comble, au moment où ils se réjouissent devant le massacre en cours:

> Par le fer et par l'incendie
> Exterminons la race impie!
> ...
> Frappons, poursuivons l'hérétique!
> Dieu le veut! Dieu veut leur sang!
> Oui, Dieu veut leur sang! (V)

Le fanatisme religieux et ses funestes effets sont décrits par Scribe encore plus éloquemment dans *Le Prophète* (1849), encore une collaboration avec Meyerbeer, où la foi et l'ambition politique sont de nouveau adroitement mêlées. Jean de Leyde, simple aubergiste qui veut se venger du tyran qui ne le laisse pas épouser la femme qu'il aime, tombe dans les mains de trois sinistres Anabaptistes séditieux qui le convainquent qu'il est l'apôtre qu'il leur faut; ils l'appellent Prophète et Messie de l'Allemagne et le comparent à Jeanne d'Arc dans sa mission libératrice:

> Oui! C'est Dieu qui t'appelle et t'éclaire.
> A tes yeux a brillé sa lumière,
> En tes mains il remet sa bannière.

> Avec elle apparais dans nos rangs,
> Et des grands cette foule si fière,
> Va par toi se réduire en poussière,
> Car le ciel t'a choisi sur la terre
> Pour frapper et punir les tyrans. (II)

Jean, inspiré, a une vision: pendant que le brouillard se dissipe sur le lac westphalien et que l'on voit apparaître les remparts de Münster, il s'exclame, exalté: "Roi du ciel et des anges, / Je te dirai tes louanges / Comme David ton serviteur" (III). Dans la cathédrale de Münster, Jean, couronné "Roi Prophète", est tyrannique et impopulaire; en plus, en se divinisant, il perd son humanité, causant l'emprisonnement de sa propre mère, qui l'avait reconnu. Finalement, apprenant que les Anabaptistes vont le livrer à l'Empereur, il décide de mourir avec les traîtres, brûlant le palais. Son discours devient ironique:

> Compagnons du Prophète,
> La récompense vous attend!
> ...
> Dieu dicta votre arrêt
> Et moi, je l'exécute! (V)

Accompagné de sa mère, qui vient mourir avec lui, l'imposteur repenti s'exclame:

> Ah! Viens, divine flamme,
> Vers Dieu qui nous réclame,
> Ah! Viens porter notre âme,
> Libre de ses erreurs! (V)

La personnalité de Jean est bien fascinante, du point de vue psychologique; extrêmement vulnérable, il est habilement manipulé et devient victime de ses propres illusions et ambitions, au point d'oublier son identité; dans son cas, le problème s'aggrave, évidemment, puisqu'il s'agit ici d'un homme qui pose, d'abord, rien moins que comme le nouveau Messie, mais qui devient par la suite tout à fait possédé de son rôle. Dès que les Anabaptistes le choisissent comme l'Élu, il se transforme et dans ses attitudes, qui deviennent hautaines, et dans sa langue même, qui perd les accents du simple aubergiste pour adopter ceux d'un homme de religion. Au nom de la foi, ce Roi Prophète parvenu se croit autorisé à commettre toutes sortes de crimes, jusqu'à l'hécatombe finale, servant à la fois de punition et de rédemption.

Dans *L'Africaine*, joué en 1865, dernière collaboration du binôme Scribe/Meyerbeer, dans laquelle il s'agit des mésaventures de Vasco da Gama, la religion, élément terrifiant plutôt que rassurant, ne saurait manquer. Ici, on commence par les anathèmes du Grand Inquisiteur lancés contre l'explorateur visionnaire:

> Par nos voix Dieu lui-même,
> Plein d'un juste courroux
> Vous lance l'anathème
> L'anathème sur vous. (I)

Puis, il y a Sélika, la reine africaine qui prie à Brahma comme on prie au Dieu des Chrétiens: "Éteins, Brahma, les flammes de mon cœur, / Qui font, hélas, mes maux et mon bonheur" (II). Au troisième acte, sur un navire au milieu de la tempête, le sinistre esclave Nélusko raconte aux matelots superstitieux la légende d'Adamastor, roi destructeurs des mers. Et au quatrième, au "paradis sorti de l'onde", les prêtres de Brahma, qui ne sont pas au début plus indulgents pour le malheureux Vasco que les Inquisiteurs de chez lui ("A l'étranger, la mort!") finissent par bénir Sélika et Vasco ("Buvez ce philtre saint, ce breuvage si doux, / Où du soleil vit la puissante flamme") qui, tous deux, croient avoir trouvé le bonheur éternel.

L'emploi de la religion à l'opéra ne disparaît pas avec Scribe/Meyerbeer. Au contraire, sa survie est maintenant assurée. On tombe encore sur d'affreux Inquisiteurs dans *Don Carlos*, texte de François-Joseph Méry et Camille du Locle, musique de Verdi (1867) et en 1889, à l'occasion de l'Exposition Universelle, dans *Esclarmonde*, livret d'Ernest Blau, musique de Massenet. *Le roi de Lahore*, livret de Louis Gallet, musique de Jules Massenet, et *Lakmé*, livret d'Edmond Gondinet et Philippe Gille, musique de Léo Délibes, nous transportent encore une fois aux terres brahmanes en 1877 et 1883, respectivement, contributions de quelque mérite que la scène lyrique faisait à la mode de l'orient mystérieux, mode qui depuis une dizaine d'années, d'ailleurs, avait déjà envahi la poésie et le roman. En attendant, au Moyen-Orient, Hérodiade, dans l'opéra homonyme, livret d'Angelo Zanardini et musique de Massenet (1881), veut se débarrasser coûte que coûte du prophète Jean-Baptiste alors que Juifs et Philistins s'embrouillent grandiosement dans *Samson et Dalila*, livret de Ferdinand Lemaire, musique de Camille Saint-Saëns (1877), et que *Thaïs*, la courtisane d'Alexandrie se purifie tout en perdant le pieux Athanaël dans l'adaptation du roman d'Anatole France que Louis Gallet a faite pour Massenet en 1894.

Dans tous ces livrets, temples, doctrines et pratiquants — puisqu'on ne peut guère parler de croyants— jouent un rôle fondamental dans la construction d'un spectacle théâtral grandiose, cela va sans dire. Observons pourtant que ces temples ne sont pas nécessairement des havres de paix, de recueillement ou de prière mais des lieux où souvent l'on conspire et où l'on dicte des arrêts et que leurs membres ne sont pas précisément non plus des modèles de dévotion mais des fanatiques ou des bourreaux qui n'ont aucun problème à infliger le mal à leurs confrères humains. Contrairement à l'Italie de la même époque où, pour des raisons politiques la religion est présentée dans les livrets d'opéra comme une force unificatrice positive, les responsables de la création des spectacles lyriques en France ne s'intéressent pas vraiment au patriotisme et se concentrent plutôt sur l'exploitation toute simple du culte religieux, de la superstition, de la sorcellerie, du diabolique et du fanatisme, comme des forces mystérieuses inspirant surtout la crainte et l'effroi, c'est-à-dire des forces à effet dramatique profond et immédiat. On a souvent défini le "Grand Opéra" français comme un art politique, bourgeois ou commercial. Il n'y a pas vraiment grand risque à ajouter à ces épithètes bien connues celle d'art moralisateur, ou, du moins, didactique, dans la meilleure tradition du mélodrame. Car, en effet, le public, qui avait déjà appris sa leçon d'histoire dans les drames de Dumas, et qui va courir au Châtelet pour suivre ses cours pratiques de science ou de géographie offerts par les adaptations théâtrales des œuvres de

Jules Verne plus avant dans le siècle, apprenait à son tour, à l'Opéra, sa leçon d'histoire médiévale édifiante dans *Robert le Diable* ou dans *Esclarmonde* et sa leçon de tolérance, dans la peinture du massacre de la Saint-Barthélemy, dans celle des Anabaptistes fanatiques dans *Le Prophète*, ou dans celle du terrible Inquisiteur dans *Don Carlos*. Leçons rendues plus vivantes, plus dramatiques et plus faciles à retenir que sur les autres scènes, grâce à un spectacle visuellement fastueux, agrandi et embelli encore davantage, ne l'oublions pas, par la caractérisation musicale. Leçons apprises, ironiquement, à travers un genre dans lequel, plus que nulle part ailleurs, "la convention n'est aussi forcée ni aussi éloignée de la réalité" (Gautier 1: 17).

Ouvrages Cités

Crosten, William L. *French Grand Opera: An Art and a Business*. New York: Da Capo, 1972.

Gautier, Théophile. *Histoire de l'art dramatique en France depuis vingt-cinq ans*. 6 vols. Paris: Hetzel, 1859.

Scribe, Eugène. *La Juive*. Opéra en cinq actes, musique de Jacques Fromental Halévy. 1835. *Œuvres complètes* vol. 3.

———. *Œuvres complètes*. Paris: Dentu, 1875. 76 vols.

———. *Le Prophète*. Opéra en cinq actes, musique de Giacomo Meyerbeer. 1849. *Œuvres complètes* vol. 5.

———. *L'Africaine*. Opéra en cinq actes, musique de Giacomo Meyerbeer. 1865. *Œuvres complètes*, vol 6.

Scribe, Eugène et Émile Deschamps. *Les Huguenots*. Opéra en cinq actes, musique de Giacomo Meyerbeer. 1836. *Œuvres complètes*, vol 3.

Scribe, Eugène et Germain Delavigne. *Robert le Diable*. Opéra en cinq actes, musique de Giacomo Meyerbeer. 1831. *Œuvres complètes*, vol 2.

Véron, Louis. *Mémoires d'un bourgeois de Paris*. Paris: 1856-57.

Marcel Voisin
Haute École de la Communauté Française du Hainaut (Mons)

Prégnance religieuse et création littéraire dans la littérature belge de langue française

Introduction

Un petit détour par l'Histoire est nécessaire pour comprendre la situation culturelle de la Belgique qui, rappelons-le, ne naît comme nation qu'en 1830, notamment par la volonté de l'Angleterre.

Les territoires qui la constituent ont connu une prospérité économique et culturelle au Moyen Age ainsi qu'au XVe siècle sous les Ducs de Bourgogne. Le XVIe siècle a été catastrophique avec l'occupation espagnole, l'Inquisition, et les guerres de religion qui diviseront les Pays-Bas en Nord protestant et en Sud catholique, c'est-à-dire à peu près la Belgique d'aujourd'hui.[1]

Il est évident que cette situation de marche septentrionale du catholicisme va imposer une théocratie forte et sourcilleuse dont les traces subsistent jusqu'à nos jours. La Belgique est un produit de la Contre-Réforme.

L'Église catholique reprend le monopole de l'enseignement et n'y renoncera jamais tout à fait. Ceci nous vaudra l'originalité d'une "guerre scolaire" pendant près d'un siècle, de 1871 à 1958! Elle censure sévèrement les arts et les lettres, l'expression de la pensée que l'éducation catholique, qui tient pour suspecte la lecture au contraire du protestantisme, est loin de favoriser. Les "Lumières" sont farouchement combattues et l'emprise du clergé sur un peuple ignorant est telle qu'elle nous vaudra une autre originalité: une révolte contre un empereur éclairé —Joseph II d'Autriche— qui voulait imposer les réformes progressistes!

Au contraire, les Pays-Bas, néerlandais et protestants en majorité, vont s'enrichir culturellement par la tolérance et l'asile des persécutés de l'Europe et développer une civilisation ouverte sur l'avenir, dont témoigne, par exemple, le rayonnement de l'Université de Leyde au XVIIIe siècle. Par contraste, l'Université de Louvain, qui fut un des centres les plus prestigieux, s'enfonce dans la médiocrité. C'est le désert intellectuel d'où émerge à peine la laborieuse compilation des Bollandistes, les *Acta Sanctorum*.

Rien d'étonnant à ce que Voltaire, en séjour à Bruxelles en 1740, puisse écrire à M. de Formont:

> Pour la triste ville où je suis
> C'est le séjour de l'ignorance,
> De la pesanteur, des ennuis,
> De la stupide indifférence,
> Un vrai pays d'obédience,
> Privé d'esprit, rempli de foi.[2]

On sait que Baudelaire, un siècle plus tard, mais de façon quelque peu partiale, sera encore plus féroce dans son pamphlet *Pauvre Belgique*.

A part quelques individus, comme le Prince Charles-Joseph de Ligne (1735-1814) qui seul illustre quelque peu nos lettres dans le sillage des Encyclopédistes qu'il fréquenta, et quelques cénacles semi-clandestins et fort limités, l'exception est constituée par la Principauté de Liège, dont l'histoire fut toujours différente, et qui se montra beaucoup plus ouverte aux idées nouvelles, se ralliant spontanément à 1789, voulant l'imiter et même se rattacher à la France.[3] C'est avec le Hainaut, un des rares endroits où les troupes révolutionnaires françaises sont accueillies dans l'enthousiasme. Le futur pays est déjà fortement divisé tant sur le plan de l'idéologie que de la culture. C'est peut-être pourquoi il adoptera comme devise: "L'union fait la force"!

Marcel Voisin 151

L'écho littéraire de la Révolution française.

Il est intéressant d'en dire un mot même s'il s'agit surtout d'une production mineure: chansons, pamphlets, satires, etc. d'une effarante médiocrité. Le romantisme belge n'a rien donné d'équivalent à celui de la France, sans doute pour trois raisons majeures: le terrain, on l'a vu, n'est guère propice, les événements de 1830 et l'indépendance vont canaliser les talents vers la politique et la révolution industrielle, particulièrement précoce et brillante en Wallonie, va accaparer les énergies et les esprits du côté de la réussite économique et sociale. Un matérialisme vulgaire — un petit pays de Cocagne!— va s'installer que les écrivains et les artistes ne cesseront de déplorer jusqu'à nos jours.

La Révolution française —mais pas davantage celle de 1830— n'a produit aucun chef-d'œuvre ni une littérature abondante alors que la France donne des œuvres considérables, de sensibilité variée: Chateaubriand, Balzac, Stendhal, Hugo, Vallès, etc.[4] Elle est rarement au centre d'une œuvre. Elle sert plutôt de prétexte, de référence externe[5] ou simplement d'allusion.

Mais ce qui se dégage comme impression générale, c'est l'hostilité à l'esprit révolutionnaire et la valorisation du christianisme. C'est le cas de l'*André Chénier*, drame en vers d'Édouard Wacken (1844) comme, de façon plus étonnante, de deux romans de Georges Eekhoud: *Les Milices de Saint-François* (1886) et les *Fusillés de Malines* (1891). Un écrivain régionaliste assez important, Jean Tousseul (1890-1944), pourtant progressiste sur le plan social, dénonce les ravages des guerres révolutionnaires et la folie de Napoléon, dont il ne comprend pas le culte populaire, dans *Le Cahier de François Stiénon* (1938) dont l'action débute à la bataille de Fleurus en 1794.

J'aimerais aussi signaler un curieux roman d'Eugène Van Bemmel, professeur à l'Université de Bruxelles, *Dom Placide* (1875), sous-titré "Mémoire du dernier moine de l'abbaye de Villers" et présenté comme un texte authentique recueilli par l'auteur. La Révolution ne sert que de toile de fond à l'amour passionné et impossible d'un jeune moine pour la fille de la châtelaine du lieu.

L'originalité est qu'ici le dernier prieur se réjouit du sac de son abbaye comme d'un châtiment divin de la décadence et de la trahison spirituelle de ce milieu dépravé, injustement privilégié. Il est vrai que l'auteur vient des milieux libéraux. Il mêle à la critique voltairienne une grande générosité humaniste et l'œuvre, d'ailleurs rééditée, peut se lire encore avec plaisir.[6]

Comme défenseurs du progressisme révolutionnaire, outre les animateurs liégeois du *Journal patriotique* (18 août 1789 - 20 mars 1790), je ne peux citer que deux écrivains intéressants mais de second rang.

Michel-Materne Thil-Lorrain (1826-1893), s'appuyant sur des faits réels, publie en deux volumes à Verviers en 1876, *Le Docteur Martyr*. Son héros, le docteur Chapuis, "mort par sentence inique du Prince-Évêque de Liège, le 2 janvier 1794", est un héros attachant qui eût mérité un meilleur sort littéraire. Défenseur des Lumières, il est immensément charitable et dévoué à la population, respectant scrupuleusement la liberté de conscience de chacun. Participant à la Révolution liégeoise par idéal, il sera considéré comme fauteur de troubles et exécuté à l'âge de 33 ans! L'humaniste est toujours victime du fanatisme.... L'auteur, qui n'hésite pas à comparer son héros à Socrate, prend le contrepied de la littérature usuelle en dénonçant la répression comme pire que les exactions de la soldatesque révolutionnaire: "... partout la réaction sévissait avec une violence auprès de laquelle les surexcitations révolutionnaires, même aux plus mauvais jours de la famine, ne furent que des colères d'enfants" (125-27).[7]

Le deuxième est le polygraphe montois Charles Potvin (1818-1902) dont le talent n'égale malheureusement pas l'enthousiasme pour le progrès des idées qui, dans son poème "Un républicain" (dans *Poésie et Amour*, 1838), est tempéré par l'horreur des massacres. Son libéralisme anticlérical lui donne un souffle de polémiste. Ainsi exhorte-t-il la "plèbe cléricale" de Flandre à secouer le joug théocratique dans son poème en quatre chants *La Belgique*:

... Brise le faux dieu de tes pères,

> Pour leur vrai Dieu, la liberté![8] (chant 3, p. 59).

Dans le même élan, il chante la révolution industrielle présentée comme une conquête pacifique qui rassemblera les peuples:

> La fraternité pacifique
> Se fonde et, comme l'Amérique,
> l'Europe a ses États-Unis.

Naissance d'une littérature

C'est stimulé par cet esprit humaniste et libéral que surgira, en 1867, le premier texte phare de la littérature belge de langue française: la fameuse légende de *Tyl Ulenspiegel*, œuvre géniale et inclassable, chef-d'œuvre isolé, de Charles De Coster (1827-1879).

Cette naissance est quasi miraculeuse dans le relatif désert de l'époque. Elle ne bénéficie d'aucune tradition, d'aucun soutien. Elle est née de l'acharnement et du travail d'un intellectuel fougueux qui veut tout sacrifier à l'écriture et qui, en parfait héros romantique, mourra prématurément dans la misère et l'incompréhension. Mais il me paraît significatif que ce premier chef-d'œuvre de notre littérature exprime une protestation éclatante contre les traditions médiocres, étouffantes de notre vie culturelle et mette en scène un héros exemplaire, devenu mondialement célèbre, de toutes les formes de liberté, à commencer par la plus fondatrice, la liberté de conscience.

Il faudra attendre le groupe et la revue *La Jeune Belgique*, en 1880, pour obtenir une première reconnaissance encore fort limitée d'une œuvre qui fera le tour du monde en traduction et inspirera à plusieurs reprises les arts, le théâtre et le cinéma. C'est que son caractère satirique, facétieux, anticlérical choquait autant que l'originalité de la langue et de la facture, car De Coster mêle, en prenant tous les risques, l'épopée, le roman historique, le pamphlet, la farce, et la poésie, et recrée un langage qu'on a dit imité de Rabelais. Œuvre d'un militant de la liberté[9], elle prenait toutes les libertés avec les genres et les modes d'expression et s'inscrivait poétiquement dans le creuset tragique de notre histoire, ce sanglant XVIe siècle de guerre civile qui a inspiré à Breughel des toiles tragiques inoubliables.

En 1885, se crée le Parti Ouvrier Belge (P.O.B.), futur parti socialiste, qui, animé par les libéraux de gauche et soutenu par le prolétariat industriel qui s'est fortement déchristianisé, notamment en Wallonie, hérite de l'anticléricalisme libéral. La lutte idéologique et politique est particulièrement âpre. Lorsqu'on regarde aujourd'hui les anciennes affiches électorales jusqu'avant 1940, on est saisi par la violence pamphlétaire des caricatures, des allusions et des slogans.

Dans ce contexte, où le social vient d'acquérir enfin droit de cité, il est curieux de voir les plus grands écrivains de l'époque se rallier peu ou prou au socialisme naissant et l'épauler par leur art. Ainsi Maeterlinck et Verhaeren, notamment, vont-ils collaborer avec la Section d'Art créée par le P.O.B. pour sortir les ouvriers de leur misère culturelle. C'est l'époque des bibliothèques publiques et des "Universités populaires" ouvertes un peu partout, notamment dans les "Maisons du Peuple" qui sont aussi des foyers d'éducation anticléricale, voire antireligieuse puisque l'Église continue à s'identifier aux puissances d'argent, et à la monarchie en particulier, alors que l'idée républicaine survit surtout dans le monde des travailleurs (voir Aron, "Les Écrivains belges et le socialisme").

Dans les programmes de la Section d'Art, de 1891 à 1914, on trouve les noms de plusieurs écrivains importants de l'époque: Edmond Picard, Georges Eekhoud, Jules Destrée, Émile Verhaeren, Camille Lemonnier, etc., à côté d'artistes remarquables comme les architectes et décorateurs Victor Horta ou Henri Van de Velde ou de l'étonnant homme de culture, fondateur du Mundaneum, Henri La Fontaine.

S'il est un écrivain de second rang, Edmond Picard (1836-1924) joue un rôle capital d'animateur de la vie culturelle pour le démarrage d'une littérature nationale. Créateur du concept controversé de "l'âme belge", il contribue puissamment à la prise de conscience littéraire en Belgique ainsi qu'à "l'art social" en fondant sa revue *L'Art Moderne* en 1881. Avocat, il défend la liberté de création, notamment au procès intenté à Camille Lemonnier en 1893, et fonde même *La Libre Académie de Belgique*, anticipant sur la volonté d'institutionnalisation de Jules Destrée, lorsqu'il fut ministre de la culture.

Camille Lemonnier (1844-1913), qui fut sacré "Maréchal des lettres belges" au banquet organisé par la "Jeune Belgique" en 1883 pour protester contre son évincement du Prix quinquennal de littérature, consacra toute sa vie à l'art et à la culture. Il est sans doute le premier Belge à vivre de sa plume (avant Maeterlinck, Simenon ou Henri Vernes) et à être reconnu à Paris —fait essentiel pour un écrivain belge!— dès la publication de son célèbre roman *Un Mâle* en 1881.

Il est dès lors reconnu comme le chef de file du naturalisme, le "Zola belge" et, comme lui, il connaîtra la haine des bienpensants, le puritanisme officiel le poursuivant de pas moins de trois procès pour de prétendus outrages aux mœurs.[10] Il fut encore un excellent critique d'art, un conteur à la Maupassant, et un précurseur de la littérature "écologique" par des récits allégoriques vantant le retour à la nature qu'il a toujours peint avec force et lyrisme.

A l'opposé de ce tempérament puissant, le fragile Octave Pirmez (1832-1883) se présente comme le premier penseur ou essayiste littéraire de notre littérature. Aristocrate et romantique attardé, hanté par la mort, cultivé et généreux, il laisse une œuvre prolixe de facture élégante mais de faible originalité. Charles De Coster disait de lui: "beaucoup de jeunesse de cœur et un esprit très vieux". Sa lointaine parente, Marguerite Yourcenar a dressé un petit bilan lucide de l'homme et de l'œuvre dans ses *Souvenirs pieux*, en regrettant que "la chape de plomb du conformisme ambiant ait éteint les flammes les plus originales" (311-13).[11]

Nous savons en effet que sa production fut surveillée notamment par son frère Fernand, dont la mort prématurée lui inspira une sorte de tombeau philosophique et biographique intitulé *Rémo*

(1878), ainsi que par son ami et lecteur fidèle, Émile Smits. Ainsi a été brossé un profil d'écrivain catholique au détriment d'élans plus novateurs et d'une pensée originellement plus critique. Salué, faute de mieux, par *La Jeune Belgique*, il fut, par certains côtés, un lointain précurseur de Maeterlinck, notamment de son essai fameux *La Sagesse et la Destinée* (1898).

Un mot de notre seul Prix Nobel (1911) dont l'œuvre d'essayiste (plus de quarante volumes!) fut mondialement aussi célèbre, fait rare, que sa poésie et que son théâtre symbolistes. Parce qu'il avait traduit Novalis ou le mystique brabançon du XIVe siècle Ruusbroeck l'Admirable, qu'il avait choisi des titres à connotation spiritualiste, on a eu tendance à camoufler, dans la critique officielle et dans les anthologies, la sensualité profonde, le progressisme, le paganisme et l'agnosticisme de Maeterlinck. Pour le conformisme anémique, comment ne pas être tenté de s'annexer un tel tempérament littéraire et une telle gloire? Hélas, cela ne peut se faire, une fois de plus, qu'au prix de l'honnêteté intellectuelle....

Pourtant le critique clérical Camille Hanlet a publié en 1942, une mise en garde: *M. Maeterlinck. Les dangers d'une œuvre littéraire*. D'ailleurs, pour son dernier essai intitulé *La Mort* (1913), l'auteur avait été condamné par le Vatican qui avait mis à l'index "toutes ses œuvres qui attaquent la religion et les bonnes mœurs". Effectivement, certains énoncés sont d'un athée. Un exemple:

> Nous avons créé Dieu parce que nous avions peur du néant qui, n'existant pas, ne pouvait nous faire aucun mal. Mais puisque ce Dieu ne dépendait que de notre imagination, pourquoi l'avoir créé vindicatif, souvent injuste, exigeant, tyrannique, incompréhensible et cruel? Parce que nous le sommes. (*La Grande porte* 27)[12]

Un ami et collègue de Maeterlinck n'est pas mieux traité. Charles Van Lerberghe (1861-1907) reste l'auteur, réputé élégiaque, de *La Chanson d'Eve* (1904) et dans une moindre mesure, d'*Entrevisions* (1898), œuvres poétiques exemplaires du symbolisme. On préfère oublier son théâtre *Les Flaireurs* (1889) qu'on peut rapprocher de *l'Intruse* de Maeterlinck et surtout *Pan* (1906) "déclaration ouverte d'anticléricalisme ... portée à la scène par les soins de Lugné-Poe. Le rôle principal fut tenu par Colette" (Quaghebeur 300).[13] Mais il ne faut pas oublier, qu'avec délicatesse et pudeur certes, la *Chanson d'Eve* célèbre l'éveil de la conscience, la découverte de la connaissance, mais aussi celui de la jouissance.

Le troisième larron de l'école gantoise, Émile Verhaeren (1855-1916), presque aussi célèbre que Maeterlinck, fut aussi un esprit libre et moderne. Il a participé à la littérature sociale et fut le chantre passionné et magnifique de l'urbanisation et de l'industrialisation, deux facteurs de déchristianisation qui font horreur, comme au Québec, aux auteurs traditionalistes, qui préfèrent les prétendues vertus de la terre et de la vie paysanne.

Voici un exemple de cette modernité:

> L'esprit de la campagne était l'esprit de Dieu;
> Il eut peur de la recherche et des révoltes,
> Il chut; et le voici qui meurt, sous les essieux
> Et sous les chars en feu des nouvelles récoltes.
> ...
> L'usine rouge éclate où seuls brillaient les champs;
> La fumée à flots noirs rase les toits d'église;
> L'esprit de l'homme avance et le soleil couchant
> N'est plus l'hostie en or divin qui fertilise". ("Vers le futur")

Ainsi le XIXe siècle, commencé dans une relative inculture, un conformisme patriotique volontiers clérical —Maeterlinck parlera de "mégalothéisme" pour dénoncer cet impérialisme théologique— et dans un véritable désert littéraire, s'achève par une véritable flambée révolutionnaire sur tous les plans. Même un conteur populaire, comme Maurice Des Ombiaux (1868-1943), ose camper "le curé des Pourcheaux" (c'est-à-dire, en dialecte, des porcs!) un personnage interlope, à la fois boucher, braconnier, hors-la-loi et peut-être assassin (*Le Maugré*, 1911)!

Le naturalisme et l'esthétique symboliste renouvellent les genres et font, en Belgique, bon ménage, même avec le socialisme naissant. Accédant à la puissance industrielle, animée par le libéralisme qui la traverse depuis la Constitution de 1831, devenue une puissance coloniale, secouée par un marxisme, même édulcoré, l'idéologie officielle s'ouvre à la modernité. Ses plus grands créateurs artistiques et littéraires sont à la pointe de cette évolution. Leur génie vainc les résistances et accomplit ici aussi une "révolution tranquille", mais bien plus lente qu'au Québec en 1960.

XXe siècle

La véritable ouverture du siècle est tragique: la première guerre mondiale de 1914-1918 ravage l'économie européenne, ébranle sa puissance mondiale, mais surtout décime une génération franco-allemande et détruit, par ses horreurs et son absurdité, le mythe du progrès ainsi que l'espérance humaniste.

L'humanité blessée se réfugie dans la dérision, l'humour noir mais aussi l'anarchisme, héritier turbulent et parfois compagnon de route, du libéralisme et du socialisme désenchantés. Cet effondrement explique largement la fascination qu'exerce la Révolution russe de 1917 et le personnage de Lénine. Beaucoup d'intellectuels flirteront donc avec le communisme naissant, au début souvent teinté d'anarchisme, tandis qu'au niveau des masses, le marxisme se scindera en socialisme (réformiste) et communisme (vite dominé par le stalinisme).

Sur les ruines de ce qu'on croyait "LA CIVILISATION", surgit le dadaïsme, bientôt relayé par divers surréalismes. Clément Pansaers (1885-1922), animateur en 1917-1918 de la revue moderniste *Résurrection*, adhère vite au communisme naissant en même temps qu'il fonde le dadaïsme belge avec le *Pan-Pan au Cul du Nu Nègre* (1920). Internationaliste et antimilitariste, il aura maille à partir avec les autorités.[14]

Inutile de préciser que toutes les "avant-gardes" qui vont se succéder cultivent le non-conformisme et souvent la provocation, anti-bourgeoise et anti-cléricale de préférence (Warmoes). Tous les aspects de la révolte contre l'ordre établi (beau désordre si l'on songe à 14-18!) s'y mêlent en proportion variable selon les personnalités. Par exemple, l'anarchisme anticlérical et pacifiste anime l'œuvre souvent humoristique et satirique du polygraphe Hem Day

(Marcel Dieu) et du caricaturiste et chansonnier Léo Campion, qui fit une belle carrière à Paris. Ils furent traînés devant les tribunaux pour cause de pacifisme par le Ministre de la Défense nationale dans un procès qui fit du bruit en 1933. Tous deux francs-maçons, ils ne cessèrent de défendre, notamment par le rire, la liberté de penser et les valeurs d'un humanisme authentique.[15]

L'inspiration anarchiste marquera l'œuvre, sinon la vie, de nombreux écrivains jusqu'à nos jours. Citons le dramaturge Michel de Ghelderode qui, par exemple, dans *Magie rouge* (farce en trois actes écrite en 1931 et jouée pour la première fois en 1935) fait l'éloge de la sensualité et présente un moine paillard et qui fut toujours un révolté contre les institutions; les poètes Achille Chavée et Paul Nougé ainsi que la plupart des surréalistes; le célèbre chansonnier Jacques Brel, socialisant, antimilitariste et anticlérical virulent;[16] le féminisme poétique de Claire Lejeune, révoltée contre l'ordre patriarcal; l'écriture et la révolte viscérale du romancier Marcel Moreau; la fantaisie iconoclaste du poète Jean-Pierre Verheggen qu'annonce celle d'André Blavier, disciple passionné de Raymond Queneau;[17] l'éloge de la vie gourmande et de l'amour libre par Norge; le non-conformisme douloureux et la critique sociale de Jean Muno; l'anti-christianisme et l'éloge de la jouissance de Raoul Vaneigem.

Ce dernier représente peut-être l'essayiste contemporain le plus radical.[18] Il fut, avec Guy Debord, animateur de l'*Internationale Situationiste* et un théoricien de mai 68. Son *Traité du savoir-vivre à l'usage des jeunes générations* (1967) en est un classique. Mêlant la réflexion philosophique, la diatribe et la plus savante érudition, il a publié de nombreux essais polémiques ou historiques combattant à la fois la société de consommation et le christianisme au nom d'un art de vivre fondé sur la liberté et la jouissance. Citons quelques titres révélateurs: *Le Livre des plaisirs* (1979, réédité en 1993), *Le Mouvement du Libre-Esprit* (1986), *Adresse aux vivants sur la mort qui les gouverne et l'opportunité de s'en défaire* (1990) et *La Résistance au christianisme* (1993).

Par ailleurs, la vie et l'œuvre de George Simenon, le plus célèbre de nos romanciers, témoignent à leur manière d'une tendance anarchiste. Ainsi refuse-t-il l'idée du péché originel et même de la culpabilité, considérant que le plus souvent le bourreau et la victime seraient interchangeables. Il veut "connaître mais non juger". Et il a inventé un héros célèbre, le commissaire Maigret, popularisé aussi par le cinéma, qui pratique l'empathie avec les suspects et comprend si bien leurs motivations qu'il va parfois jusqu'à les laisser échapper à la Justice.

L'esprit anarchiste peut parcourir tout le champ de l'idéologie de "la gauche" à "la droite", de l'incroyance à la croyance. Ainsi lorsque Pol Vandromme (né en 1927), écrivain polémiste mais spiritualiste privilégiant l'esprit et le style des Français qu'on a appelé les "Hussards" (Marcel Aymé, Roger Nimier, Céline), écrit:

> La croyance idolâtre ne se vainc que par la rectitude de la croyance vitale. Un esprit fort, toujours, est un esprit libre. Non pas libre de faire n'importe quoi, mais de faire ce qu'exige la tradition de la nature ardente. On vient à bout de la dévotion par le libertinage, mais seulement par un libertinage de guerrier,

est-il si loin de Vaneigem?

Un tout autre personnage fut un apôtre de la liberté qui évolua du communisme (tendance Trotsky) à un christianisme évangélique, sans cléricalisme —c'est Charles Plisnier (1896-1952; consulter Aron, *Charles Plisnier*). Par idéalisme poétique (*L'Enfant aux stigmates*, 1933) et par horreur du matérialisme vulgaire et petit bourgeois, il vit dans 1917 une volonté humaniste de changer le monde de façon éthique. Il milita activement à travers l'Europe et en tira la matière du recueil de nouvelles *Faux Passeports* qui lui valut en 1937 le prix Goncourt, le premier à n'être pas attribué à un Français.

Exclu par la tendance stalinienne, il se voua à la littérature mais poursuivit son idéal de liberté dans les romans comme *Meurtres* (5 volumes, 1939-1941) mais aussi par des interventions politiques contre le fascisme, pour le fédéralisme belge ou pour la construction de l'Europe. Bien qu'il ait écrit une parodie irrévérencieuse, *Histoire Sainte* (1931), il renoua progressivement avec la croyance maternelle qui l'avait marqué et qui culmine dans son poème d'hommage filial: *Ave Genitrix* (1943). C'est en somme un humanisme profond et généreux qui unifie la vie et l'œuvre, diverses et passionnées, d'un homme qui fut à la fois un héritier des Lumières et du romantisme.

Proche de Plisnier, Albert Ayguesparse (1900-1996) fut tout au long de sa vie et de son œuvre un fidèle du socialisme démocratique au nom duquel il s'engagea, comme le poète surréaliste Chavée, dans la Guerre d'Espagne. Épinglons dans son œuvre immense de poète et de romancier, le récit qu'il tira de son expérience espagnole et qu'il intitula de façon significative: *Les Mal-Pensants* (1979).

Un des personnages, Lionel, se révolte contre les complicités de la religion avec les intrigues politiques et financières ainsi que contre la culpabilisation qu'elle instille dans les esprits pour mieux les dominer: "Cette stratégie de la culpabilité, je ne l'accepte plus. La religion m'a tout l'air de pousser l'homme vers le mal pour se donner le mérite de le sauver. Je ne mettrai plus les pieds à l'Église" (36). Plus loin, le narrateur évoque "la vie éternelle, cette consolation dérisoire des vaincus" (45); il doit affronter dans les combats "des carlistes et des phalangistes aux côtés des Marocains affublés d'images du Sacré-Cœur" (85), illustration de la collusion dénoncée par beaucoup, dont les anarchistes, entre "le sabre et le goupillon"; il dénonce l'absurde logique des pouvoirs qui fait que "au nom de Dieu on tue autour de toi des gens innocents qui adorent Dieu" (86).

Les Bien-Pensants

Les polémiques politiques et idéologiques des XIXe et XXe siècles se reflètent évidemment dans la littérature et la critique qui dans l'ensemble seront l'une et l'autre plutôt médiocres. Gide l'avait dit: on ne fait pas de bonne littérature avec de bonnes intentions! D'ailleurs sont-elles bonnes ces intentions? Ne visent-elles pas à défendre par tous les moyens des positions traditionnelles, des privilèges et le statu quo contre l'inéluctable évolution du monde et des idées?

On peut douter de la charité des intentions en prenant l'exemple d'un critique fort répandu, l'abbé Camille Hanlet, dont le premier critère d'évaluation est un moralisme étriqué assorti au respect de la religion, de même que son prédécesseur Joseph Boulée qui, quarante ans plus tôt, écrivait: "Certaines œuvres retentissantes de M. Camille Lemonnier, de M. Georges Eeckhoud et tel passage aussi de M. Émile Verhaeren, c'est de la littérature qui ne devrait pas relever de la critique, mais de la cour d'assises" (62).

Certes, les affrontements idéologiques se sont atténués au XXe siècle, surtout dans sa seconde moitié. Il en résulte que beaucoup d'auteurs estimables se situent aujourd'hui par-delà l'affrontement entre croyance et incroyance et que les problèmes de la foi ne marquent plus de façon importante la création littéraire.

Il n'en demeure pas moins que l'institution littéraire, même si elle s'est sensiblement ouverte à la contestation, reste encore marquée par le poids des origines. Pendant longtemps, le conformisme fut plus facilement récompensé par des prébendes ou des prix littéraires, par un siège à l'Académie Royale de Langue et de Littérature françaises, par l'accès au poste de secrétaire perpétuel de cette académie,[19] par l'ouverture aux revues les mieux cotées et par toutes les formes de reconnaissance symbolique telles que conférences prestigieuses et mondanités diverses.

Le plus souvent, c'est par son seul talent et l'opiniâtreté de son combat que l'écrivain non-conformiste, en particulier agnostique ou irréligieux, peut s'imposer à l'attention, surtout s'il reçoit une consécration parisienne. Et ce n'est que très lentement que l'institution scolaire s'émancipe des critères du moralisme qui a imprégné la vie culturelle. Comme au Québec, cette chape de conformisme explique sans doute les violences et les outrances de ces "irréguliers du langage" qui jalonnent l'histoire belge.[20]

Conclusion

En matière de littérature, il est frappant de constater un divorce général, à quelques exceptions près, entre la volonté politique et institutionnelle d'un pays profondément marqué par le catholicisme et l'éclosion des talents les plus originaux. Dans l'ensemble, l'honneur littéraire de la Belgique se situe hors du cadre confessionnel comme du conformisme bourgeois. La modernité ne cesse de fleurir sur le terrain de la contestation!

Les grands écrivains, surtout ceux du passé, se situent hors du cadre religieux ou le contestent, comme s'il était hostile ou stérilisant. Il est aussi remarquable que la prégnance catholique n'a pas suscité un grand talent ecclésiastique, comme par exemple, celui de Monseigneur Savard au Québec, non plus qu'une œuvre équivalente à celle d'un Claudel ou d'un Péguy, sans parler de Chateaubriand. La sociologie de la littérature l'expliquera peut-être un jour, mais en attendant le bilan est net: l'empreinte catholique omniprésente n'a pas fait éclore des talents de première grandeur mais elle a suscité, par réaction, la verve de beaucoup d'écrivains d'envergure. Un paradoxe de plus dans l'histoire des lettres belges de langue française.

Notes

1. Charles De Coster fait de ce drame le décor de son fameux *Tyl Ulenspiegel* (1867). Plus près de nous, Marguerite Yourcenar y place son *Œuvre au noir* (1968). Il y a d'autres témoignages d'écrivains plus proches encore de l'Histoire. Par exemple, de Georges Eekhoud, *Les Libertins d'Anvers — Légende et histoire des Loïstes*, écrit entre 1898 et 1911, qui montre la prolifération des hérésies et la férocité de leur répression dans la fameuse cité cosmopolite où fleurit l'art païen d'un Rubens.

2. Les mêmes causes produisant les mêmes effets, je ne peux m'empêcher de faire une comparaison avec la situation québécoise jusqu'aux environs de 1940: un cléricalisme absolu étouffe la production intellectuelle et fige la pensée dans le passéisme. A propos de Louvain, Maurice Leroy écrit: "Outillage scientifique quasi nul, mépris des théories modernes, pédagogie sclérosée, professeurs incapables, voire corrompus" (*Mémoires et publications* 3); on achète des titres de docteurs! De même, le grand historien national Henri

Pirenne s'étonne "de la stérilité d'un clergé si nombreux et disposant des ressources de tant de chapitres, de monastères et de collèges" (3: 158-60).

3. Le 15 février 1793, la Convention Liégeoise tient ses assises et proclame le 22 que "la majorité des habitants du pays de Liège a émis son vœu pour la réunion à la République Française" (*La Wallonie* 1: 240-45) par 9660 oui contre 40 non. Notons aussi que même le Prince-Évêque de Liège peut être un disciple des Lumières. Ainsi du Comte de Velbruck qui assure le triomphe du "parti philosophique". Bien que son territoire soit un haut lieu de l'édition progressiste (*La Gazette de Liège*, 1764; *Le Journal encyclopédique*, 1756; une *Encyclopédie méthodique* diffusée dans toute l'Europe; cinq volumes d'un *Supplément à l'Encyclopédie* à partir de 1771), il ne donnera aucune production littéraire importante. Consulter Mortier, 75-102.

4. Même si Balzac invente le mot "désenchantement", si Flaubert découvre la méfiance de la représentation et la faillite de l'idéal, et si la devise "liberté, égalité, fraternité" s'effiloche au fil du XIXe siècle.

5. Par exemple, dans la *Bataille de Navarin ou le Renégat* (1828) d'H.G. Moke (1803-1862), initiateur du roman historique à la Walter Scott.

6. On pourrait rapprocher le ton et l'ambivalence de ce roman de celui de Victor Misrahi, *Les Routes du Nord*, publié par Gallimard en 1960. Pour plus de détails sur cette thématique, voir Voisin: "Traces".

7. Il stigmatise à plusieurs reprises la mauvaise foi des historiens officiels, le plus souvent réactionnaires, qui s'efforcent de discréditer la Révolution.

8. Soulignons l'orthographe contrastée et significative du mot "dieu". Cet appel vient après le souvenir du catastrophique XVIe siècle, tournant de notre histoire:

> Le duc d'Albe brisé, son dieu resta le maître;
> Nous chassions le bourreau, nous rappelions le prêtre;
> Mais le prêtre était le bourreau! (3.58).

9. Ami de Félicien Rops, le seul artiste belge du moment qui trouvât grâce aux yeux de Baudelaire, il partage avec lui une volonté de libération qui se traduisit par un journalisme libertaire comme, par exemple, la fondation de l'hebdomadaire *Uylenspiegel* en 1856. Il milite dans les milieux libéraux, alors farouches adversaires politiques du cléricalisme représenté par le Parti Catholique. Qu'il soit en 1847 un des fondateurs de la Société des Joyeux est aussi significatif!

10. Dans sa veine naturaliste, des titres comme *Happe Chair* (1886), contemporain de *Germinal*, *L'Hallali* (1906), *L'Hystérique* (1885) ou *L'Amant passionné* le désignaient à l'attention de la police des mœurs comme à celle de la politique conservatrice. Il écrivit aussi une description monumentale de son pays: *La Belgique* (1888).

11. Voir aussi pp. 15, 140, 141, 170 et suivantes, 217.

12. Voir aussi p. 188. Pour plus d'informations, y compris sur l'essai en général, consulter Voisin, "L'essai en Belgique romane".

13. L'œuvre est dédicacée à Camille Lemonnier et exalte le principe de vie contre le christianisme présenté comme une pulsion de mort. La pièce se termine par l'esquisse d'une bacchanale où l'on chante:

> Pan est ressuscité!
> Il est Dieu!
> Il est Pan! Il est Tout! Il est la Joie.
> Il est la vie.

Une note se réfère à Nietzsche: "Je ne croirais qu'en un dieu qui sait danser".

14. Il élaborera un numéro spécial de *Ça ira* sur le dadaïsme auquel collaborent la plupart des écrivains parisiens et il publie, entre autres, *L'Apologie de la paresse* aux mêmes éditions anversoises en 1921. Mais il est un activiste wallon qui se prononce pour l'engagement politique.

15. La bibliographie de Hem Day, établie par lui-même, parut chez Pensée et Action en 1964, éditions fondées aussi par l'auteur. De Léo Campion citons, parmi une production aussi variée qu'abondante, *Dictionnaire subversif* (1933) réédité en 1935 et 1939; *Le Petit Campion illustré*, qui de 1941 à 1953 connut 9 éditions; *Le Cul à travers les âges*, 1981 et 1982 (Prix Scarron 1981 et Grand Prix de l'Érotisme, 1982).

16. Un petit extrait significatif de la chanson "Jaurès", évoquant les ouvriers du XIXe siècle:

> Et ils mouraient à pleine peur
> Tout miséreux oui not' bon Maître
> Couverts de prêtres oui not' Monsieur.

17. Ainsi, dans *Occupe-toi d'homélies* (1976), Blavier s'amuse à écrire pour caricaturer une bibliothèque de province et sa clientèle peu lettrée: "Il y a l'autodidacte appliqué qui recopie mal ses listes et demande, ingénument *L'amour fait à Marie*, par Clodo (Pel) ou, du même cochon, *La jeune fille violée* ou encore *La Pesanteur de la grasse*, ou *La Volupté du mâle*". Quant à la verve de Jean-Pierre Verheggen, elle éclate de façon jubilatoire et irrespectueuse de tous les conformismes dans une dizaine de volumes aux titres provocants. Un petit exemple: "Je crois qu'au commencement le verbe était franchement désopilant!... Puis vint Dieu qui le lui fit chèrement payer. Tarif, mon cher! Et le verbe se fit shérif et verbalisation! Dieu vit Adam et Eve en position genèse, ce qui eut lieu de lui déplaire. Dieu vit Adam en sève et Eve, la côtelette, en l'air..." (*Ridiculum vitae* 52-53).

18. Dès le *Traité*, il dénonce "l'ignoble tare des religions" (57), "la stu-

pide auréole du militant martyr" et la "vermine cléricale" (58) ou dans *Le Livre des Plaisirs*, la "culpabilité fécale" (106) et l'enseignement systématique du dégoût du corps. Notons que sous le pseudonyme de J.-F. Dupuis, il a écrit une *Histoire désinvolte du surréalisme* (1977).

    19. Voir, par exemple, *Alphabet illustré de l'Académie*.

    20. La littérature flamande connaît le même phénomène. Après 1945, presque tous les écrivains importants de langue néerlandaise ne sont pas chrétiens, alors que les générations précédentes avaient été imprégnées d'une culture édifiante et que la population reste encadrée d'institutions marquées par le catholicisme. Leur anticléricalisme est réel mais non virulent, sauf le plus grand d'entre eux, Hugo Claus, traduit dans le monde entier et parfois cité pour le Prix Nobel.

    N.B. "Les irréguliers du langage" est le titre d'une exposition et de son catalogue.

Ouvrages Cités

Alphabet illustré de l'Académie. Bruxelles, 1995.

Aron, Paul. *Charles Plisnier, entre l'Évangile et la Révolution*. "Archives du futur". Bruxelles: Labor, 1988.

———. *Les Écrivains belges et le socialisme (1880-1913)*. Archives du Futur. Bruxelles: Labor, 1985.

Ayguesparse, Albert. *Les Mal-Pensants*. Bruxelles: La Renaissance du Livre, 1979.

Blavier, André. *Occupe-toi d'homélies*. Liège: Yellow now, 1976.

Boulée, Joseph. *La Littérature belge*. Bruxelles: Éditions A. Dewit, 1906.

Hanlet, Camille. *Les Écrivains belges contemporains de langue française, 1800-1946*. Liège: Éditions Dessain, 1946. 2 volumes.

Mémoires et publications de la Société des Sciences, des arts et des lettres du Hainaut. Vol. 93. Mons, 1986.

Maeterlinck, Maurice. *La Grande porte*. Paris: Fasquelle, 1939.

Mortier, Roland. "Le siècle des lumières aux pays de Liège, de Namur et de Hainaut". *La Wallonie, le pays et les hommes*. Vol. 2, 1978.

Pirenne, Henri. *Histoire de Belgique*. 4 vols. Bruxelles: La Renaissance du Livre, 1950.

Potvin, Charles. *La Belgique*. Bruxelles: Lacroix, van Meenen, et Cie., 1859.

Quaghebeur, Marc. *Alphabet des Lettres belges de langue française*. Bruxelles, 1982.

Vandromme, Pol. *Céline et Cie*. Lausanne: L'Age d'Homme, 1996.

Marcel Voisin

Vaneigem, Raoul. *Le Livre des Plaisirs*. 1979. Bruxelles: Labor, 1993.

———. *Traité du savoir-vivre à l'usage des jeunes générations*. Paris: Gallimard, 1967.

Verhaeren, Émile. *Les Villes tentaculaires*. 1895. Paris: Mercure de France, 1931.

Verheggen, Jean-Pierre. *Ridiculum vitae*. Paris: Éditions de la Différence, 1994. (Grand Prix de l'Humour Noir, Xavier Forneret, 1995)

Voisin, Marcel, éd. "L'essai en Belgique romane". Études Littéraires 21.2. Québec: Presses de l'Université Laval, 1988.

———. "Traces de 1789 dans la littérature belge de langue française". *Französich Heute* (Frankfurt am Main) 20.3 (Septembre 1989): 294-306.

La Wallonie, le pays et les hommes. 5 vols. Bruxelles: La Renaissance du Livre, 1975-.

Warmoes, Jean, éd. *Cinquante ans d'avant-garde 1917-1967*. Catalogue de l'exposition de Bruxelles, 1983. Bruxelles: Bibliothèque Royale, 1983.

Yourcenar, Marguerite. *Souvenirs pieux*. Paris: Gallimard, 1974.

Note sur la littérature coloniale belge

On retrouve évidemment la même problématique du cléricalisme dans la littérature soit écrite par les colons belges, soit écrite par les Africains, aujourd'hui Zaïrois. Elle se renforce du rapport de dominant à dominé qui marque la colonisation d'autant plus que l'évangélisation y joue un rôle déterminant. D'ailleurs plusieurs religieux témoigneront de leur expérience par la fiction sans qu'aucun, ici non plus, n'atteigne quelque sommet littéraire (Frère Aurélien, Firmin Rodegem, Yvon Struyf, Joseph Van Wing). Le plus souvent, c'est leur œuvre ethnologique qui est intéressante et leur vaut une reconnaissance, parfois internationale.

La censure coloniale, souvent inspirée directement par les autorités religieuses, s'accommode mal du sensualisme comme du surréalisme ou "naturalisme cosmologique" (Senghor) de l'Afrique. Les valeurs spécifiques, les mœurs exotiques (la polygamie, par exemple), les contes à thématique sexuelle sont le plus souvent écartés et l'on plaque souvent d'autorité une finale moralisatrice ou édifiante. Il n'est évidemment pas question de contester le droit et les méthodes du colonisateur.

S'il y a des traces et des allusions africaines —de l'ex-Congo belge notamment— chez les écrivains belges (Ghelderode, Hellens, Pansaers, Thiry, Detrez, Plisnier, etc.), il y a peu d'œuvres comparables aux *Dialogues africains* de Roger Bodart ou *Des mille collines aux neuf volcans* de Marie Gevers qui sont des récits de voyage. De même, la littérature de langue néerlandaise ne donnera pas l'équivalent du hollandais Multatuli mais seulement un Jef Geeraerts, par exemple.

On commence à découvrir les écrivains africains issus des régions qui furent administrées par la Belgique: Zaïre, Rwanda et Burundi. Citons: Thaddée Badibanga, Paul Lomani Tchibamba, V.Y. Mudimbe, et Y.A. Kompany wa Kompany.

On consultera:

Quaghebeur, Marc et Annick Vilain, éds. *Papier blanc, encre noire*. Dossier collectif. Bruxelles: Cellule Fin de Siècle—Promotion des Lettres, 1992. 73 pp.

Stengers, Jean. *Congo, mythes et réalités. 100 ans d'histoire*. Gembloux et Paris: Duculot, 1989.

Images de l'Afrique. Actes du colloque de Louvain-la-Neuve. Bruxelles: Textyles / Kinshasa: Éditions du Trottoir, 1993. 372 pp.

Dits de la nuit. Anthologie de contes et légendes d'Afrique Centrale. Espace Nord. Bruxelles: Labor, 1994. 299 pp.

Philip G. Hadlock
University of Pennsylvania

False Prophets, False Poets: Reflections of the Prophetic Tradition in Lautréamont's *Chants de Maldoror* and Ducasse's *Poésies*

Since their publication more than a century ago, the *Chants de Maldoror* have had few supporters so fervent as André Breton. In a special edition of the *Disque vert* dedicated to the author of the *Chants*, Breton writes: "Lautréamont, un homme, un poète, un prophète même: allons donc! On ne le désarmera pas si facilement" (91). Breton's depiction of Lautréamont as poet and prophet is at once unusual and felicitous. The transgressive nature of Lautréamont's text has led numerous exegetes, such as Hans Rudolf Linder and Léon Pierre-Quint, to a very contrasting opinion. In fact, readings of the *Chants* as an anti-religious work, one in which Biblical typology is strategically subverted, are much more prevalent than those which consider the work to be prophetic. Nonetheless, in both Lautréamont's work and that of his alter ego, Isidore Ducasse, attitudes toward poetry and the role of the poet closely correspond to Biblical depictions of prophecy and the role of the prophet. Ducasse's guidelines for poetic reform are suggestive of this rapport between the poetic and prophetic traditions. In his *Poésies*, Ducasse dismisses such figures as Homer and Virgil as models for the reform of modern poetry, but specifically cites Confucius, Buddha, and Jesus Christ as figures to be emulated by poets (378). The selection of models from a prophetic rather than a poetic tradition may, on one hand, instantiate the disdain for most poets which Ducasse reiterates in numerous passages of the *Poésies*, but it is also consistent with his attitudes regarding the poet's societal function.

In the same passage from the *Poésies* mentioned above, Ducasse characterizes the poet's importance to his community in terms similar to those used in Biblical depictions of the relationship between the prophet and his people. Ducasse writes that "[u]n poète doit être plus utile qu'aucun citoyen de sa tribu." His further reference to the poet's *œuvre* as "le code des diplomates, des législateurs, des instructeurs de la jeunesse" (378) reprises several of the roles that the Bible specifically associates with the prophets. The Book of Amos (4.1) gives a clear presentation of the prophet in a legislative role, rectifying injustice and oppression, while the Book of Isaiah (58.1) speaks directly of the prophet's role as teacher. Likewise, chapter forty of the same book attests to the diplomatic duties of the prophets, including among these intercession in hostilities between nations. The insistence of the chapter's opening verse upon the act of solace comprised by such a diplomatic mission illustrates yet another of the traits by which Ducasse characterizes the poet. The Biblical verse, "Comfort ye, comfort ye my people, saith your God,"[1] bears a striking resemblance to the notion Ducasse expresses in the opening of his *Poésies*: "C'est le poète qui console l'humanité!" (361).

If Ducasse maintains that the prophet and the poet hold similar stations in their communities, he also suggests a similarity in their relationships to language. Prophecy is arguably the most significant linguistic act to be discussed in the Bible. Indeed, Jesus, commenting in the Book of Matthew (5.12), directly attributes the rewards of heaven to the efforts of the prophets. Likewise, prophecy is the only linguistic act specifically sanctioned by the Bible as a defining capacity of the Lord's people. The Book of Joel (2.28) and the Book of Acts (2.17) affirm that God will speak through all of His followers in the latter days, and Moses exhorts all of his people to be God's prophets in the Book of Numbers (11.29).

The attitudes Ducasse expresses regarding the universality of poetry are highly reminiscent of Moses's comments. Ducasse writes in his *Poésies* that "[l]a poésie doit être faite par tous" (386), echoing the Biblical call to prophecy as a common activity among people of faith with his own exhortation to a common activity among humans. Of course, this call to poetry does not prevent Ducasse from denigrating nearly all of the most venerated poets of his day—Lamartine, Musset, and Hugo are the most notable targets of Ducasse's contempt. In a letter to his banker, Darasse, he refers to this poetic triumvirate as "les Grandes-Têtes-Molles de notre époque" (401). The vehement vituperation Ducasse directs at these career poets does not abrogate his previous observation on the universality of poetry, but does align poetry with prophecy in terms of their common subjection to abuse and falsity.

Ducasse makes little effort to conceal his dissatisfaction with the state of poetry. On the contrary, he specifically states that "les poètes contemporains ont abusé de leur intelligence" (378). Lautréamont confirms and expands upon this position in the fourth of his *Chants de Maldoror*, noting that "[j]usqu'à nos temps la poésie fit une route fausse" (256). Lautréamont's choice of epithet in this case is particularly telling. Indeed, this concern regarding "falseness" in poetry is not unlike Biblical concern over false prophecy. Moreover, the animadversions Ducasse directs at the prominent "career" poets of his day reprise many of the Bible's concerns over illegitimate prophets. The Bible frequently juxtaposes "career" prophets, those in the service of the court or temple, with the authentic but unpopular purveyors of true prophecy. The stories of Micaiah (I Kings 22), the dialogues with King Ahaz in the Book of Isaiah, and Jeremiah's conflicts with the kings of Judah all attest to the opposition of authentic prophecy to the selfish motivations of certain systems of authority (Frye 125-29). The parallel between the Bible's false prophets who manipulate their prophecy for their own interests and the "false poets" who, in Ducasse's opinion, have "abused" poetry for self-serving ends is unmistakable.

The propensity for falsehood common to poetry and prophecy is largely attributable to a lack of rigorous criteria in either tradition for distinguishing the legitimate from the false. Poetic theorists such as Barbara Herrnstein Smith (46), E.D. Hirsch (260), and Roger Fowler (183-84) have all noted their skepticism regarding the formulation of a viable distinction between ordinary and literary or poetic language. The measurement of genuine prophecy against so-called false prophecy is equally vague. The Bible makes little effort, or is unable, to present any definitive or infallible criteria for verifying the authenticity of prophecy. On the contrary, the Books of Matthew (24.24) and Mark (13.22) both insist that many false prophets are very convincing and capable of deceiving God's people; and the only criterion explicitly offered by the Bible hardly seems foolproof: the Book of I John (4.1-3) indicates that a simple acknowledgment of Christ suffices to guarantee the authenticity of a given prophet.

Ducasse's tendency to eliminate considerations such as versification or imagery from his conception of poetry, and to focus rather on the utility of poetry, not only anticipates modern debate on the specificity of poetic language, but contributes to this conflation of the false and the genuine. Ducasse adamantly opposes any judgment of poeticity based on lexical criteria; rather, he steadfastly maintains that the sole objectives of poetry reside in the elucidation of "la vérité pratique" (377). The Bible also deletes all references to any tangible discursive traits of authentic prophecy; and yet, Jesus insists that false prophecy is recognizable in spite of its discursive indeterminacy. In the Book of Matthew (7.15-20), he likens genuine prophecy to a fruitful harvest, asking "Do men gather grapes of thorns, or figs of thistles? Even so every good tree bringeth forth good fruit; but a corrupt tree bringeth forth evil fruit." Ducasse's remarks on the treacherous poets of his time cite a similar demonstration of moral depravity in their works. Ducasse explicitly denounces Musset and Baudelaire, among others, as "écrivassiers funestes" (371) and grounds his distaste for their works in "l'ennui, les douleurs, les tristesses, les mélancolies, la mort, l'ombre, le sombre" (401) which they promote and in their general proclivity for corruption. Nonetheless, the dispersal of certifiable indicators of poeticity in favor of a more pragmatic view of poetry has not prevented Ducasse's language from exhibiting its own "uniqueness."

The "uniqueness" of Lautréamont/Ducasse's language has, of course, elicited voluminous commentary. The language of the *Chants de Maldoror* and the *Poésies* is at once highly individual in its semantic diversity and very common in its explicit references to other well-known discourses. This unusual quality is also characteristic of certain notable prophecies not exclusive to the Judeo-Christian tradition. The language of Mohammed's prophetic recitations, for instance, is said to exhibit this same unclassifiable uniqueness. In his *Histoire générale des langues sémitiques*, Ernest Renan indicates that Mohammed commits numerous mistakes in the versification of the Koran, and adds that "proper" versification is by no means among the Koran's objectives. On the contrary, the Koran specifies that "[n]ous n'avons point appris la versification à notre Prophète; elle ne lui convient pas" (Renan 468). The specificity of Mohammed's language does not emerge in spite of the incompatibility between prophecy and rules of versification, but because of it. It is "ni de la poésie, ni de la prose, ni du langage magique, mais c'est quelque chose de pénétrant" (Renan 468).

This unusual specificity of the language of prophecy relies to a large extent upon its focus on enunciation. The priority of orality over textuality defines, to a certain extent, the doctrines of Christianity, Judaism, and Islam. In all of these dogmas, the dissociation of the Word from the text is inconceivable. The thirteenth-century Kabbalist Isaac the Blind's belief that "the written Torah can take on corporeal form only through the power of the oral Torah" purveys evidence of this truth in the Jewish faith (Bloom 7). Islamic doctrine presents a similar belief, asserting that the Koran is nothing other than an "eloquent recitation." Renan goes so far as to suggest that Mohammed did not know how to write (463-66).

The passages of the *Chants* vary widely in their relationship to enunciation from strophe to strophe, and even within given strophes. Lautréamont replicates the highly specific enunciatory level of a diary in one instance only to adopt a sterile encyclopedic approach devoid of enunciatory specificity in the next. Lautréamont further establishes the indeterminacy of enunciation at a diegetic level, endowing the most contrasting varieties of animal species with a capacity to perform intelligible locutionary acts while many of the human denizens of Maldoror's world do not speak at all.

The primacy of enunciation in the Biblical tradition is rooted in its association with creation. The opening of the Book of Genesis presents the phrase "And God created" as synonymous with the phrase "And God said." Likewise, the Gospel of John opens with a familiar assertion regarding the identification of God with discourse: "In the beginning was the Word, and the Word was with God, and the Word was God." This equation of God's utterance with creation *ex nihilo* anticipates the potency of the Word among His followers. In fact, the primary motivation for privileging prophecy in the Bible resides in its capacity as a meta-enunciatory act; that is, the locus of prophetic enunciation is not in the prophet, but in God.

This self-effacement of the speaking subject is also a critical component of the *Chants de Maldoror*, and an issue which Ducasse explicitly addresses in the *Poésies*. "La poésie personnelle a fait son temps de jongleries relatives et de contorsions contingentes," Ducasse writes, calling in the following sentence for a return to "le fil indestructible de la poésie impersonnelle" (372). Lautréamont's *Chants de Maldoror* offer a clear illustration of this principle. The opening of the fourth Chant provides a particularly cogent example. Lautréamont's announcement that "[c]'est un homme ou une pierre ou un arbre qui va commencer le quatrième chant" (250) suggests that the agent by which the Chant is transmitted is of little importance. Likewise, a later passage of the same Chant concerns Maldoror's own admission of the indeterminacy of enunciation. "Que cette lugubre voix se taise. Pourquoi vient-elle me dénoncer?" he asks, only to discover that he has failed to recognize his own voice: "Mais c'est moi-même qui parle. Me servant de ma propre langue pour émettre ma pensée, je m'aperçois que mes lèvres remuent, et que c'est moi-même qui parle" (281-82). This confusion of voices is so pervasive as to undermine identity itself in Lautréamont's work. Maldoror and the narrator of the *Chants* are nearly indistinguishable at times, and the inhabitants of Maldoror's world display this same vague sense of identity. Their roles and identities are transferred and exchanged throughout the *Chants*.

Ducasse's disapproval of the "orgueil" of false poets offers a concrete illustration of a meta-enunciatory mode in poetry similar to that of prophecy. "Il y en a qui écrivent pour rechercher les applaudissements humains, au moyen de nobles qualités du cœur que l'imagination invente ou qu'ils peuvent avoir," adds Lautréamont in the fourth strophe of the first Chant (125). Many of Ducasse's censorious comments about other poets relate to their unjust appropriation of the poetic voice. Referring to the offending poetry alternately as "gémissements poétiques" and "sophismes hideux" (401), Ducasse contends that corruption in poetry is often motivated by vainglory. Lautréamont confirms this opinion, noting:

> J'ai vu, pendant toute ma vie, sans en excepter un seul, les hommes, aux épaules étroites, faire des actes stupides et nombreux, abrutir leurs semblables, et pervertir les âmes par tous les moyens. Ils appellent les motifs de leurs actions: la gloire. (126)

Lautréamont's comments on "le semblable" in this and other passages of the *Chants* suggest that vainglory is inappropriate in poetic production for many of the same reasons that it is inappropriate in prophecy. The Bible indicates in the Book of I Corinthians that any distinctions among mankind are a manifestation of God, and not a cause for pride, saying:

> For who maketh thee to differ *from another*? and what hast thou that thou didst not receive? now if thou didst receive *it*, why dost thou glory, as if thou hadst not received *it*? (4.7, original emphasis)

Likewise, the Book of Romans asserts that "there is no difference between the Jew and the Greek: for the same Lord over all is rich unto all that call upon him" (10.12). Lautréamont's remarks on "le semblable" in the strophe on the "vieil océan" concur with the Biblical perspective. Lautréamont summarizes the vanity of man, stating that "l'homme s'est cru beau dans tous les siècles," yet he remains skeptical regarding this opinion. He suggests rather that man is not beautiful and only perpetuates his vanity through a refusal to recognize himself in his "semblable":

> Moi, je suppose plutôt que l'homme ne croit à sa beauté que par amour-propre; mais, qu'il n'est pas beau réellement et qu'il s'en doute; car, pourquoi regarde-t-il la figure de son semblable avec tant de mépris? (136-37)

The Bible's assertions that "[a]ll flesh *is* not the same flesh: but *there is* one *kind of* flesh of men" (I Corinthians 15.39, original emphasis), and "So we, *being* many, are one body in Christ, and every one members one of another" (Romans 12.5, original emphasis) attest to this same suppression of individuality in a religious context. The Biblical application of this tenet has a direct impact on the cogency of prophetic pronouncements; that is, the collectivity of the prophets preserves the unity of God's Word. Ducasse's perspective of this collectivity upholds this notion of locutionary unity, but posits it in humanistic rather than gnostic terms; that is, Lautréamont's and Ducasse's reinscription of well-known individual utterances in both the *Chants* and the *Poésies* specifically calls attention to their hypotextual status and denies their specificity. In effect, highly recognizable citations are re-articulated as collective human utterances, as universal wisdom without individual identity.

This notion of collective contribution has constituted a cause for concern in the histories of both the *Chants de Maldoror* and the prophecies of the Judeo-Christian and Islamic traditions. In the case of the prophecies, the concerns are most apparent in the passage from orality to textuality. Mohammed's covert reliance on secretaries, along with the fact that parts of the Koran were composed after the prophet's death, made this question particularly compelling in the Islamic faith. Renan's study of the Koran's history indicates that the threat of multiple authorship was very disturbing to religious officials. Renan recounts one episode especially illustrative of this threat in which the Othman caliphate conducted a recension to eradicate the variations that had been introduced into the text by its various contributors (466). Whereas the Koran has benefited from at least the illusion of an unfaltering authorial homogeneity, Northrop Frye points out that the Bible's claim to such a unity of expression is even more dubious. He maintains that most books of the Bible should be considered as pseudepigrapha insofar as the figures to whom they are ascribed surely did not write them. Among these apocryphal figures, Frye includes Moses, David, Solomon, and Isaiah of the Old Testament; moreover, he dismisses as highly unlikely the contribution of any of the twelve apostles to the New Testament (202-3).

Of course, the question of multiple authorship has had profound repercussions in the case of Ducasse and Lautréamont as well. Concern over this issue in this case, however, has come primarily in the form of source studies. Indeed, several of these studies have included allegations of plagiarism. Maurice Viroux, having discovered several passages from the *Chants de Maldoror* in an earlier edition of Dr. Chenu's *Encyclopédie d'histoire naturelle*, pronounced Lautréamont's opus to be a work of indeterminate authorship. He writes in his article on the subject that "Isidore Ducasse devient définitivement suspect d'avoir truffé son œuvre de compilations inavouées" (635). Viroux's discovery is ironic in that Ducasse's objective seems to be exactly that which Viroux denounces him for having accomplished; that is, Ducasse seems to consider the success of his project to be contingent upon the flagrant exploitation rather than the dissimulation of his plagiarisms.

"Le plagiat est nécessaire. Le progrès l'implique" (381), writes Ducasse in one particularly illuminating passage of the *Poésies*. In spite of the many innovative techniques displayed in his œuvre, Ducasse clearly does not aspire to produce a work of striking originality; on the contrary, the *Poésies* and the *Chants de Maldoror* tend to eliminate originality as a concern for poetics. Lautréamont suggests, rather, that the banality of his work is reason for self-congratulation. He writes in the first Chant that "[c]elui qui chante ne prétend pas que ses cavatines soient une chose inconnue; au contraire, il se loue de ce que les pensées hautaines et méchantes de son héros soient dans tous les hommes" (126).

This placement of poetry "dans tous les hommes", along with Ducasse's contention that "[l]a poésie doit être faite par tous," signals one of the most appreciable divergences from prophecy in Ducassian poetics. Whereas the nucleus of prophecy is fixed in God, Ducasse locates the nucleus of poetic activity in humanity. Ducasse highlights the humanistic inclinations of his poetry in his reversal of a familiar Biblical verse, contrasting the Biblical notion that we are made in God's image with his own proclamation that "Élohim est fait à l'image de l'homme" (386). All of Ducasse's comments about Elohim are consistent with the concept that the divinity's importance resides solely in its utility to affirm the human race. Consequently, Elohim, in Ducasse's typology, becomes not a divine or even superhuman figure who presides over humanity, but an embodiment of the collectivity of humanity throughout the ages.

Thus, Ducasse's perception of poetry at once adopts and subverts the prophetic model. Both poetry, as Ducasse conceives of it, and prophecy, as the Bible defines it, allow for multiple expressions of the same "Truths" and acknowledge the same unity among human beings; the difference between the two seems to lie in their objectives. Ducasse certainly does not align his own objectives with those of the Biblical prophets. He overtly disparages the efforts of the most prominent among these, opining that "[i]l est ridicule d'adresser la parole à Élohim, comme ont fait les Job, les Jérémie, les David, les Salomon, les Turquéty" (379). Nonetheless, Ducasse's evocation of the Bible's great prophets, its poet-kings, and an obscure Romantic poet, Édouard Turquéty, in the same remark confirms the common bonds which link poetry and prophecy; and if Ducasse assigns priority to poetry over prophecy, it is not because he is ideologically opposed to prophecy: he suggests that his own project consists, at least in part, in pleasing

Elohim. Ducasse's objections are of a more practical nature. He indicates that "[l]a meilleure manière de lui plaire est indirecte, plus conforme à notre force. Elle consiste à rendre notre race heureuse" (379).

"Un homme, un poète, un prophète même." Perhaps Ducasse would have agreed with Breton's characterization, but his *Poésies* and Lautréamont's *Chants de Maldoror* indicate that Breton's order is in need of revision. Ducasse is first and foremost a poet, a prophet secondly, and lastly, an individual. Prophecy, he suggests, is consistent with poetry, but devoid of its most fundamental purpose: to make apparent the unity of humanity and to instruct us in our service to our community.

Note

1. All Biblical citations are taken from the King James version.

Works Cited

Bloom, Harold. "The Breaking of Form." *Deconstruction and Criticism*. New York: Continuum, 1979. 1-37.

Breton, André. "Le Cas Lautréamont." *Le Disque vert* (special edition). Brussels: L'Imprimerie Industrielle et Financière, 1925.

Fowler, Roger. "The Structure of Criticism and the Language of Poetry." *Contemporary Criticism* 12 (London, 1970): 173-94.

Frye, Northrop. *The Great Code: The Bible and Literature*. New York: Harcourt Brace Jovanovich, 1982.

Hirsch, E.D. "Three Dimensions of Hermeneutics." *New Literary History* 3 (1972): 245-61.

Lautréamont, comte de. [Isidore Ducasse]. *Œuvres complètes*. Paris: Librairie José Corti, 1953.

Linder, Hans Rudolf. *Lautréamont, sein Werk und sein Weltbild*. Affoltern-am-Albis: J. Weiss, 1947.

Pierre-Quint, Léon. *Le Comte de Lautréamont et Dieu*. Marseille: Cahiers du Sud, 1928.

Renan, Ernest. *Œuvres complètes*. Ed. Henriette Psichari. Vol 8. Paris: Calmann-Lévy, 1963.

Smith, Barbara Herrnstein. *On the Margins of Discourse*. Chicago: University of Chicago Press, 1978.

Viroux, Maurice. "Lautréamont et le docteur Chenu." *Mercure de France* 316 (Dec. 1952). 632-42.

Dwight Page
University of Memphis

The Christian Mystique of Jean Cocteau's *Orphée*

Both Jean Cocteau's 1926 play and his 1950 film *Orphée* exemplify the author's lifelong affiliation with and personal interpretation of the Christian faith. When Cocteau had first conceived the idea for the play, he had intended to write a work about the Virgin and her inexplicable pregnancy, but given the orthodox Catholic nature of France and many French intellectuals at the time, he had renounced this original project and had decided to write instead a play about the legendary poet Orphée and the mysterious birth of poetry (Milorad 109).

Despite this reorientation of the play's central theme in the course of its composition, dramatic vestiges of Cocteau's initial religious project permeate the play's final version. The choice of the Orphic myth as the play's subject is itself indicative of the work's pervasive religiosity: Orphée was both a priest and a poet. Furthermore, the 1926 *Orphée* was written at the time of Cocteau's most fervent devotion to Catholicism. He had recently spent a great deal of time at the home of the theologian Jacques Maritain at Meudon. Under the influence of Maritain and his wife Raïssa, Cocteau had received the holy sacraments and had even persuaded several of his friends to accept Catholicism. Indeed, Cocteau considered his spiritual conversion as influential upon his life as his first contacts with Stravinsky and Picasso (*Lettre à Maritain* 39).[1] During this period, Cocteau joined Henri Massis, Jacques and

Raissa Maritain and Père Henrion in founding *Le Roseau d'or*, with the aim of publishing the works of Maritain's young followers and proving that modern art and literature are not irreligious. Massis was firmly allied with the extreme right, the Action Française, and Maritain was also in sympathy with this group. *Le Roseau d'or* was therefore regarded as a die-hard Catholic review, and Cocteau's liaison with it doubled the Surrealists' hatred of him (Sprigge 102). Concerning his relationship with this Catholic literary group, Cocteau wrote,

> Au contact de cette âme admirable de Maritain, j'eus l'idée d'un échange de lettres où le catholicisme reprendrait ses forces d'origine, où je prouverais à la jeunesse que la religion et les audaces de l'art ne sont pas incompatibles. (*Démarche d'un poète*)

The *Lettre à Jacques Maritain*, published a few weeks before the June, 1926 premiere of *Orphée*, expresses the apogee of Cocteau's Catholic fervor: he proposes as the principal goal of art the adoration of God. The 1926 *Orphée*, which clearly exalts this proposition, is particularly interesting in that it marks the transition between Cocteau's youthful preoccupation with Christian theology and the phase of his full maturity as one of France's foremost playwrights, the author of the masterly *La Machine infernale* (1934).

The first evidence of the preservation of Cocteau's original religious intention in the final version of the play *Orphée* is the introduction of the angel-glazier Heurtebise. Heurtebise is a Christian anachronism in this modernization of ancient Greek tragedy. When Heurtebise appears for the first time in the second scene, he bends his knee and crosses his hands over his heart, thus assuming the position attributed to Gabriel, the angel of the Annunciation (Oxenhandler 89).

The presentation of two additional angels, Raphael and Azrael, in the sixth scene, reinforces the play's religious ambiance. The names Cocteau attributes to these latter angels are significant. Along with Gabriel and Michael, Raphael is one of the three Biblical archangels. In the Islamic religion Azrael is the angel of death, who receives the souls of dying men. Another traditional element of religious iconography in this scene is the use of the flying dove to convey the idea of the translation of Eurydice's soul from her dead body to the realm of the spiritual afterlife. The use of the bird as a religious symbol of the transition between life and death can be traced back to Egyptian mythology, where the hawk-headed god Sokar guided souls to the kingdom of the dead. The reader recalls as well frequent Biblical similes between the dove and the manifestation of the Holy Spirit, for example in the episode in which John the Baptist perceives the Holy Spirit descending like a dove upon the approaching Christ (John 1.32).

The profoundly Christian and Oriental religious ambiance of the sixth scene yields in the following scenes to a recapitulation of the traditional Greek Orphic myth, yet in the eleventh scene the play's Christian orientation reasserts itself when the commissioner draws the spectators' attention to the solar eclipse accompanying Orphée's decapitation by the Bacchantes. These lines are reminiscent of the phenomena which had occurred upon the death of Jesus. The Gospel according to St. Matthew (27.45) tells us, "From the sixth until the ninth hour, the earth was shrouded in darkness." Moreover, the early Christians considered Orphée to be a prefiguration of Christ, because Orphée, like Christ, had descended alive into Hell and had nonetheless survived the experience (Brosse 74).

It is however the play's thirteenth and final scene which best exemplifies the profound impact of Jacques Maritain's Catholic theology upon Cocteau at this stage of his career. The play's conclusion is quite an anomaly in Cocteau's *œuvre*, for it is singularly optimistic and Christian, and it is countered by the fatalistic, pathetic denouements of his other plays. It is apparent in this final scene that Orphée and Eurydice have undergone an experience of religious salvation: they give the impression of having been reborn and seeing their former home through new eyes. One explanation for Cocteau's decision to conclude his play on a note of optimistic faith in the possibility of earthly conjugal bliss is that in 1925 Cocteau's discipleship to Jacques Maritain was at its zenith, and he was eager to please his mentor with an orthodox religious play celebrating the redemptive power of God.

Orphée's prayer in this final scene is a confession, for here the poet recognizes his errors. After having been transfigured by death, the reborn Orphée realizes that the horse with which he had been obsessed was a symbol of Satan, and he affirms that it was because Eurydice had fought this equestrian Satan that she had died, whereas the ostensible reason for Eurydice's death was poisoning at the hands of Aglaonice. Orphée's explanation of his wife's death as a form of martyrdom links the play to the ancient Christian tradition of the adoration of the martyred saints. Prior to the divine revelation in this final scene, neither Orphée nor Eurydice had been sufficiently purified to be able to recognize the hand of God in these events. Now they have complete understanding of God's plan. Three declarations confirm this fact: first, paradise is not elsewhere but rather in one's own backyard. Secondly, Orphée has finally been saved because he has come to understand that poetry is God, that divine creation is the model for artistic creation; Victor Hugo's pantheism had expressed much the same idea of the creative process. Thirdly, the couple have finally recognized in Heurtebise their guardian angel. Heurtebise's function as the play's *deus ex machina* is thus revealed: it is he who guides Orphée from the physical to the spiritual world and it is he who shows the couple the way to their newfound earthly happiness (Knapp 81). Those aware of Cocteau's role in the contemporary Surrealist-Catholic literary dispute perceived that Cocteau had portrayed his Orphée as a Surrealist poet who had taken his inspiration from the Devil and who in the end had fortunately repented and been converted to Christianity. Viewed from this perspective, Cocteau's 1926 production of *Orphée* exacerbated his already strained relationship with the Surrealists and allied him more closely with the delighted Catholic Maritain group.

Cocteau's friendship with Maritain was disrupted for a long while by the publication in 1928 of *J'Adore*, a book glorifying promiscuity, written by Cocteau's *protégé* Jean Desbordes. Cocteau had even helped to advertise the book. Jacques Maritain and most of the Catholic critics were deeply shocked by *J'Adore* and censured both Desbordes and Cocteau.[2] Desbordes had written in *J'Adore* that he wished to speak to God "sans le secours des prêtres" (165). Now Cocteau, strongly influenced by Desbordes's hatred of dogma, expressed his intention to renounce his allegiance to the Meudon Maritain Catholic group and announced his decision to return to poetry (Sprigge 110). As a mark of this abrupt change and his renunciation of the sacred heart, Cocteau now gave up putting a tiny heart beside his signature and for the rest of his life put there a star instead, a star suggested by the scar on Apollinaire's forehead (Sprigge 110). Cocteau's defiant break with Maritain was in fact more of a piece of typical Coctelian melodramatic theatricality than a reality. The permanence of Jean Cocteau's and Jacques Maritain's mutual respect and friendship was symbolized in December, 1948 by their reconciliation in New York (*Lettre aux Américains* 20).

It is equally important to note that the theatre and cinema of Cocteau's post-Maritain period abound with both Biblical allusions and scenes of altruism, compassion and religious symbolism, revealing the durable if subtle influence of Cocteau's venerable Catholic mentor. A faithful student of Maritain's neo-Thomist theology, Cocteau continued throughout his career to celebrate platonic love and brotherhood, ideals of the Christian faith. For instance, the amorous relations between Coctelian characters are often devoid of carnality and suffused with spirituality; this is the case in the rapports between *la Belle* and *la Bête*, Renaud and Armide, and Orphée and the Princess. Apparently, the Catholic literary right eventually realized this fact, for not only Jacques Maritain but also Cocteau's Catholic archrival, François Mauriac, later made their peace with him in the 1940s and 1950s.

The quintessence of Cocteau's highly personalized and subjective form of religious ideology during the post-Maritain period is surely his second treatment of the Orphic myth, the 1950 film *Orphée*. This film is most remarkable for its incomparable and exquisite presentation of death and the spirituality of the afterlife. The autonomy and superior worth of the realm of conventional society and the fear of the supernatural unknown, key elements of the play, are absent in the film. The elements of the latter work are characterized by an associative capacity, as the film's tangible objects and characters are associated in the spectators' minds with intangible concepts recurring throughout the work. Visible things are wed to ideas and convey these ideas when they appear on screen. The magical gloves, the mirror portal and the Princess's car provide material evidence of the possibility of communication with the realm of the dead and of the reality of eternal spiritual life. The human Orphée and Cégeste are invariably linked to the quest for the spiritual origin of poetic inspiration, while the Princess and Heurtebise are angelic personifications of the spiritual love always uniting the souls of the living and the dead. These characters enjoy complete freedom of movement between the material and the spiritual spheres, the antipodes between which lies the film's entire structure. These associative elements accentuate the rapport and unity between these two spheres, and constantly focus the spectator's attention upon the film's central theme: the continuity between natural and supernatural life and death.

The three fundamental relationships supporting the original play's structure —the spatial, the temporal and the logical— are considerably transformed in the film. Here fixed spatial configurations and boundaries have dissolved: the characters move freely and frequently between a sphere resembling the world the spectator knows and the other-worldly realm of the Zone, which defies spatial definition. Temporal laws have also ceased to function in the film: nearly a third of the film's action transpires in the ethereal Zone, whose timelessness is emphasized by the fact that the clock indicating 6 p.m. upon Orphée's entry through the mirror into the Zone still indicates 6 p.m. upon his exit.

In the 1926 drama the logical relationships between discourse and plot had depended upon the means-ends criterion characteristic of classical theatre. Orphée's transitory dissent from his wife's conservative point of view, the unwelcome intrusion of the supernatural, and Eurydice's ultimately victorious arguments had all been intended to demonstrate the superior worth of bourgeois domestic and religious values with which contemporary spectators could empathize. However, Cocteau reorganizes the 1950 film's value system upon a new artistic basis which privileges the bourgeois mentality of his public less than the value system of the play does. The film's intellectual emphasis and the spectator's attention are divided between the easily recognizable logic of Eurydice's earthly domestic order and the less familiar yet equally valid logic of the social hierarchy of the Zone represented by the wise urbane Judges who evaluate the Princess's conduct with Orphée. The film's discourse and plot are propelled by the tension between these equally powerful terrestrial and celestial forms of logic.

Indeed, the intelligence, justice and humanity of the population of the supernatural Zone are so convincingly presented that it is difficult for the spectator to conclude which realm is intended by Cocteau to represent "genuine reality." This idea is reminiscent of the perennial Platonic question: What is more real? The thing we see or the invisible concept represented by its visible manifestation? Cocteau certainly gives credence to the supposition of the existence of an unphysical realm of ideas by his contention that he feels equally comfortable in the spiritual and the physical worlds. Explaining his fascination with the Orphic myth, he states, "Ma démarche morale étant celle d'un homme qui boite un pied dans la vie et un pied dans la mort, il était normal que j'en arrivasse à un mythe où la vie et la mort s'affrontent" (Fraigneau 99).

In the 1926 play the conflict between the material and the spiritual worlds had produced an interruption in the continuity of the viewing experience, exacerbated by the strained confrontations between the mortal Eurydice and the immortal Heurtebise. In the film, on the other hand, Eurydice's relationship with Heurtebise is presented as an amorous liaison, and the journey between the earthly and the spiritual realms is represented by a transition so gradual and smooth that it serves rather to cement the different parts of the film's structure and to intensify the spectator's impression of continuity and cohesiveness. The play's static clumsiness has evolved into the film's liquid finesse. The space given to the revelation of the spiritual world —minimized in the play— is magnified and glorified in the film. *Orphée* the film thus temporarily reconciles the discrepancies between the earthly and the spiritual realms and celebrates their congenial and salutary entente.

In this 1950 film Cocteau posits his faith in the reality of the spiritual afterlife and presents to the spectator a unique and most fascinating vision of spiritual eternity. It is in this sense that Cocteau is most emphatically religious. Shakespeare tells us in *Hamlet* (III.1) that death is "the undiscover'd country from whose bourn no traveler returns," yet in *Orphée*, Cocteau has intrepidly mapped the landmarks and clearly assigned human personalities to the individual spirits of the twilight zone of death.

The episode in the film which most succinctly illustrates Cocteau's personalized religious and Christian ideology is the Princess's resurrection of Eurydice. This episode is the film's thematic and esthetic centerpiece. While fatalism is the film's most tragic concept, resurrection is surely its most optimistic. *Orphée* actually contains a trilogy of resurrections: in addition to the Princess's resurrection of Eurydice, there are her resurrection of Cégeste and her restoration of Orphée and Eurydice to their former life at the film's conclusion. This trilogy of resurrections clearly allies the film to the theology of the New Testament and counters the belief of Cocteau's Catholic adversaries that he had renounced the Christian faith after his misunderstanding with Maritain in 1928.

Further, Cocteau underlines parallels between the Orpheus myth and religious imagery in the episode of the Princess's resurrection of Eurydice is the Princess's caveat to Cégeste not to look back as he re-enters the mirror leading to the Zone, lest he be turned into a pillar of salt, an obvious reference to the punishment of Lot's wife in the book of Genesis when she illicitly gazes upon Jehovah's destruction of Sodom and Gomorrah. Heurtebise's revelation that the Princess's gloves are the key to spiritual transfiguration is reminiscent of the Christian medieval epic *La Chanson de Roland*, where the dying warrior Roland's elevation of his glove is the conventional method of exhorting God and the angels to transport one's body to Paradise. Heurtebise's explanation, just prior to Orphée's entry into the magical mirror, that faith, not reason, is the only prerequisite for the conquest of death returns the spectator's attention to the durable influence of Jacques Maritain's theology upon Cocteau's mentality and the high priority Cocteau was still according in 1950 to religious themes.

In addition to combining the spirits of tragic fatalism and Christian idealism, this resurrection sequence demonstrates Cocteau's use of avant-garde Modernism to augment the film's spiritual and religious significance. The avant-garde spirit is manifest in the various symbolic objects scattered about Eurydice's bedroom and its vicinity: rubber gloves, mirrors, radios, electrical gadgets, windows and ladders, typical of the objects which are evoked in the paintings of the Surrealist school.

The connoisseur of Surrealist painting recalls in particular Magritte's 1952 work, *Les Valeurs personnelles*. Following the leadership of his predecessor Chirico, Magritte has endowed the ordinary world of appearances with sublime poetic mystery. Familiar and banal objects become strange through their isolation from their ordinary context, by being removed from their usual functional roles and being placed in an unexpected milieu. In this painting a giant comb stands upright on a bed, beside which lies a match nearly as long as the bed itself. In front of the bed stands a giant wine glass, and beside the glass lies a giant pillow. On top of the wardrobe lies a giant shaving brush. The floor is covered by two floral scatter rugs, and the wallpaper represents a light blue sky filled with billowing ephemeral white clouds. The room's strange objects, floral rugs and celestial wallpaper are all reflected in the wardrobe's double mirror, so that the room does not seem to be an enclosed space at all but rather a window upon the infinite. Thus the objects in this painting take on a surprising excitement, a metaphysical remoteness and a new accessibility to transcendental experience.

The usefulness of a comparison between Magritte's painting and the bedroom scene presenting Eurydice's resurrection now becomes evident. In this scene the spectator is in essence viewing matter in the process of being transformed into spirit. Like Chirico and Magritte, Cocteau has attributed to the scene's objects novel, unfamiliar purposes, with the result that their new nature as intimations of the waxing presence of the spiritual realm is illuminated. Gloves no longer serve to protect the hands but rather to facilitate the transition into the spiritual Zone. Radios no longer serve to broadcast news but rather to broadcast messages from the unknown. Windows no longer serve to introduce light but rather to give a perspective upon the infinite. Draperies no longer serve to block out light but rather to provide the obscurity and solemnity indispensable for the evocation of a mystical transfiguration. Ladders no longer serve to assist the individual in climbing but rather to elevate the human being to a higher plane of spiritual existence. Mirrors no longer serve the mundane purpose of assisting the individual in dressing or grooming himself. Rather, mirrors, like gloves, serve to ease the soul's progress from mortal to immortal life. Finally, the intermittently flickering light emanating from Cégeste's radio apparatus, the delicate floral patterns in both the room's carpet and wallpaper, the shimmering shards of glass whirling back into place as the shattered mirror magically reforms itself, and the oscillation between luminosity and obscurity, create, like the brusque myriad brush strokes composing an Impressionist painting, a gradually increasing chimerical ambiance culminating in the dissolution of Orphée's and Heurtebise's physical bodies as they penetrate the liquid mirror portal leading to the metaphysical Zone.

A final most striking expression of Cocteau's unique form of religious faith is the film's penultimate scene: the reunion of the Princess and Orphée in the zone immediately prior to the restoration of Orphée and Eurydice to their earthly home. The principal theme governing this sequence is altruistic love: agape. This idealistic, urbane theme appeases the Dionysian fury of the preceding sequence revealing Orphée's murder by the ferocious Bacchantes and prepares the film's extremely lyrical, ethereal denouement.

The Princess's decision to renounce her love for Orphée and to disobey the Zone's laws by restoring Orphée and Eurydice to life can be interpreted upon two levels. First, the Princess's altruism in this case necessitates the sacrifice of her own interests for the sake of those of the mortal couple. Her altruism also necessitates her punishment for disobedience; remember that she is already on probation for her past amorous misconduct with Orphée. The Princess is well aware of the risks to which she is exposing herself. Yet she is strangely resigned to her fate, conforming to the dictates of the fatalist æsthetics governing Cocteau's theatre and cinema.

Secondly, the Princess's altruism is evidence of her symbolism as a Christ figure. Just as Christ accepted death on the cross in order to redeem men from their sins and make possible their eternal salvation, so does the Princess accept the unknown judgment of the Zone's tribunal at the film's conclusion in order to redeem Orphée and Eurydice from premature death and to permit them to renew their conjugal happiness. This film, replete with resurrections and angelic apparitions, punctuated by miracles, crowned by two resurrections of Orphée and three of his wife, and concluding with the Princess's supreme Christlike altruism, is clearly a work of profound Christian inspiration. This Christian interpretation of *Orphée* counters the ill-informed argument that Cocteau abandoned his interest in Christianity shortly after his break with Jacques Maritain in 1928 and thereafter devoted his energies to non-religious literary and artistic pursuits.[3] On the contrary, having made his first journey into the spiritual realm during his conversion at the Maritain home at Meudon in 1924, Cocteau never relinquished his religious faith but rather assimilated it into his personal conception of literature and art, perpetuating the theme of the spiritual journey and communion with the Divine in literary works throughout his career.

In conclusion it is essential to note that the characters of Jean Cocteau's *œuvre* represent the spectrum of the supernatural world of fantasy: witches, wizards, sphinxes, talking mirrors and doors, mobile statuary, angels, ghosts and the personification of death. Perhaps the most cogent evidence of the profundity and durability of Cocteau's religious convictions is that he consistently endows not only his angelic, but also his most monstrous, creations with the proclivity for saintly goodness and compassion. As *la Bête* confesses to *la Belle* with pathetic resignation, "Mon cœur est bon, mais je suis un monstre" (149).

Notes

1. In *Jean Cocteau: The History of a Poet's Age*, Wallace Fowlie states that if Cocteau's religious fervor lasted only a short while, the encounter with Maritain was nonetheless of prodigious importance for him. It helped him recover from the death of his friend Radiguet in 1923, it enabled him to clarify his thoughts concerning art, and it initiated a new creative phase in his life represented by *Orphée* (1926) and *Les Enfants terribles* (1929).

2. Even among the Catholic critics there were defenders of *J'Adore*, notably Max Jacob and Pierre Reverdy.

3. The majority of past critics have failed to appreciate the durable significance of Cocteau's immersion in Catholic theology during his friendship with Jacques Maritain between 1924 and 1928. For instance, Margaret Crosland feels that Maritain certainly gained great influence over Cocteau, but that Cocteau in the end rejected his teaching. Frederick Brown has described the *Lettre à Jacques Maritain* as Cocteau's proof of God. Jean-Jacques Kihm has noted that Cocteau sought religion as a remedy for his depression following the death of Raymond Radiguet. Lydia Crowson has spoken briefly of the Christian source of *Orphée*. André Fraigneau has conceded that Cocteau was religious in so far as he never doubted eternity. However, only Wallace Fowlie and Arthur Evans express a proper sensitivity for the perpetuation of Cocteau's religious sentiments in his later works. Fowlie's assessment of Maritain's influence upon Cocteau's œuvre has been indicated above (note 1). Arthur Evans has detected numerous images and symbols of Christian ideology in the film *Orphée*. He draws particular attention to the parallel between the misunderstood Christ persecuted by the Jews and the misunderstood poet Orphée persecuted by the vengeful Bacchantes.

Works Cited

Brosse, Jacques. *Jean Cocteau: Orphée*. Paris: Bordas, 1973.
Brown, Frederick. *An Impersonation of Angels: A Biography of Jean Cocteau*. New York: Viking Press, 1968.
Cocteau, Jean. *La Belle et la Bête: Scénario et Dialogue de Jean Cocteau*. New York: New York University Press, 1970.
_____. *Démarche d'un poète*. Munich: F. Bruckmann, 1953.
_____. *Lettre à Jacques Maritain*. Paris: Stock, 1926.
_____. *Lettre aux Américains*. Paris: Grasset, 1949.
_____. *Orphée. Œuvres complètes de Jean Cocteau*. Vol. 5. Genève: Marquerat, 1948. 11 vols.
_____. *Orphée*. Paris: La Parade, 1950.
Crosland, Margaret. *Jean Cocteau*. London: Peter Nevill, 1955.
Crowson, Lydia. *The Esthetic of Jean Cocteau*. Hanover, NH: University Press of New England, 1978.
Evans, Arthur B. *Jean Cocteau and his Films of Orphic Identity*. Philadelphia: The Art Alliance Press, 1977.
Fowlie, Wallace. *Jean Cocteau: The History of a Poet's Age*. Bloomington: Indiana University Press, 1966.
Fraigneau, André. *Cocteau*. Trans. Donald Lehmkuhl. New York: Grove Press, 1961.
Kihm, Jean-Jacques. *Cocteau*. Paris: Gallimard, 1968.
Knapp, Bettina. *Jean Cocteau*. New York: Twayne, 1970.
Milorad. "Le mythe orhique dans l'œuvre de Jean Cocteau." *Revue des Lettres Modernes* 298-303 (1972): 109-42.
Oxenhandler, Neal. *Scandal and Parade: The Theatre of Jean Cocteau*. New Brunswick: Rutgers University Press, 1957.
Sprigge, Elizabeth and Jean-Jacques Kihm. *Jean Cocteau: The Man and the Mirror*. London: Victor Gollancz, 1968.

Anna K. Sandstrom
University of Massachusetts

I'd go to Hell and back for you: an Intertextual Study of the *descensus* Theme and the *prière du plus grand péril*

If asked to produce myths of descent into an underworld, one's imagination will dutifully conjure up the expected tales of Orpheus, Virgil's Aeneas or Dante's pilgrim. One image, however, seems to have faded from our modern consciousness, that of Christ's Harrowing of Hell. This has not always been the case, since numerous sources in medieval literature as well as contemporaneous iconography attest to the exceptional popularity of this episode of the Passion. The widespread appeal of this portion of the story is demonstrated by the early existence of the apocryphal *Gospel of Nicodemus* which is devoted, in part, to the telling of Christ's descent into Hell. In later years numerous vernacular translations of this gospel were readily available, further attesting to the appeal of this text.

Given the widespread interest in this episode of the life of Jesus during the Middle Ages, it seems fruitful to undertake an examination of this story in texts of the period. In the following pages I will describe first the Latin *Evangelium Nicodemi*, which establishes a comprehensive version of Christ's Descent, and I will also examine certain of its pertinent source texts. My second task will be to investigate a recurring use of the Harrowing of Hell as a component in the *prière du plus grand péril* of the twelfth-century *chansons de geste.* Here the prayers spoken by heroes in the *Couronnement de Louis* and in *Aliscans*, both from the epic cycle which delineates the life and lineage of Guillaume d'Orange, will shed light on the influence the gospel had on certain epic poems.

The *Evangelium* is the first text to present a complete and detailed account of Christ's descent into Hell to redeem the souls of the faithful who had died before His coming. It consists of two parts: the *Acta Pilati* which are purportedly juridical documents describing Christ's trial before Pontius Pilate, and the *Descensus ad Infernos*, an account of the Descent by two eye-witnesses in Hell, Leucius and Karinus. A manuscript giving this combined narrative is contained in the *Codex Einsidlensis*, edited by H.C. Kim, and is believed to be the oldest extant example of what Tischendorf categorized as the "Late Latin Rescension." Kim does not suggest a date for the composition of the work, but he does note that the earliest extant version of the *Acta Pilati*, in Greek, dates from circa 600 AD, and he observes that "subsequent Latin translations added the Descensus episode" (*Gospel* 1-2). In the Einsiedeln manuscript the work is called *Gesta Saluatoris* in the display title and *Passio Domini* in the explicit; however, it would take until the thirteenth century for Vincent de Beauvais and Jacobus de Voragine to refer to this Late Latin Rescension as the *Evangelium Nicodemi*, or the *Gospel of Nicodemus* (*Gospel* 2).

As the *Gospel* reflects a turning point in the development of the Descent episode of the Passion, I will now turn to certain early textual sources in order to see more clearly its uniqueness with respect to antecedent tradition. According D.D.R. Owen, the *Descensus* derives from certain short passages in the Old and New Testaments, primarily in Matthew and First Peter, and he notes that the tradition seems to have been current in the East by as early as the second century (1). Other scholars cite material from the Psalms, Romans and Ephesians (MacCulloch 132; *Gospel* 4). The text in Matthew gives the following simple account of the resurrection of the saints as part of the Passion; suffering bodily torment on the cross, Jesus cries out and yields up his spirit:

> And behold, the curtain of the temple was torn in two, from top to bottom; and the earth shook, and the rocks were split; the tombs also were opened, and many bodies of the saints who had fallen asleep were raised, and coming out of the tombs after this resurrection they went into the holy city and appeared to many. (Matthew 27.52-53)

Here we have the bare beginnings of our episode, as we observe the resurrection of certain anonymous "bodies of the saints." However, at this point there is no mention of Christ's Descent. First Peter also gives a cursory telling, saying that Christ

> died for sins once for all, the righteous for the unrighteous, that he might bring us to God, being put to death in the flesh but made alive in the spirit; in which he went and preached to the spirits in prison. (1 Peter 3.18-19)

This dearth of detailed biblical information obliges us to look beyond canonical works for the origins of this episode. In a study of the Harrowing of Hell in early Christian doctrine, J.A. MacCulloch notes that this story's prominent place in the apocrypha of the first five centuries would suggest widespread acceptance of the doctrine (131). Among other sources, he cites the *Odes of Solomon*, a text which some scholars date from the end of the first century and others date as late as the close of the second. This work shows great familiarity with an already detailed account of the subject. Ode forty-two tells of a descent of sorts, whose poetic language MacCulloch sees as having its roots in Psalm eighty-eight. He quotes part of the ode, which reads:

> Sheol saw Me and was in distress: Death cast Me up and many along with Me.... I went down with it to the extreme of its depth. And I made a congregation of living men among his dead ones, and I spoke with them with living lips, in order that My word may not be void. And those who had died ran towards Me, and they cried, Son of God, have pity on us ... bring us out from the bonds of darkness, and open to us the door by which we shall come out to Thee, for we perceive that our death does not touch Thee.... (132-33)

This ode provides several key elements: the underworld's fear of the Savior, the resurrection of the dead, the theme of bondage —

here bonds of darkness holding the souls— and a door to be opened. Other odes use a first-person voice saying: "I opened the closed doors. I broke in pieces the bars of iron" (MacCulloch 131-32), imagery which prefigures that of the *Gospel of Nicodemus* where the barrier facing Christ's entry into Hell consists of brass gates held fast with iron bars.

MacCulloch cites many examples of similar language describing the descent episode in writings of the first five centuries AD. He cites the third-century *Acts of Thomas*, which describes Christ as:

> Son of the living God, the undaunted Power which hast overthrown the enemy, and the Voice heard by the Archons, which shook all their powers, the Ambassador who was sent from on high and descended into Hades; who, having opened the doors, brought up those shut up for many ages in the treasury of darkness, and didst show them the way that leadest up into the height. (140)

This text shows a more detailed account of the Descent. In fact, it comes close to relating the essential events in the *Gospel*: descent, opening of doors, overpowering of an enemy, liberation of souls and their subsequent redemption.

The Descent is affirmed in the Apostles' Creed where tenets four through seven state that Jesus "suffered under Pontius Pilate, was crucified, dead and buried; He descended into hell; The third day he rose again from the dead: He ascended into heaven, and sitteth on the right hand of God the Father Almighty" (Hone 93). We know that the affirmation "He descended into hell" was used in catechism instruction as early as the third century, even though the first *textus receptus* dates from much later (Ford 14).

Although precise dating of the origin of this doctrine is tenuous at best, we observe from the above sources that the *descensus* episode does have antecedents in earlier tradition and that, by the seventh century, the *terminus ad quem* of the *Evangelium Nicodemi*, belief in the Descent was well established and its details outlined in a general sense. However there was as yet no detailed account of what the Savior experienced while in the Underworld, no description of Satan's reaction nor of the experience of those whom Christ redeemed. Our text effectively fleshes out this rudimentary sketch. We remember that it consists of two parts, the second of which deals with the Descent as recounted by the two eye-witnesses, Leucius and Karinus. The reader views the action from the vantage point of these newly resurrected souls who have been brought before the council of Jews by Joseph of Arimathea in order to give testimony to what they have seen transpire in Hell since the crucifixion of Christ. Each one gives a separate written account of his experience in Satan's realm; they miraculously agree word for word, and upon handing over the written documents to the council the witnesses dematerialize: "Et subito transfigurati sunt candidati nimis, et non sunt uisi amplius" (*Gospel* 48). An aura of divine inspiration surrounds this event: the accounts are carbon copies of one another, and once the authors have completed their task they are suddenly clothed in brilliant white, are transfigured and disappear.

As readers, we are in effect eavesdropping on their telling of the story; we are beside them with the prophets in the deep darkness of Hell as they see a royal purple light with all the warmth of the sun illuminate the blackness: "Nos cum essemus cum omnibus patribus nostris positi in profundo in caligine tenebrarum subito factus est aureus solis calor purpureaque regalis lux inlustrans super nos" (*Gospel* 36). The voice of Jesus calls out for the gates of Hell to be raised, that He may enter: "Tollite portas, principes, uestras, et eleuamini porte aeternales, et introbit Rex Gloriae" (*Gospel* 40). This account of the Descent is the first to personify Satan and Hell in an elaborate way. When Hell calls for the gates to be bolted: "Claudite portas crudeles aereas et uectes ferreos subponite" (*Gospel* 40), he is both character (Inferus) and toponym (Infernus). This personification recurs in late medieval theater, where place and person are conflated and Hell is often represented as a great devouring mouth through which souls enter and exit.

After a lengthy quarrel between Satan and Inferus, Christ overpowers the former. In this version, Satan has been gloating over his success in having Jesus crucified and is pleased to see Him descending into Hell —convinced that this Christ will not overpower him. Hell, on the other hand, is not quite so convinced that He who raised up Lazarus from the dead will be easily overpowered by Satan. He entreats Satan not to bring Christ down among them. Trembling with fear at the sound of the voice above them, he says to Satan: "Coniuro te per uirtutes tuas et meas ne perducas illum ad me. Ego enim tunc quando audiui imperium uerbi eius, contremui perterritus pauore et omnia impia officia mea simul mecum conturbata sunt" (*Gospel* 40).

Christ is seen next entering Hell, trampling Death, seizing Satan, and stripping him of his power, whereupon He delivers Adam into everlasting glory: "Tunc Rex Glorie Dominus maiestate sua conculcans Mortem, conprehendens Satan principem, tradidit Inferi potestate et adtraxit Adam ad suam claritatem" (*Gospel* 43). Satan is then delivered into Hell's dominion for perpetuity in place of Adam and the just servants of the Lord: "Rex Gloriae dixit ad Inferum: 'Erit Satan princeps sub potestate tua in perpetua secula in loco Adae et filiorum eius, iustorum meorum'" (*Gospel* 44).

Amid rejoicing, the saints are lifted up into eternal life. As each Old Testament figure in succession rejoices —Adam, David, Habbakuk, Enoch, Elijah, at times "the whole multitude"— a listener well-versed in the liturgy will recognize numerous passages from Old Testament psalms as well as excerpts from other Biblical books. As a result of this literary pastiche, the *auctoritas* of the *Gospel* is more readily ensured, resting as it does on the sacred words of the prophets. For example, when Christ comes to Adam, who kneels before him shedding tears of thanks, the patriarch's words are an excerpt from Psalm 29 of the Vulgate, a text remarkably well suited for use as a prayer of thanks for the redemption of his soul and those of the other Old Testament saints. Adam praises the Lord for not allowing his foes to delight over him; he exalts Him for raising his soul up and healing him, saying:

> Exaltabo te Domine quoniam suscepisti me, nec delectasti inimicos meos super me. Domine Deus meus, clamaui ad te et sanasti me. Domine eduxisti ab inferis animam meam saluasti me a descendentibus in lacum. (*Gospel* 44)

The Latin text culminates with Christ's delivering Adam into the hands of the Archangel Michael at the gates of Paradise. At this point, Karinus and Leucius reenter the scene, hand in their separate accounts, reaffirm the divine truth of their tale, are transformed, and seen no more. Finally, Pontius Pilate steps back in to close the *Gospel* with his letter to the Roman authorities stating what has transpired, and in an effect of *mise-en-abyme*, we hear the high points of the story again in summary form.

Thus, this detailed account of the Descent introduces a tale told from the perspective of souls in Hell, where we hear Satan's confident boasting, and Hell expressing fear of Christ's power. Christ breaks open the brass gates, as the saints and prophets rejoice at His coming. The *Gospel of Nicodemus* had widespread appeal and was translated into the vernacular in later centuries, including Old French prose and verse, Old English and Old Irish, in manuscripts which date from the thirteenth and fourteenth centuries. As these vernacular manuscripts postdate the *chansons de geste*, they cannot have directly influenced our authors of epic, however, by the twelfth century it is safe to say that the richly detailed Latin text of the *Descensus ad Infernos* was indeed widely known.

In the cycle depicting the life and lineage of Guillaume d'Orange, we encounter heroes on the battlefield raising their voices in prayer for strength, reaffirming their belief in a list of holy miracles among which often figures the Harrowing of Hell. Jean Frappier and Antoinette Saly define this *prière du plus grand péril* as a formally invariable enumeration of events from the Old Testament, New Testament, or the apocrypha, used for the purpose of invoking the Lord's power to aid the hero in escaping the danger he is facing. These formulaic prayers all end with a phrase that affirms the truth of the biblical events, reinforcing their power. The hero will say, for example: "Si com c'est veir, bels reis de majesté, Defent mon cors, que ne seie afolez" (*Couronnement* 783-84), or: "Si com c'est voirs, et nos ice creon, / Garis mon cors de mort et de prison" (*Aliscans* 7228-29).

The first example of this type of prayer in epic literature

occurs in the *Couronnement de Louis*, dated by Langlois as circa 1130 AD (vii). Guillaume has gone to Rome and is asked by the Pope to serve as his champion in single combat against the pagan Corsolt. Before descending from his hilltop vantage point overlooking the battlefield, Guillaume prays for strength. In this lengthy version of the *prière du plus grand péril*, nearly 100 lines long, the Creation, the Fall of Adam and Eve, the Great Flood, Christ's incarnation as man, Judas's betrayal and the Crucifixion are just a few of the items which precede the description of Christ's Harrowing of Hell. In this prayer the *Descensus* is the last event to be enumerated, followed directly by the formulaic phrase. After Guillaume has recited at length the mysteries listed above, he reaffirms his belief in the Descent by describing the removal of Christ's body from the Cross by Nicodemus and Joseph of Arimathea:

> Nicodemus, ensemble o lui José,
> Vindrent a vos, come larron nuitel,
> De la croiz ont vox membres remüé,
> Et el sepulcre et colchié et posé,
> Et al tierz jor fustes resuscitez.
> Dreit en enfer fu voz chemins tornez.
> Toz voz amis en alastes jeter,
> Qui longement i aveient esté.
> Si com c'est veir, bels reis de majesté,
> Defent mon cors, que ne seie afolez. (*Couronnement* 775-84)

Here the Descent comes as a kind of crescendo occurring at the very end of the lengthy prayer, just before the affirmation of belief. Having examined the *Evangelium* and its sources, one is aware that the material evoked by this condensed retelling of the Harrowing of Hell is quite rich. The inclusion of this episode in the prayer evokes images of breaking open barriers, freeing prisoners, and the binding of one's foes. Indeed, it would seem that Guillaume wishes to vanquish his pagan opponent in much the same way Christ trampled Death and delivered Satan into the hands of Hell for all eternity.

This particular prayer is somewhat enigmatic in that the

Descent is situated after the Resurrection, and scholars have debated this reversal of the accepted order of events. Saly sees it as reflecting the order as related in version A of the *Gospel of Nicodemus* (47). Frappier simply notes that this order of events — resurrection, then descent— is respected in subsequent epic prayers and concludes that the version in the *Couronnement* is the earliest of such formulas and that it serves as a model for those to follow (136).

There are precedents in the apocrypha for formulaic prayers of strength which call upon descent imagery. In *The Acts of Andrew and Bartholomew*, Saint Andrew prays to Christ in order that the gates of the city which he desires to enter may open. He addresses Christ as He "who hath broken the gates of brass and cut in pieces the bars of iron." MacCulloch tells us that

> this prayer is really a charm in which, as many pagan and Christian charms, the action of a deity, saint, or of our Lord, is first described, and then follows a prayer or incantation desiring a similar effect to take place now. (149)

Turning once again to the epic cycle of Guillaume d'Orange, we see a similar situation in *Aliscans*, which dates from the end of the twelfth century (40). While returning to Orange, Guillaume is forced to turn back toward the battlefield at Archant, and is then faced with the prospect of doing battle against a multitude of *gent criminal*. Guillaume turns to face this peril, but not before offering up the following prayer:

> Dex, dist Guillemes, biau pere esperital,
> Qui en la Virge preïstes vostre ostal,
> De li nasquistes au saint jor de Noal,
> Et puis sofrites por nos paine et traval,
> De lait enfer briastes le portal,
> Cels en getastes qui ainz puis n'orent mal,
> Or sont en joie, en gloire permenal,
> Si com c'est voirs, s'aïde cest vassal. (*Aliscans* 610-17)

Within its larger context of the battle being waged, we notice that the name of the battlefield Archant has a striking homophonic resemblance to the word "Archans" or "power of the underworld" in the third-century *Acts of Thomas*, a source text for the *Gospel of Nicodemus*. In Acts Christ was described as "the Voice heard by the Archons, which shook all their powers" (MacCulloch 140). In Old French the place name "Archant" has two meanings, the first being "battlefield" and the second "cemetery" (Greimas 37). As we have seen in our *Gospel*, Hell is just such a battlefield and place of the dead. While it would be too bold to suggest that this single lexical coincidence is sufficient evidence for reading this episode as a rewriting of the *Gospel of Nicodemus*, with Guillaume descending towards Hell, use of the toponym "Archant" further enriches the argument for influence from the Descent tradition.

Our third example of the *prière du plus grand péril*, also from *Aliscans*, is uttered by the comic figure Rainoart, a pagan-born kitchen knave who is subsequently baptized and converted to Christianity. Voiced in the heat of a battle between Rainoart and his cousin, Bauduc, his prayer assumes new purpose as our hero not only eventually vanquishes his opponent, but makes the pagan promise to convert to Christianity. After a humorously jumbled account of events from the Old and New Testament, with little or no attention to chronological accuracy, Rainoart comes to his account of the Descent:

> Et el sepulcre fustes mis, ce savon,
> Et bien gardez a guise de larron,
> Trusqu'au tierz jor qu'eüs surrectïon;
> Enfer brisas par ta redemptïon,
> Si en gitas Noé et saint Simon. (*Aliscans* 7215-19)

Rainoart goes on to relate such disparate events as the story of Susanna's being saved from calumny in Daniel 13, Jonah's rescue from the belly of the whale, and the Ascension of Christ. He then closes with the appropriate formula, but with the twist of including the wish that he be able to convert Bauduc:

> Si com c'est voirs, et nos ice creon,
> Garis mon cors de mort et de prison,
> Et que conquiere Bauduc cest Esclavon
> Et que gel puisse avoir a compaignon. (*Aliscans* 7228-31).

Here the *prière du plus grand péril* has two functions. The first, seen in our other examples, asks that Christ lend the supplicant sufficient power to defeat his opponent; the second function, apparent in Rainoart's wish that Bauduc be baptized, adds the theme of redemption through baptism. This association of baptism and Christ's redemption of the souls in Hell is not unprecedented in the *Gospel* and in other apocrypha. In our Latin text John the Baptist is a prominent figure among the souls in Hell, saying at one point that his purpose among them there in the darkness was to announce Christ's descent, just as he had done on earth: "Et nunc preiui ante faciem eius et descendi adnuntiare uobis quia in proximo est uisitare nos ipse oriens Filius Dei ab ex alto, ueniens sedentibus nobis in tenebris et in umbra mortis" (*Gospel* 37).

In his discussion of baptism and the apocrypha, MacCulloch says that "the waters were terrified at Christ's coming to be baptized in them, and their indwelling demons fled. Baptism was a release from bondage and a restoration to Paradise" (134). He also cites the *Epistle of the Apostles* where Christ says:

> To those that loved Me and kept My commandments, will I give rest and life in the kingdom of My Father. Therefore I descended to the place of Lazarus and preached to the righteous and the prophets, that they might come out of the rest which is below, and go up to that which is above. And I poured out over them with My right hand [the water] of life and forgiveness and deliverance from all evil, as I have done to you and to those who believe in Me. (135)

This study was conceived in the desire to investigate certain sources of the *Evangelium Nicodemi*, to examine the language used in the vanquishing of formidable foes and the redemption of the worthy, and to shed light on the use of the Harrowing of Hell in the epic tradition, specifically the *prière du plus grand péril*. It is clear that these pages only begin to trace the literary influences of this apocryphal work. Indeed, the *chanson de geste* is by no means the only genre in Old French literature which demonstrates an influence of the *Gospel of Nicodemus*. In the dramatic tradition for example, development of dialogue between Satan, Hell and Christ is also fertile ground for investigation. We have seen that the Latin text shows much interaction between Satan and Hell, who are presented as two distinct characters, squabbling over Christ's arrival. The twelfth-century narrative poem, the *Passion des Jongleurs*, which borrows entire passages nearly verbatim from the *Gospel of Nicodemus*, is a rich source for mystery plays of later centuries and exploits the theatrical elements already present in the Latin text. Further work remains to be done on the relation between the Old French prose and verse versions of the *Évangile de Nicodème* and its appropriation by the dramatic tradition of the mystery plays.

In another vein, Harry Williams, in an article written in 1959 on the apocryphal gospels and Arthurian romance, goes so far as to state that "French literature began, to judge from surviving monuments, with a single source of inspiration —the Christian religion, which interwove and colored strongly the entire medieval tradition" (Williams 124). Indeed, by the end of the twelfth century the literary value of the descent episode is evident in Chrétien de Troyes's *Lancelot*. D.D.R. Owen reads Lancelot's arrival in the kingdom of Gorre and his subsequent liberation of its captives as clearly reflecting influence of the *Evangelium* (121).

In the course of researching this topic, I came across a modern edition of the apocrypha, from 1903, which includes the *Gospel of Nicodemus* but omits the second half, excluding the Descent episode and thereby denying modern readers access to this rich tradition. I would ask that we not neglect the apocrypha, and in particular, the Harrowing of Hell in our consideration of influences on early French literature. There certainly remains ample opportunity for further study in this area of research whose ground has yet to be completely harrowed.

Works Cited

Aliscans. Ed. Claude Régnier Paris: Champion, 1990.
Couronnement de Louis. Ed. Ernest Langlois. Paris: Champion, 1984.
Ford, Alvin E., ed. *L'Évangile de Nicodème: les versions courtes en ancien français et en prose*. Geneva: Librairie Droz, 1973.
Frappier, Jean. *Les Chansons de geste du cycle de Guillaume d'Orange*. Tome 2. Paris: SEDES, 1965.
The Gospel of Nicodemus: Gesta Saluatoris. Ed. H.C. Kim. Toronto: University of Toronto Press, 1973.
Greimas, Algirdas Julien, ed. *Dictionnaire de l'Ancien Français: le Moyen Age*. Paris: Larousse, 1992.
Hone, William, and Jeremiah Jones, eds. *The Apocryphal New Testament*. London, 1820.
MacCulloch, J.A. *The Harrowing of Hell: a Comparative Study of an Early Christian Doctrine*. Edinburgh: Clark, 1930.
New Oxford Annotated Bible Revised Standard Version. Ed. Herbert G. May and Bruce M. Metzger. New York: Oxford University Press, 1973.
Owen, D.D.R. *The Vision of Hell: Infernal Journeys in Medieval French Literature*. Edinburgh: Scottish Academic Press, 1970.
Saly, Antoinette. "Le thème de la descente aux enfers dans le 'credo' épique." *Travaux de Linguistique et de Littérature* 7 (1969): 47-63.
Tischendorf, Lobegott Friedrich Konstantin. *Evangelia Apocrypha*. 2nd ed. Leipzig, 1876.
Williams, Harry F. "Apocryphal Gospels and Arthurian Romance." *Zeitschrift für Romanische Philologie* 75 (1959): 124-31.

Marie-Madeleine van Ruymbeke-Stey
Denison University

Pour devenir "Bon Homme" dans le *Barlam et Jozaphas* occitan

L'histoire de Barlam et Jozaphas a connu un énorme succès littéraire au Moyen Age: il en reste plus de 100 manuscrits latins et elle a été traduite dans presque toutes les langues européennes et vénérée à l'égal d'une histoire sainte, même si Josaphat n'a jamais vécu mais représente Bouddha, christianisé par la piété populaire (Pitts 264).

Toutes les versions racontent, dans les grandes lignes, la même histoire. Le roi d'Inde était riche et puissant; mais malgré ses grandes richesses, il était profondément triste car il n'avait pas d'enfants. Il est donc au comble de la joie quand lui naît un fils, qu'il nomme Bodisav, nom qui évoluera jusqu'à la forme occitane Jozaphas (Pitts 265).

Après avoir été prévenu que l'enfant le décevrait profondément en devenant ermite, le roi décide d'éviter cette catastrophe et fait séquestrer son fils dans un splendide palais où personne de vieux, de malade ou de pauvre ne peut entrer. Malgré cette précaution, qui avait pour but d'éviter au jeune prince toute source de douleur, Jozaphas devient si triste que son père se voit obligé de lui permettre de sortir pour découvrir la ville et la vie.

C'est au cours de ses promenades que Jozaphas rencontre un aveugle, un lépreux, puis un vieillard; il interroge donc ses serviteurs sur la souffrance et la mort, se met à réfléchir au sens —ou à la futilité— de l'existence et tombe dans un profond désarroi, si bien que le Seigneur lui envoie le saint ermite Barlam pour apaiser ses angoisses en lui révélant le christianisme.

Malgré la colère de son père et la douleur de son peuple, Jozaphas se fait baptiser, rejette la couronne et ses richesses, devient ermite, s'engage dans une vie de jeûne et de pauvreté et, après avoir converti son père et tout le royaume, meurt en odeur de sainteté.

Dans la version occitane du roman, qui date du début du XIVe siècle, Jozaphas est instruit dans la foi chrétienne par le "bon homme" Barlam, terme qui évoque immédiatement le catharisme; en effet, si les catholiques et l'Inquisition appelaient les prêcheurs cathares "parfaits", les cathares eux-mêmes les nommaient "bons hommes". Pourtant, les derniers spécialistes qui se sont penchés sur la question, Monique Bonnier Pitts et Toni Bräm, soutiennent que le terme bon homme est simplement synonyme de "saint homme" ou de croyant, car les personnages auxquels le roman accorde ce titre ne sont pas des parfaits cathares et ne "mènent pas une vie en accord avec les préceptes cathares" (Bräm 64).

Avant de se ranger à l'opinion de Bräm, il faut voir quelles sont les qualités qui rendent digne du titre "bon homme"; à ce point de vue, le prévôt du roi Avenir est particulièrement intéressant, car, contrairement à Barlam ou à d'autres personnages, qui sont "bons hommes" dès leur apparition dans le roman, le prévôt le devient au cours de l'histoire.

Lorsque le roi Avenir, père de Jozaphas, apprit que les chrétiens refusaient d'adorer les idoles, devenaient de plus en plus nombreux dans son royaume, et ne craignaient pas la mort, il entra dans une grande colère et ordonna qu'on les exterminât. Son prévôt, un homme de grande valeur, riche et puissant, fut révolté par cet ordre au point qu'il s'éloigna dans un désert.[1] Cette révolte contre les condamnations à mort ne peut que rappeler les paroles de Pierre Garcias, un prédicateur cathare:

> Dieu n'a pas voulu de justice, que quelqu'un soit condamné à mort, ...

> il n'e[st] pas bon que les croisés aillent contre Frédéric ou contre les sarrazins, ou contre un château comme Montségur, quand il e[st] contre l'Église, ou contre tout autre endroit où la mort pourrait advenir. (Duvernoy 193)

En effet, comme Jean Duvernoy l'a souligné, l'interdiction de tuer était une des règles de la morale cathare: en 1045 déjà, Wason, prince évêque de Liège, signale que les cathares refusaient de tuer les animaux à sang chaud; l'Inquisition se servit du reste parfois de cette défense pour s'assurer de l'orthodoxie ou de l'hétérodoxie d'une personne (Duvernoy 192). Fatalement, le refus de tuer allait de pair avec le rejet de la justice humaine: un texte du XIIIe siècle, qui établit une liste des 96 erreurs des cathares, reproche à ces derniers d'affirmer que

> [l]es prêtres ne doivent pas gouverner le peuple.... L'Église ne doit pas persécuter les mauvais.... Il n'est pas licite de tuer qui que ce soit.... La justice ne peut être rendue par l'homme.... Un homme ne doit pas être envoyé à la justice, car il peut se convertir.... On ne doit pas prêter serment. (Dando 43-44)

L'inquisiteur Raynier Sacconi, ancien ministre d'une des Églises cathares de Lombardie, reproche lui aussi aux cathares d'affirmer que le pouvoir séculier pèche en punissant les malfaiteurs ou les hérétiques (65).

Ainsi, en se révoltant contre l'ordre de tuer les chrétiens, le prévôt adopte la morale cathare; mais le roi n'a pas compris pourquoi son ami était parti; il le fait donc rechercher et quand, finalement, ses serviteurs le retrouvent et le ramènent à la cour, le roi voit que le prévôt est devenu laid et qu'il est vêtu comme un "ermite".[2] Les prédicateurs cathares, eux aussi, étaient reconnaissables à leurs vêtements: "leur robe noire, et leur livre des Évangiles à la ceinture" (Brenon 24). Quand, plus tard, l'Inquisition sera devenue menaçante, la robe noire sera abandonnée, mais les Parfaits continueront à porter la ceinture, devenue sans doute symbolique, cachée sous leurs vêtements.

Lorsque le roi lui demande pourquoi il a rejeté "tous nos dieux et toute la joie de ce monde",[3] le prévôt, qui, pour la première fois, est appelé "bon homme", confie au roi que, heureusement pour lui, Dieu l'a délivré du pouvoir du diable. Cette affirmation reflète également la doctrine cathare pour laquelle l'homme, ayant été créé par le diable, n'a pas de libre arbitre, est totalement soumis au mal et n'a pas la possibilité de se sauver lui-même: seule une intervention toute spéciale de Dieu peut l'extirper des griffes du diable. C'est la conviction qu'on trouve dans la *Liste des 96 erreurs*: "Le diable a puissance sur les créatures" et par conséquent, "l'homme ne peut pas se sauver avec son père et sa mère.... Par la foi seule l'homme ne peut en aucun cas se sauver" (Dando 41, 43). Le *Traité cathare*, un document qui a été reconstitué à partir de la critique (*Summa*) qu'en a faite un dominicain, Durand de Huesca, affirme aussi: "Le Fils de l'homme est apparu dans ce [monde], pour abolir l'œuvre du diable" (98-99; ma traduction).

Puisque d'après eux les hommes ne jouissent pas du libre arbitre, les cathares avaient une eschatologie quelque peu floue. La plupart des branches du catharisme pourtant rejetaient l'idée d'un jugement dernier et même de la résurrection: comme le dit l'inquisiteur Bernard Gui, "tous les cathares nient la résurrection future" (14). C'est sans doute pour cette raison que le prévôt dit au roi que Dieu l'a appelé à la vie "durable", terme qui diffère étrangement de la formulation orthodoxe ou catholique "vie éternelle". Il reprend d'ailleurs ce même mot lorsqu'il explique sa vue du monde:

> [d]ans ma jeunesse, j'ai entendu une parole qui est bonne, profitable et très salutaire.... La parole est la suivante: il semble aux fous que ces choses qui sont divines et qu'on ne peut voir, on doit les mépriser comme si elles n'existaient pas, et celles qui sont de ce monde, on doit les aimer et les estimer comme si elles étaient durables. (19)

La conversion du prévôt est donc liée à une certaine prédication sur la "durabilité" des "choses" de ce monde, à une "parole". Il n'est pas difficile, derrière ces mots, de deviner la silhouette de ceux que Brenon a appelés les "prédicateurs cathares", que

> [v]illes et bourgs ... voyaient arriver deux par deux, ne possédant en propre que leur robe noire, et leur livre des Évangiles à la ceinture....

Ils furent des prédicateurs redoutables pour les clercs de l'Église romaine, car connaissant parfaitement, par cœur, leurs autorités scripturaires et sachant les utiliser à propos. (24)

D'ailleurs, la "parole" que le prévôt a entendue semble étrangement proche du texte du *Traité cathare*:

> [i]ls sont assez nombreux, ceux qui se préoccupent le moins possible de l'autre monde et des autres créatures, et ne s'intéressent qu'à celles que l'on peut voir dans celui-ci —vaines, mauvaises, corruptibles— et qui, de même qu'elles sont venues, sans aucun doute, du néant, retourneront au néant.... (Brenon 58)

"Ce monde n'est que néant et vanité", déclare le prévôt,[4] qui expliquera encore:

> [m]ais la bonne parole que nous enseigne Monseigneur saint Jean est que le monde entier est placé en malignité et que l'on ne doit pas désirer le monde ni les choses qui y sont. Car tout ce qui est dans le monde est convoitise de la chair et envie des yeux. (21)[5]

Ceci correspond presque mot pour mot à ce qu'on lit dans le *Traité cathare*:

> [d]e ce monde-ci, qui est tout mauvais et placé en malignité, ... Jean [dit]: "ne veuillez aimer le monde, ni ce qui s'y trouve, parce que tout ce qui est dans le monde est la concupiscence de la chair et l'envie des yeux".[6]

Manifestement, l'auteur —ou le traducteur, ou le copiste— du *Traité cathare* connaissait si bien la légende de *Barlam* qu'il a cité saint Jean dans l'ordre exact du roman, commençant par le verset 19 du cinquième chapitre de la première épître (le monde entier est placé en malignité), et enchaînant avec le quinzième verset du deuxième chapitre ("ne veuillez ... des yeux").

Le *Traité* continue, donnant la raison de la malignité du monde: il n'est pas du Christ et n'a pas été créé par le Père.[7] De nombreux passages contenus dans les documents de l'Inquisition prouvent qu'une des exigences essentielles du catharisme était le rejet du monde, découlant du fait que c'est Satan et non Dieu qui a créé le monde matériel:

> [i]l y a deux mondes, l'un visible, l'autre invisible. Chacun a son dieu. L'invisible a un dieu bon, qui sauve les âmes. L'autre, le visible, a le dieu mauvais, qui fait les choses visibles et transitoires. (Duvernoy 52)

De même, le curé de Montaillou, converti au catharisme, affirme, vers 1299:

> Dieu n'a fait que les esprits, et ce qui ne peut se corrompre ou se détruire, car les œuvres de Dieu demeurent pour l'éternité; mais tous les corps qui peuvent être vus ou sentis, comme le ciel et la terre et tout ce qui s'y trouve, à l'exception des seuls esprits, c'est le diable, prince du monde, qui les a faits, et parce qu'il les a faits, tout est exposé à la corruption, car il ne peut faire œuvre stable et ferme. (Duvernoy 52)

Pitts nie cependant que la façon dont le monde est présenté dans *Barlam* soit cathare, car, dit-elle, une notion semblable se trouve dans la Bible (240-44). On touche ici à toute la complexité du catharisme et à la difficulté de cerner ce qui est typiquement hétérodoxe. Comme l'a dit Brenon, "le catharisme fut un évangélisme" (23). Il n'est donc pas étonnant de trouver de très nombreuses citations bibliques dans les textes cathares; toutefois, les cathares avaient leur propre méthode d'exégèse, interprétant certains passages des Écritures tout à fait symboliquement, comme le prouve l'affirmation suivante:

> Ce qui est contenu dans le Nouveau et l'Ancien Testament est vrai, si on l'entend au sens mystique; à la lettre il n'y a rien de ce qui y est contenu, car quand on lit que le Christ a rendu la lumière aux aveugles et fait d'autres miracles, il faut entendre de ceux qui étaient dans le péché, et qui souffraient d'un aveuglement de l'esprit, et non du corps. (Duvernoy 28)

Ce procédé a toujours attiré les condamnations les plus virulentes de la part des autorités catholiques. C'est ainsi que Durand de Huesca accuse les cathares de falsifier la Parole de Dieu et d'interpréter saint Paul d'une façon dualiste (*Liber* 106).

D'autre part, il faut aussi se demander quels passages de la Bible les cathares citent, car si la Bible contient des condamnations du "monde", elle comporte aussi de nombreux passages qui chantent le monde physique, la nature, les animaux, et les êtres humains (Genèse 1.10, 12, 18, 21, 25). Dans l'Évangile, la nature n'est pas méprisée: pour décrire Jésus lors de la Transfiguration, Matthieu compare Son visage au soleil et Ses vêtements à la neige (Matt. 17:2). Dans les paroles du Christ, à côté de la condamnation du "monde" pour ses péchés, on trouve une description du monde comme le champ d'action de Jésus et de ses apôtres: le premier miracle de Jésus a été de transformer de l'eau en vin à un repas de mariage, ce qui ne semble pas sous-entendre que le "monde" doive être totalement rejeté. En s'adressant à ses apôtres, Jésus dit: "Vous êtes le sel de la terre ... vous êtes la lumière du monde.... Ainsi votre lumière doit-elle briller devant les hommes" (Matt. 5.13-16); ceci encourage une attitude active dans le "monde" et non une fuite dans le désert.

Non seulement les textes cathares ne font jamais référence à de tels passages, mais ils les rejettent comme ayant été trompeusement introduits dans la Bible par le créateur du mauvais monde matériel, Satan:

> [i]l y a deux "lettres", dont l'une est la nôtre, que le Fils de Dieu nous a donnée quand il vint en ce monde, et elle est vraie, ferme et bonne; mais, après que le Fils de Dieu l'eut faite, Satan vint, et à l'imitation de cette première lettre en fit une autre, fausse, mauvaise et faible, et c'est celle que tient l'Église romaine. (Duvernoy 31)

La différence radicale entre la Bible et une œuvre cathare sera donc dans le degré auquel le monde est condamné et la raison de cette condamnation. Le monde est-il condamné parce qu'il peut détourner de Dieu à qui il est infidèle, ou bien parce qu'il est radicalement mauvais, étant l'œuvre de Satan? Dans cette dernière optique, qui est bien sûr celle des cathares, il est impossible de transiger avec le monde: il doit être totalement rejeté. C'est bien ce qu'a fait le prévôt, quand il est parti dans le désert, sans même essayer de fléchir la sévérité du roi envers les chrétiens.

Le désert semble, bien sûr, être le meilleur refuge contre le monde et ses joies. Le prévôt dit même que, pour faire la volonté du Christ, il faut partir dans le désert:

> [n]otre Seigneur Jésus-Christ ... me fit mépriser la vanité de ce monde.... Alors j'abandonnai tout ce que je possédais et le suivis, je lui rendis grâce parce qu'il ... m'a montré la voie par laquelle on pouvait aller jusqu'à lui. (19)

Il y a pourtant une différence fondamentale entre le désert biblique et celui du prévôt, car dans la Bible, le séjour dans le désert n'est que passager: Jésus se retire au désert pour prier, mais ensuite il regagne le monde et ses habitants; le désert est par conséquent lieu de prière et de ressourcement, pas de fuite ou de cachette (Matt. 4.1, 12).

"Roi, si tu veux entendre mes raisons, chasse de ton palais tes ennemis ... la colère et la convoitise" (17), prêche le prévôt, et il remplit ainsi son devoir de bon homme, car

> le lien essentiel [entre les croyants et les parfaits] est la prédication.... C'est aux croyants qu'incombe de recruter d'autres croyants parmi les ignorants ou les indifférents et de sonder leurs dispositions. Cette obligation s'appuie sur la parabole des talents.... Cette propagande préparatoire suivait un schéma presque invariable et constituait pour l'Inquisition un chef d'inculpation précis, celui de *laudatio, commendatio*: éloge et recommandation.
>
> L'enseignement portait sur l'existence même des bons chrétiens, sur leur règle de vie, opposée à celle du clergé, sur la nullité des sacrements catholiques ... sur le fait que le salut n'était possible que "par la main des bonshommes". (Duvernoy 217)

Ceci est exactement le schéma du discours du prévôt: sous prétexte de justifier son départ, il loue sa nouvelle vie, libérée du pouvoir du diable, suivant Jésus. Il passe ensuite à la recommandation qui prend dans son discours la forme d'un reproche: "Je te dis qu'il n'y a pas d'autres richesses ni d'autre voie qui soit la bonne que celle dont tu t'es, misérable roi, éloigné et séparé" (19). La seule différence avec le prêche cathare est qu'ici l'attaque ne porte pas sur les catholiques, mais sur les adorateurs d'idoles, ce qui, dans la tête d'un dualiste, n'était pas bien différent. En effet, au dixième siècle, Cosmas, un prêtre orthodoxe bulgare, critiquant le bogomilisme, ancêtre du catharisme, s'afflige: "les hérétiques ... disent: 'Ceux qui vénèrent les icônes sont semblables aux Grecs païens'" (Cosmas 70-71) et fréquemment, dans les documents de l'Inquisition, on trouve des cathares qui accusent d'idolâtrie ceux qu'ils appellent "les Romains".

Comment le prévôt d'un homme "de grande valeur" est-il devenu un bonhomme? En refusant de tuer, ou de collaborer avec un roi qui condamne à mort, en méprisant le monde, ce qui n'a été possible que parce qu'il a entendu une parole salvatrice et qu'ensuite Dieu l'a délié du pouvoir du diable,[8] en rejetant les idoles et en abandonnant la joie du monde, en s'habillant "comme un ermite", en se laissant appeler à la vie "durable" —et non pas éternelle—, en comprenant que pour suivre Jésus-Christ, il faut vivre en ermite dans le désert,[9] et enfin en prêchant la vérité au roi. Il est frappant de constater que chacun de ces points correspond parfaitement à la morale cathare; il ressort donc clairement que par ses choix, par son expérience religieuse, par ses motivations et sa morale, ses actions et ses paroles, le prévôt du roi Avenir est un bon homme cathare.

Il convient par conséquent de rouvrir le débat et de réexaminer *Barlam et Jozaphas*: peut-être finira-t-on par réhabiliter l'opinion de Déodat Roché: "la version occitane est cathare et une histoire impartiale redonnera aux cathares les biens dont on les a audacieusement dépouillés" (32).

Notes

1. "Que mot era de gran poder e de gran gentileza e de gan pres en la cort del rey, cant el auzi aytal fellon comandament, mesprezet la vanetat d'aquest mont tan fortmens que prezent si mezeys l'abit de religion pres e mes si en un dezert, e la soa vida era en dejunis et en vigilias" (Pitts 14). Toutes les citations de *Barlam et Jozaphas* seront extraites de l'édition de Pitts.

2. "... e vi lo lag e mesprezant e vestit a guiza d'ermitan" (16).

3. "Totz nostres dieus e tot lo joy d'aquest mont as laysat" (16).

4. "Aquest mont non era mays cant nient e vanetatz" (18).

5. "Mays per bona paraula ensenha Mosenher Sant Johan que tot lo mont

es pausatz en malignitat e que non vuelha hom lo mont ni las cauzas que y son. Que tot cant es el mont es cobeeza de la carn et enveja dels huelhs" (20).

6. Ma traduction. "De presenti mundo nequam et malo et toto posito *in maligno*, ... Iohannes [ait]: *Nolite diligere mundum, neque ea que in mundo sunt, quoniam omne quod in mundo est, concupiscentia carnis est*, etc" (*Traité cathare* 91).

7. "Si *mundus positus est in maligno* et si non est diligendus, neque ea que in eo sunt, ergo non est credendum quod sint propria Christi, quia non sunt ex Patre. Et si non sunt ex Patre, ergo non sunt Christi" (92).

8. "[S]o es a vejeyre als fols que aquellas cauzas que son divinas que hom non pot vezer, deu hom mesprezar atressi com si non eran, et aquellas que son d'aquest mont, deu hom amar e car tener atressi com si eran durablas.... La sobeyrana apellation m'a apellat a vida durabla.... [C]ant plac a la benignitat de Nostre Senhor Jesu Crist que·n volc desliurar del poder del dyable, el mi fes mesprezar la vanetat d'aquest mont, et adonx yeu mi consiriey que aquest mont non era mays cant nient en vanetatz (18).

9. "[N]on temi [la mort] ni non am la prezent vida que plena es de vanetat o d'enfermetat ... per far la volontat de Dieu ay dezanparat totas cauzas (20).

Ouvrages cités

Bräm, Toni. *La version provençale de "Barlaam et Josaphat": une œuvre cathare?* Konstanz: Hartung-Gorre Verlag, 1990.

Brenon, Anne. *Le Vrai visage du catharisme.* Portet-sur-Garonne: Éditions Loubatières, 1988.

Cosmas. *Le Traité contre les Bogomiles de Cosmas le Prêtre.* Trad. Henri-Charles Puech et André Vaillant. Paris: Droz, 1945.

Dando, Marcel. *Les Origines du catharisme.* Paris: Éditions du Pavillon, 1967.

Durand de Huesca. *Liber Contra Manicheos.* Éd. Christine Thouzellier. Louvain: Spicilegium Sacrum Lovaniense, 1964.

Duvernoy, Jean. *Le Catharisme: la religion des cathares.* Toulouse: Privat, 1976.

Gui, Bernard. *Le Manuel de l'Inquisiteur.* Éd. et trad. Guillaume Mollat. Les Classiques de l'Histoire de France au Moyen Age. Paris: Champion, 1926.

Pitts, Monique Bonnier. *Barlam et Jozaphas.* Institut de Langue et Littérature d'Oc, Université Paris IV, 5. Paris: Presses de l'Université de Paris-Sorbonne, 1989.

Roché, Déodat. *Études manichéennes et cathares.* Arques: Cahiers d'Études Cathares, 1952.

Runciman, Steven. *Le Manichéisme médiéval.* Trad. Simone Pétrement. Paris:

Payot, 1949.

Summa fratris Raynerii de ordine fratrum praedicatorum, De Catharis et Pauperibus de Lugduno. Un Traité néo-manichéen du XIIe siècle: Le Liber de Duobus Principiis suivi d'un fragment de rituel cathare. Éd. Antoine Dondaine, O.P. Rome: Istituto Storico Domenicano S. Sabina, 1939.

Un Traité cathare inédit du début du 13ᵉ siècle d'après le Liber Contra Manicheos *de Durand de Huesca.* Éd. Christine Thouzellier. Bibliothèque de la Revue d'Histoire Ecclésiastique 37. Louvain: Publications Universitaires de Louvain, 1961.

THE POSTMODERNIST CRITIQUE OF THE PROJECT OF ENLIGHTENMENT

Ed. by Sven-Eric Liedman

Amsterdam/Atlanta, GA 1997. 148 pp.
(Poznań Studies in the Philosophy of the Sciences and the Humanities 58)
ISBN: 90-420-0342-1   Bound Hfl. 75,-/US-$ 39.-

Contents: Sven-Eric LIEDMAN: Introduction. Robert WOKLER: The Enlightenment Project and its Critics. Michael BENEDIKT: Die Gegenwartsbedeutung von Kants aufklärender Akzeptanz und Zurückweisung des Modells der Naturwissenschaft für zwischenmenschliche Verhältnisse: Verfehlte Beziehungen der Geisterwelt Swedenborgs. Sven-Eric LIEDMAN: The Crucial Role of Ethics in Different Types of Enlightenment (Condorcet and Kant). Sten DAHLSTEDT: Forms of the Ineffable: From Kant to Lyotard. Per Magnus JOHANSSON: On the Enlightenment in Psychoanalysis. Eva LUNDGREN-GOTHLIN: Ethics, Feminism and Postmodernism: Seyla Benhabib and Simone de Beauvoir. Endre KISS: Gibt es ein Projekt der Aufklärung und wenn ja, wie viele? (Aufklärung vor dem Horizont der Postmoderne). Emmet KENNEDY: Anticipations of Postmodernist Enlightenment Epistemology. Leszek NOWAK: On Postmodernist Philosophy: An Attempt to Identify its Historical Sense. Monique CASTILLO: The Dilemmas of Postmodern Individualism.

EDITIONS RODOPI B.V.

USA / Canada:
2015 South Park Place
Atlanta, GA 30339
Phone (770) 933-0027 / Fax 933-9644
Call toll-free (U.S.only) 1-800-225-3998

All Other Countries:
Keizersgracht 302-304
1016 EX Amsterdam, The Netherlands
Tel. ++ 31 (0)20 622 75 07
Fax ++ 31 (0)20 638 09 48

e-mail: orders-queries@rodopi.nl — http://www.rodopi.nl

WORD & IMAGE
The Pictured Word: Interactions II
A Selection of Papers Given at the Third International Conference on Word and Image. University of Ottawa, August 16 - 21, 1993

Ed. by Martin Heusser, Claus Clüver, Leo Hoek and Lauren Weingarden

Amsterdam/Atlanta, GA 1997. 356 pp. (Textxet 12)
ISBN: 90-420-0203-4   Bound Hfl. 175,-/US-$ 92.-
ISBN: 90-420-0190-9   Paper Hfl. 50,-/US-$ 26.-

Table of Contents: REFLECTIONS ON THEORY AND METHODOLOGY. Claus CLÜVER: On Representation in Concrete and Semiotic Poetry. Áron Kibédi VARGA: L'image pensée. Lauren WEINGARDEN: Art Historical Iconography and Word & Image Studies: Manet's *A Bar at the Folies-Bergère* and the Naturalist Novel. ON INTERTEXTUAL RELATIONS. Giselle de NIE: Seeing and Believing in the Early Middle Ages: A Preliminary Investigation. Else JONGENEEL: La bible d'images de Saint Marc à Venise. Pierre DEMAROLLE: Mots et images, ecriture et espaces dans un roman français du XVe siècle. Marian ROTHSTEIN: The Commemorative Images of *Amadis de Gaule*. Kathryn PORTER AICHELE: Paul Klee's *Composition with Windows*: An Homage and an Elegy. SEMIOTICS, PAINTING, AND POETRY. Dee REYNOLDS: Imagination and Semiotic Interactions in Painting and Poetry. Eric VOS: Visual Literature and Semiotic Conventions. Francis EDELINE: L'éspace-temps dans la poésie sémiotique. Eduardo KAC: Holopoetry and Hyperpoetry. ON MONUMENTS. Michael GARVAL: The Rise and Fall of the Literary Monument in Post-Revolutionary France. Charles VANDERSEE: Contesting "Meaning" in the Late 19th Century: A Site of American Art, Autobiography, and Ambition. Charlotte SCHOELL-GLASS: The Medium is the Message: Ian Hamilton Finlay's Garden *Little Sparta*. CARTOONS AND CARICATURE. Mirela SAIM: "Faire comprendre au peuple": représentation caricaturale et éloquence démocratique dans la culture politique française de 1848. Eric HASKELL: Fusing Word and Image: The Case of the Cartoon Book, Wilde and Shelton. WORD-IMAGE INTERACTIONS IN FAR-EASTERN PRACTICES. Mingfei SHI: "The Three Perfections": Isomorphic Structures in Works of Late Chinese Poet-Calligraphers-Painters. Aiko OKAMOTO-MACPHAIL: Interacting Signs in the *Genji* Scrolls. Fumiko TOGASAKI: The Assertion of Heterodoxy in Kyoden's Verbal-Visual Texts. BEYOND CONVENTIONAL BOUNDARIES. David SCOTT: Semiotics and Ideology in Mixed Messages: The Postage Stamp. Lewis DIBBLE: Harry Wilmer's Drawings: Visual Communication and Violation of Outline Conventions. Hans LUND: From Epigraph to Iconic Epigram: The Interaction Between Buildings and Their Inscriptions in the Urban Space. Monique MOSER-VERREY: Images du corps et communication non verbale dans l'écriture de Franz Kafka. Jürgen E. MÜLLER: Video - or the Intermedial State of the Art.

EDITIONS RODOPI B.V.

USA / Canada: All Other Countries:
2015 South Park Place   Keizersgracht 302-304
Atlanta, GA 30339   1016 EX Amsterdam, The Netherlands
Phone (770) 933-0027 / **Fax** 933-9644   **Tel.** ++ 31 (0)20 622 75 07
Call toll-free (U.S.only) 1-800-225-3998   **Fax** ++ 31 (0)20 638 09 48
       e-mail: orders-queries@rodopi.nl — http://www.rodopi.nl

STELLA HARVEY:

Myth and the Sacred in the Poetry of Guillevic

Amsterdam/Atlanta, GA 1997. X,169 pp.
(Faux Titre 138)
ISBN: 90-420-0345-6   Hfl. 55,-/US-$ 28.50

The sacred occupies a central place in the poetry of Guillevic, who described himself as a 'matérialiste religieux'. This study, informed by anthropological and psychoanalytical thought, examines the evolution of this aspect of his *oeuvre* from *Terraqué* (1942) through to the poet's last works and focuses in particular on the relation between the sacred and the mother figure. A semiotic approach is used for close textual analysis of key poems. Guillevic's poetic endeavour is conceived as an archaeological quest whereby the presence of the archaic within the domain of the real is disclosed and mythical patterns emerge. The re-enactment of the cosmogony, the performance of ritual and the process of mourning - all crucial to poetic creativity itself - are identified as motivating forces through which the poet seeks reparation of the mother.

This study will be of interest to undergraduate and postgraduate students as well as to teachers of French literature, and will provide a useful introduction to those who may be unfamiliar with the unique voice of this major 20th century poet.

Editions Rodopi B.V.

USA/Canada: 2015 South Park Place, Atlanta, GA 30339, Tel. (770) 933-0027, *Call toll-free* (U.S.only) 1-800-225-3998, Fax (770) 933-9644
All Other Countries: Keizersgracht 302-304, 1016 EX Amsterdam, The Netherlands. Tel. + + 31 (0)20 6227507, Fax + + 31 (0)20 6380948
E-mail: orders-queries@rodopi.nl — http://www.rodopi.nl

AMANDA LEAMON

Shades of Sexuality
Colors and Sexual Identity in the Novels of Blaise Cendrars

Amsterdam/Atlanta, GA 1997. 174 pp.
(Faux Titre 137)
ISBN: 90-420-0323-5   Hfl. 55,-/US-$ 28.50

Shades of Sexuality: Colors and Sexual Identity in the Novels of Blaise Cendrars, by Amanda Leamon, is currently one of the few studies on the modernist poet and novelist Blaise Cendrars to be written in English. Of interest to scholars of Cendrars, Modernism, Twentieth Century French Literature and early Twentieth Century Art and Humanities, *Shades of Sexuality* is unique among the growing body of criticism and analysis of Cendrars' fiction in that it explores the ways in which Cendrars makes use of the spectrum of fragmented colors and other elements of disguise and *trompe-l'œil,* both as an artistic device in the construction of the fictional text, and as a recurrent motif in the representation and exploration of the male subject and his relation to woman. The author demonstrates how Cendrars effects intersections of gender in the text through the manipulation of colors and their associations with femininity, ultimately undermining the illusory façade of male autonomy which dominates his fictional corpus.

EDITIONS RODOPI B.V.

USA / Canada: **All Other Countries:**
2015 South Park Place   Keizersgracht 302-304
Atlanta, GA 30339   1016 EX Amsterdam, The Netherlands
Phone (770) 933-0027 / **Fax** 933-9644   **Tel.** ++ 31 (0)20 622 75 07
Call toll-free (U.S.only) 1-800-225-3998   **Fax** ++ 31 (0)20 638 09 48
e-mail: orders-queries@rodopi.nl — http://www.rodopi.nl

HANS R. RUNTE

Writing Acadia
The Emergence of Acadian Literature 1970-1990

Amsterdam/Atlanta, GA 1997. 243 pp.
(Chiasma 6)
ISBN: 90-420-0237-9   Hfl. 75,-/US-$ 39.-

The phenomenal development of writing and literary creation among the francophone communities of eastern Canada has gone largely unnoticed and unprobed outside the fragmented land of Acadia. *Writing Acadia* attempts for the first time to observe from a distance the invention of literature in oral Acadia, and to interpret, assess and order the manifold manifestations of the transition from epic story-telling to writing as a means of nation-building. Having begun to write, modern Acadia has truly (re)written herself into existence, an existence now threatened by postmodern un-writing of literature.

Destined not only for specialists but also and especially for readers with a general interest in literature, including students of all levels, *Writing Acadia* presents generous samples of Acadian poetry, drama and prose, with accompanying English translations.

EDITIONS RODOPI B.V.

USA / Canada: All Other Countries:
2015 South Park Place   Keizersgracht 302-304
Atlanta, GA 30339   1016 EX Amsterdam, The Netherlands
Phone (770) 933-0027 / **Fax** 933-9644   **Tel.** ++ 31 (0)20 622 75 07
Call toll-free (U.S.only) 1-800-225-3998   **Fax** ++ 31 (0)20 638 09 48
e-mail: orders-queries@rodopi.nl — http://www.rodopi.nl

TRANSLATING SENSITIVE TEXTS: LINGUISTIC ASPECTS

Ed. by Karl Simms

Amsterdam/Atlanta, GA 1997. 342 pp.
(Approaches to Translation Studies 14)
ISBN: 90-420-0270-0   Bound Hfl. 175,-/US-$ 92.-
ISBN: 90-420-0260-3   Paper Hfl. 50,-/US-$ 26.-

This volume brings together twenty-two of the world's leading translation and interpreting theorists, to address the issue of sensitivity in translation. Whether in novels or legal documents, the Bible or travel brochures, in translating ancient texts or providing simultaneous interpretation, sensitive subject-matter, contentious modes of expression and the sensibilities of the target audience are the biggest obstacles to acceptance of the translator's work. The contributors bring to bear a wide variety of approaches - generative, cognitive, lexical and functional - in confronting this problem, and in negotiating the competing claims of source cultures and target cultures in the areas of cultural, political, religious and sexual sensitivity. All of the articles are presented here for the first time, and in his Introduction Karl Simms gives an overview of the philosophical and linguistic questions which have motivated translators of sensitive texts through the ages. This book will be of interest to all working translators and interpreters, and to teachers of translation theory and practice.

EDITIONS RODOPI B.V.

USA / Canada:
2015 South Park Place
Atlanta, GA 30339
Phone (770) 933-0027 / **Fax** 933-9644
Call toll-free (U.S.only) 1-800-225-3998

All Other Countries:
Keizersgracht 302-304
1016 EX Amsterdam, The Netherlands
Tel. ++ 31 (0)20 622 75 07
Fax ++ 31 (0)20 638 09 48

e-mail: orders-queries@rodopi.nl — http://www.rodopi.nl

BETTINA L. KNAPP

Pierrette Fleutiaux

Amsterdam/Atlanta, GA 1997. 150 pp.
(Collection Monographique Rodopi en Littérature Française Contemporaine 30)
ISBN: 90-420-0372-3   Hfl. 45,-/US-$ 23.50

D'*Histoire de la chauve-souris* (1975) et *Histoire du tableau* (1977) à *Nous sommes éternels* (1990) et *Allons-nous être heureux?* (1994), l'oeuvre de Pierrette Fleutiaux continue à déployer aujourd'hui toute la force et toute la délicatesse d'une des grandes imaginations littéraires de notre temps. Déjà honorée par le prix Goncourt et le Prix Fémina et étonnamment diversifiée dans ses modes et fascinations, son oeuvre explore avec compassion et lucidité les interpénétrations, d'un côté, d'un inconscient et d'une viscéralité qui, souvent, troublent et aveuglent, de l'autre d'une conscience inlassablement quêtante, prise entre peur et révélation. Voici une oeuvre qui nous offre toute la mouvance du réel, un fantastique peu conforme aux normes du genre, une quotidienneté plongée dans sa claire opacité mythique, une rythmique textuelle et psychologique tantôt sauvage, pulsionnelle, oppressive, tantôt sereine, plutôt contemplative, visionnaire. Satire et démystification se succèdent, hallucination et sentiment d'étrangeté persistent. L'étude de Bettina Knapp, exemplaire à la fois dans son sous-bassement théorique et la haute pertinence de sa lecture textuelle, nous offre les brillantes analyses qu'attendait patiemment et que mérite pleinement une pratique romanesque des plus extraordinaires.

EDITIONS RODOPI B.V.

USA / Canada:
2015 South Park Place
Atlanta, GA 30339
Phone (770) 933-0027 / **Fax** 933-9644
Call toll-free (U.S.only) 1-800-225-3998
e-mail: orders-queries@rodopi.nl —

All Other Countries:
Keizersgracht 302-304
1016 EX Amsterdam, The Netherlands
Tel. ++ 31 (0)20 622 75 07
Fax ++ 31 (0)20 638 09 48
http://www.rodopi.nl

CLARA ORBAN

The Culture of Fragments
Words and Images
in Futurism and Surrealism

Amsterdam/Atlanta, GA 1997. 210 pp.
(Textxet 11)
ISBN: 90-420-0111-9   Hfl. 65,-/US-$ 34.-

Works of art such as paintings with words on them or poems shaped as images communicate to the viewer by means of more than one medium. Here is presented a particular group of hybrid art works from the early twentieth century, to discover in what way words and images can function together to create meaning.
The four central artists considered in this study investigate word/image forms in their work. F.T. Marinetti invented *parole in libertà*, among other ideas, to free language from syntactic connections. Umberto Boccioni experimented with newspaper clippings on the canvas from 1912-1915, and these collages constitute an important exploration into word/image forms. André Breton's collection of poems *Clair de terre* (1923) contains several typographical variations for iconographic effect. René Magritte explored the relationship between words and images, juxtaposing signifiers to contradictory signifieds on the canvas. A final chapter introduces media other than poetry and painting on which words and images appear. Posters, the theater, and the relatively new medium of cinema foreground words and images constantly.
This volume will be of interest to scholars of twentieth-century French or Italian literature or painting, and to scholars of word and image studies.

EDITIONS RODOPI B.V.

USA / Canada: All Other Countries:
2015 South Park Place   Keizersgracht 302-304
Atlanta, GA 30339   1016 EX Amsterdam, The Netherlands
Phone (770) 933-0027 / Fax 933-9644   Tel. ++ 31 (0)20 622 75 07
Call toll-free (U.S.only) 1-800-225-3998   Fax ++ 31 (0)20 638 09 48
        e-mail: orders-queries@rodopi.nl — http://www.rodopi.nl